AF421747

【当代华语世界思想者文库】

中国会成为民主国家吗？

——《中国为什么不是民主国家》下册

剖析马克思主义和中共政权的演变史

探讨社会人性和中国的未来

Will China Become A Democratic Country?

— 'Why China is Not a Democratic Country' II

周海平　著

By Zhou Haiping

博登书屋
Bouden House
New York

【当代华语世界思想者文库】

学术顾问：黎安友、郭汤姆
主　　编：荣　伟
Academic Adviser:　Andrew J. Nathan, Tom Kellogg
Chief Editor:　　　David Rong

Published by Bouden House, New York
ISBN:　979-8-90257-035-6　(Paperback)
　　　　979-8-90257-036-3　(eBook)

Will China Become A Democratic Country?
　—'Why China Is Not a Democratic Country' (Vol.II)
By Zhou Haiping

中国会成为民主国家吗？——《中国为什么不是民主国家》下册
周海平　著

出版：博登书屋·纽约（Bouden House New York）
邮箱：boudenhouse@gmail.com
发行：谷歌图书（电子版）、亚马逊（纸质版）
版次：2026 年 3 月 第 1 版 第 1 次印刷
字数：260 千字
定价：$38.00 美元

作者介绍

　　周海平，1950 年出生于江苏省泰州市。作者出生于泰州，是因为其父时任中共泰州地委副书记，也正值中国从战争年代转变为和平建设年代的历史节点。作者的童年，青少年在扬州、南京生活，是随着作者父亲的工作调动而变动，作者经历了中国建国后早年的大跃进、大炼钢铁、人民公社化运动，经历了中国三年经济困难时期。经历了文革运动。文革期间，作者的父亲因其工作原因卷入到江苏南京文革运动的漩涡中心。因此作者在上述经历中，看到了比普通人更多的历史情景。后来作者在南京市政府工作，作为一名市级计划经济的执行者，深刻体会社会主义公有制计划经济的弊病。作者后半生在中美之间经商，体验了一般人没有的人生经历。作者的一生与中共政权的建立和中国社会的演变同步。作者父母青少年时期参加抗日战争，后来成为中共的高级干部，他们的一生与中共政权的兴衰、和中国社会演变同步。作者与作者父母的人生反映出中共政权和中国社会演变的一个侧面。

　　作者的第一本书《动荡中国》以纪实叙述了作者一家人的人生经历。读者可以从中了解一个真实的中国。第二本书《中国会成为民主国家吗？》作者理性地思考中共政权和中国社会的演变，以期发现其演变的历史原因和中国的未来。

前　言

中国会成为民主国家吗？中国百年历史给了寻找答案的线索。

中共取得中国政权已经有 76 年历史，前三十多年中国为什么沦落到世界最贫穷的国家？为什么以「人民解放」为目标的政权，却在历史中制造了巨大的社会灾难？

而中国后三十多年又迅速崛起，中国的经济崛起是 21 世纪世界最重要的历史现象之一。中国从一个贫穷国家转变为全球第二大经济体。这又是什么原因造成的？

然而，与经济成长形成鲜明对比的，是政治体制的停滞，甚至是倒退。为什么一个实现了经济有相当规模发展的社会，却没有走向政治现代化？

以上这些问题构成了本书的核心，也是读者希望了解的中国未来！

我试着从三个层面理解中国问题：

意识形态：剖析马克思主义的理论结构及其内在矛盾

权力结构：中共政权的制度逻辑

社会人性：任何社会制度必须面对的人类行为规则

我提出一个核心观点：中国的问题，并非只是政治问题，而是意识形态与社会人性之间的根本冲突。

本书回顾马克思主义在中国的出现，中共的诞生，回顾中共建国后所发生的一系列政治经济事件。本书分析总结了中国的历史，剖析了马克思主义，试着找出答案。

从毛泽东时代的极端集体主义公有制，到邓小平时代的市场化改革，再到习近平时代的意识形态回潮，中国历史呈现出一种循环结构。

这种循环揭示了一个事实：

只要制度的基本逻辑不改变，历史就会以不同形式重复自身。

我在文章中探讨和分析了社会人性"利己思维"的自然特性。我认识到符合社会人性的社会才是人类社会最佳的社会形式！我对社会人性的探讨，是我本文最重要的部分。

基于社会人性的不可改变的"利己思维"的自然属性，我找到了马克思主义共产主义理论错误的原因。我又发现了马克思主义唯物论认识论的错误。我的文章对上述论点作了简单明了的阐述。

我希望我对社会人性的论述是对人类社会认识论的贡献。

基于社会人性不可改变的"利己思维"的自然本性，法治的民主社会有了理论基础。现代民主社会之所以适合人类社会的发展是因为符合社会人性的自然法则。我对现代民主社会也尝试阐述了我的认知。我认识到现代民主社会才是人类社会未来发展的方向。

我在美国的生活，让我亲身体验到现代民主社会是最符合社会人性的人类社会生活方式，尽管美国民主社会体制仍在持续改善中。试想，世界还有比现代民主社会更好的社会经济发展模式与生活方式吗？台湾近几十年来民主政治的演变也让我深受启发。

本书不仅试图解释中国和美国，也试图回答一个更普遍的问题：什么样的社会制度，才真正符合人类文明的长期发展？

我相信，理解中国的未来，离不开对人性、权力与制度的共同理解。

希望关心社会进步的读者会从我的书中得到启发。

目　录

第一部分

我分析问题的出发点

第 1 章

本文的目的

今天，中国无疑已经成为国际社会最重要的国家之一。当今世界上中国在多方面体现出其重要性：

1．从经济总量上看。中国目前是仅次于美国的第二大经济体。2023 年，中国的 GDP 达到约 17.66 万亿美元，占美国 27.36 万亿美元 GDP 的 65.5%。

2．从人口角度，中国拥有 14 亿人口，占世界 80 亿人口的 18%。中国 2023 年人均 GDP 12,600 美元，大约是世界平均水平，中国依据人口大国而成为世界经济大国。

3．从经济发展速度来看，中国是过去 20-30 年里世界上经济持续发展最快的国家，中国从世界上最贫穷的国家之一发展成为中等收入国家。

中国的快速发展得益于过去三十年的工业化经济发展。中国已成为几项工业产品的世界制造中心，如钢铁产量居世界第一位，中国日常小商品出口到世界各地，中国的新能源汽车、手机、电视等在同类产品中数量位居世界前列。

中国的基础设施建设和城镇化进程也是过去三十年里世界上增长最快的国家。

中国是如何做到经济高速增长的？

但近年来，中国经济发展明显放缓，有出现经济停滞的可能，这一现象已引起世界关注。这又是什么原因引起的？

4．从社会体制角度，中国是仅存的少数社会主义国家。实质上中国是共产党统治的中央集权国家，这种中央集权统治已有 76 年的历史。

中国共产党形成了独特的中央集权统治体制，这种体制形成了独裁的特权人物统治体制。

这种个人独裁体制与西方国家的民主政治体制形成了鲜明的对比。

中共各级的特权人物的产生，从中国共产党和中国政府的最高领导人到各级政府领导人，都是由少数人决定的。

5．从军事力量的角度看中国，西方民主国家担心的是中国军事力量的发展，在过去的十年里，中国不遗余力地投入巨额资金用于各种军事装备的研发和生产，以建立强大的军事力量。

6．中共政权在国际关系中独树一格，中共领导人现在依靠中国经济发展的规模和人口众多的优势，以及中国军事力量的加强，在世界许多争端中，中国都表现出偏执的一面，总是表现出反对以美国为首的西方民主国家的立场。

中共以反对美国霸权的名义，试图拉拢反对美国和西方民主国家的国家，力图形成新的世界反美共同体。

中共政权已经成为现今世界民主社会国家面临的主要对抗力量！

7．中共政权对台湾民主政权的武装侵略战争随时可能发生

近几年来中共政权不断加剧台湾海峡的紧张局势，中共的飞机军舰持续不断地围绕台湾武装飞行和抵近航行，侵略台湾的战争一触即发。

中国的经济增长，中共军事力量的增长，中共政权在世界上对民主国家越来越咄咄逼人的表现，如对民主日本不断发生的霸凌外交，对民主台湾持续的炫耀武力欺压，…等等一系列现实中发生的各种事件，给世界上爱好和平的人民带来这样的疑问：

中国会发展成军事帝国主义国家吗？中共政权会发起世界战争吗？中共政权会成功主导一个与世界民主国家阵营对抗的新的世界次序吗？

这也带来另外一个问题：中共政权会持续维持下去吗？中国是

否会转变为像美国一样的现代民主社会，放弃如今与民主国家对抗的政策？中国会成为民主国家吗？

回答上述问题，我首先思考的问题是，中国是如何演变成今天这个样子的？中国共产党带领中国走的社会发展道路是否正确？

本文旨在从中国近代发展史的角度，梳理分析中国社会形成的原因，并探讨中国的未来。

可惜在中国共产党一党专制下，中共不允许民众讨论共产党统治的对与错，现实中，中共不允许中国的任何人对中共政权发表评论，为了所谓的"政权稳定"，连说真话的人都被关进监狱。

中共为了维护其政权，中共自身也没有认真总结中共建国以来发生的重大事件，回避错误，对过去的历史事件没有清醒的认识，结果今天的中国很可能重蹈中共过去错误的覆辙。

幸好我住在美国，可以客观、不带偏见地讨论问题，不用担心受到迫害。

这也给了我这个曾经在中国政府体制内工作过，现在在体制外的人一个机会，客观地解释中共体制的问题，看清中共政权体制的本质。并对比美国等西方民主国家的社会体制，从而找到人类社会发展的规律。

我真心希望中国能成为一个富足的、现代化的民主社会，一个自由的、平等的、开放的社会。

我真心希望中国、美国、欧洲、亚洲……等各国人民能在这个星球上和谐相处。消除人类不同社会的相互歧视，使得世界上没有战争，只有竞争，人们可以和平相处。

以上是我真心的希望！是我思考问题的起点。

第 2 章

从历史现实的角度研究和分析当今中国

我研究当今中国是如何形成的，是基于中国历史中真实发生的事情。

我父母和我的经历让我对当今中国的形成有了清晰的认识。

我的回忆录《动荡中国》中真实地记录了我父母从参加抗日战争到参与新中国地方政府领导的经历。他们的经历是当时中国社会的一个缩影。

我是在中共建立政权后出生和成长的，在我的前半生中，我经历了毛泽东时代中国社会的动荡和邓小平时代的改革开放。我的经历使我能够深入地思考和分析中国社会。

在我的分析中，我立足于历史事实，分析其本质和原因。我根据每个重大历史事件发生的阶段，逐一进行研究和分析。

我从中国清末以后的近代史起，去研究分析中国共产党诞生的历史背景。让今天的人们去了解当时中国的情况。让人们了解中国共产党诞生的原因。

在做这些研究和分析之前，我首先研究和分析马克思主义。因为中国共产党是建立在马克思主义学术的基础上的。中国共产党以马克思主义作为自己的思想指导和行动纲领。马克思主义对现代中国社会的发展有着巨大的影响。至今，中国共产党仍然坚守着马克思主义的"理论自信"。马克思主义从意识形态上禁锢和束缚了中国人民的思想。

在中共的宣传中，中共是依靠马克思主义理论，建立了一个人民的共和国，建国后中国人民当家作了主人。中国近几十年的经济发展都是在马克思主义理论的指导下取得的。

　　而我依据中国建国后的真实历史和我的经历，通过研究却得出了不同的结论。

　　中国的历史让我看到的是，中共并没有建立起一个真正的"人民共和国"。在中国，人民从来没有当家作过主人。中国人民始终在极少数中共极权独裁者的统治下生活。中共建国后，马克思主义在中共巩固政权过程中的确发挥了巨大作用，引导中共以铁腕手段建立了"无产阶级专政"的政权！而这个"无产阶级专政"实际上是少数中共统治者对中国人民的专政，是由少数中共领导人控制了中国社会。为了巩固中共政权，中共统治者先后镇压了大批被划分为"地主富农、反革命分子和右派分子"的人民。最终中国绝大多数普通人民，工人和农民仍然生活在社会最低层。

　　在中共的宣传中，马克思的社会主义公有制是促进社会生产力发展的学术，通过社会主义能够建成人类社会的共产主义。而中共建国后早期推行的社会主义公有制经济实践却使得中国经济陷入到极其困难的境地！

　　以上这些，在我的文章中，我依据中国的历史事实都进行了详细的分析和总结。

　　中国的历史事实使我在个人认知成熟后，对马克思主义产生质疑！马克思主义到底是什么样的一种理论？是推动人类社会进步和经济发展的理论？还是恰恰相反，是一种错误解释人类社会历史，误导人民智商的理论？

　　在我对马克思主义分析后，我理解了马克思主义是一种偏执的社会学理论，错误地解释了欧洲工业革命后人类经济发展历史。得出了若干错误的结论。而马克思的错误理论却影响了近代历史上一批共产党人，误导了俄国和中国等国家的一批社会活动家，使他们信奉消灭私有财产、剥夺社会富有人群的财富就可以促进社会进步！

　　因此剖析马克思主义是了解中共思维的一把钥匙。

　　以下我用八个章节的篇幅剖析马克思主义，探讨社会人性对人类社会发展的影响。

第二部分

我对马克思主义的剖析，和对社会人性的探讨

第 3 章

什么是马克思主义

什么是马克思主义？ChatGPT 如下回答：

马克思主义是 19 世纪中叶德国哲学家卡尔·马克思和弗里德里希·恩格斯创立的一种哲学和社会经济理论，包括政治经济学、历史唯物主义和科学社会主义，主要内容如下：

1. 历史唯物主义：马克思主义认为，物质条件和经济基础是社会发展的决定因素，社会的历史进程是由生产力和生产关系的矛盾推动的。历史唯物主义强调物质生活的生产方式决定社会、政治和精神生活的过程。

2. 剩余价值理论：马克思在《资本论》中提出，资本主义剥削的本质是工人在生产过程中创造的价值超过其所获得的工资，这部分剩余价值被资本家占有，这部分剩余价值被称为剩余价值。资本家就这样积累资本，扩大生产，进一步剥削工人。

3. 阶级斗争：马克思主义认为历史发展是阶级斗争的结果。在资本主义社会中，阶级矛盾的主要形式是无产阶级（工人阶级）和资产阶级（资本家阶级）的对立。无产阶级通过革命斗争推翻资产阶级的统治，最终建立无阶级的共产主义社会。

4. 科学社会主义：马克思和恩格斯提出通过工人阶级的斗争，资本主义社会将被社会主义社会所取代，最终实现共产主义社会。社会主义社会实现生产资料归社会所有，生产按需求分配，消除剥削和压迫，实现人人平等和自由发展的社会目标。

马克思主义不仅是一个理论体系，而且对 20 世纪全球政治运动和社会变革产生了深远影响，特别是在苏联、中国和东欧、亚洲等国家。

当然，ChatGPT 每一次对问题的回答都有所不同，但大意是一样的。

在中共的教科书中，马克思主义理论由三部分组成：马克思主义哲学、政治经济学、科学社会主义。

马克思主义哲学是辩证唯物主义认识论。用辩证唯物主义去理解人类历史，可以得到历史唯物主义的概念。这个概念认为，社会意识随着社会物质基础和生产关系的变化而变化。例如，这个概念认为，人的自私自利的意识产生于人类社会私有制的出现。

马克思主义政治经济学的主要内容是：阶级斗争理论和"剩余价值"理论。马克思在 1848 年的《共产党宣言》中提出了"阶级斗争"和"暴力革命"的概念。二十年后，他完成了巨著《资本论》。《资本论》的核心内容就是"剩余价值"理论。分析了资本家对工人的剥削，资产阶级和无产阶级之间不可调和的阶级斗争。

科学社会主义理论的核心是阐述共产主义的生产关系，即生产资料、生产工具、土地的公有制，取代社会私有制，消灭私有制，人类最终实现共产主义社会。

我曾经在我人生的某个阶段，热衷于研究马克思主义，希望了解其中的道理。在研究马克思的理论时，我曾经认为马克思的剩余价值理论是颠扑不破的真理。

后来我去过马克思的故乡特里尔，莱茵河畔一个美丽的小镇。参观马克思故居时，发现那里的访问者大多是中国人，几乎没有欧美游客。马克思故居贴满了中文介绍，成了中国人朝拜的景点。这让我感觉到马克思并没有受到欧美人的顶礼膜拜。欧美人当中有很多聪明、有知识的人，他们显然不认同马克思主义。

在美国的生活让我有一天突然醒悟到：马克思主义是正确的吗？我看到美国社会的高度文明，美国经济的高度发达，美国社会的高度民主，美国社会的进步都是与马克思主义相违背的，都证明马克思主义理论是错误的。

从今天人类社会发展的近代史来看，回顾马克思主义对世界政治经济的影响，我发现马克思主义理论从根本上误导了所有社会主义国家政治经济的发展，使这些国家的社会发展误入歧途。

下面我从客观的角度分析马克思主义诞生的历史背景，破解马克思主义政治经济学的核心阶级斗争理论，分析所谓的"科学社会主义"是否科学，发现马克思唯物主义哲学中的错误等等，让我们看清马克思主义的真面目。

马克思生活的时代正处于人类社会历史的重要时代——欧洲工业革命时代。那么马克思对欧洲工业革命的态度是怎样的呢？我发现马克思并没有高度赞扬工业革命，也没有研究欧洲社会因工业革命而获得的巨大进步，而是将他的政治经济学研究重点放在批判工业革命催生出的资本主义上。

第 4 章

马克思主义是对欧洲工业革命的负面回应

17 世纪末，英国人发明了蒸汽机。18 世纪中叶，欧洲人发明了工业蒸汽机和机器，用机器代替了传统的手工生产，大大提高了劳动生产率。产品的手工生产逐步由工厂的机器生产所代替。

由于各种生产机器的发明，生产方式由过去的手工业生产产品演变为机器生产产品。产品生产线把复杂的产品生产过程分解成几个简单的工序，产品成批地生产出来。工厂出现。工厂主雇用大量工人在生产线上工作，劳动生产率提高了几十或几百倍。

历史学家把这种生产方式和生产关系的变化称为工业革命。

欧洲第一次工业革命兴起于 1760 年代左右，一直持续到 19 世纪三四十年代，随后又出现了第二次工业革命（1870 年）以及 20 世纪以来的第三次工业革命。随着工业革命的进程，人类的生产制造方式逐渐转向机械化，出现了用机器代替人力和畜力，用大规模工厂生产代替手工生产的趋势，逐步进入近代的科学革命。机器的发明和使用成为这个时代的象征。历史学家也把这个时代称为机器时代。

当时的欧洲也是一个大发明的时代，是一个工厂大量涌现的时代，是一个社会生产力迅速提高的时代，是一个社会财富不断积累的时代，也是一个社会文化和意识形态迅速提高的时代。

工业革命是人类社会的巨大进步，其进步的意义不仅仅是人类发明了机器代替手工劳动，还在于工业革命带来人类社会中人的智力产生突破性的提升，是一次人类社会的智力革命！

机器的发明，电的发明，各种各样发明创造，科学家的产生，工厂主建立工厂的创造性劳动，都是人类智力劳动的成果。发明家、工厂主都是智力劳动者。在人们追求自身利益的过程中，社会的智力有了跳跃性的发展和提高。人类社会的创造发明越来越多，越来越多的人参与到发明和研究各种事物各种课题之中。从欧洲工业革命时起，人类社会的科技发明不断出现。人类社会的智力开发前进了一大步。

人类社会的智力大幅度进步是封建社会以前所没有发生过的事情。封建社会即使有发明也没有形成社会的大规模生产力。众多的发明创造在封建社会也是不可能发生的事情。因为封建社会人们的思想被封建皇权等级思维所禁锢。是工业革命解放了人类的思想禁锢。到如今现代民主社会科技发明创造已经成为人类社会经济发展最大的推动力。社会中人们热衷于发明创造。因为发明创造成果可以获取最大的经济利益。社会中人们研究课题发明创造成为风气。这是人类社会智力革命的表现。

欧洲工业革命导致了欧洲封建制度的逐步消亡。随着 18 世纪西方封建制度的逐渐消失，贵族、大地主所享有的各种特权（如贸易特许权）也随之消失。这样的变化促进了自由贸易，形成了更大的市场，使工商业的发展更加繁荣。

人类从封建社会开始逐渐步入近代民主社会，是从欧洲的工业革命开始的。推动社会不断进步的原因，是工业化促进了社会劳动生产力的不断提高，创造了越来越多的社会财富，同时社会的智力得到普遍的提升，从而带来了社会的进步。

工业化经济的进步，社会智力的提升，导致了商业社会和自主生产经营的私有制社会的出现。随着私有制商业社会的出现，人人平等的社会意识逐渐形成。随着文化的发展和社会意识的进步，封建社会逐渐消亡于私有制社会，并逐步向现代民主社会转变。

这种转变是渐进的，发生在无意识的社会变革中，是在从封建王朝到公民民主社会的和平演变中。是社会由于经济发展呈现出的自然演变过程。

马克思出生于 1818 年，马克思生活的年代，欧洲已经处于第二次工业革命的初期，此时的欧洲正处于工业蓬勃发展的时期。

马克思生活的年代，是欧洲各国由封建社会向工业化社会转型的过渡时期，工业革命产生了私有制市场经济，社会演变为商业社会，人人都可以拥有私有资产的商业社会逐渐形成。

在商业社会中，人们追求财富，追求金钱。封建社会的贵族也渗透其中，有钱就意味着有社会地位。有钱的富人不再是社会的下等人，没有钱的贵族也不再是社会的上等人。金钱面前人人平等，封建社会的贵族等级制度被商业社会的个人利益所打破。

商业社会给人们的思想观念带来了巨大的变化，追求金钱的欲望超过追求官僚地位，人类社会正在潜移默化地发生着变化。

追逐金钱、保护个人资产的社会意识出现了。那个时候，保护和尊重个人私有资产的社会意识出现了。

人类社会意识的改变带来了社会的深度变化，社会向着尊重个人资产、尊重个人独立人权的方向发展。出现了尊重个人人权的民主社会意识。

社会不再是帝王将相、封建贵族一统天下的社会，而是属于每个人的社会。封建社会的皇权意识逐渐被私有市场经济社会中个人利益独立的意识所瓦解。

封建社会的瓦解发生在市场经济繁荣时期。共和思想首先出现在欧洲，18 世纪末的法国大革命产生了共和国家。英国也在向君主立宪制过渡。封建王国正在向民主社会过渡。这种过渡在很多国家并不是通过暴力革命实现的，而是在长期的渐进的经济发展过程中形成的。在此之前，封建社会并不是每个人都可以拥有个人资产。封建权贵霸占了社会的大部分财富。封建贵族与平民是不平等的。

工业革命带来社会变革后，人人都有机会拥有个人资产，每个人在社会中的地位逐渐平等。

民主社会逐渐形成。封建社会逐渐和平地演变为民主社会。

民主社会是以私人市场经济为基础的社会。

私人市场经济的形成，对人类社会来说是一个巨大的进步。

欧洲各国的社会变革和社会进步都发生在马克思生活的时代。马克思目睹了工业革命带来的社会变革，但并没有从本质上认识到私人市场经济对人类社会进步的积极意义。

工业革命给欧洲各国带来了社会进步、科技进步、文化进步和社会智力提升，工业化生产使封建社会转变为商业社会，封建社会逐渐消亡。社会处于变革之中。工业革命给欧洲带来了社会进步，这是那个时代社会变革的主旋律。

今天我们回顾马克思对工业革命时代的研究，发现马克思并没有研究欧洲工业革命带来的社会进步，也没有研究工业化对社会发展的积极作用，而是从反面去研究工业革命过程中存在的缺陷。

马克思把工业革命中的工厂主定义为资本家，这是一个贬义词，而工厂主在现实中可能是机器的发明者，至少是工业生产的有效组织者和生产计划的执行者，是脑力劳动者，是社会智力提升的主要成员。可以说是工业革命的主要贡献者。

当年马克思的著作否定工厂主是智力劳动者，并没有认识到工厂主是工业生产的发明家和组织者，是工厂主通过智力劳动才形成工业化生产。是工业革命的主要贡献者！马克思的著作注重于工厂主对工人的剥削，否定了工厂主在工业革命中的正面作用！所以说马克思是从负面研究工业革命！

马克思在"共产党宣言"一文中提到，无产阶级推翻资产阶级后，由工人代替资本家管理工厂。这种表述不仅说明马克思否认企业主是智力劳动者，也否认智力劳动与体力劳动的区别，说明马克思根本没有意识到人类社会在工业革命中，已经发生了"智力革命"。

工业革命中发生的人类智力革命是人类社会的真正的进步。而马克思对此缺乏认知！

马克思的政治经济学研究来自于他的代表作《资本论》，在《资本论》中，马克思阐述了"剩余价值论"，重点研究了资本家对工人的剥削。马克思的结论是"资本主义是带着鲜血和污秽从头到脚的每个毛孔滴落到人世的"。马克思不仅没有看到工厂主，即资本家，作为智力劳动者对工业生产的贡献，反而形容工厂主是剥削工人的吸血鬼！

马克思上述关于资本家和资本主义的论述，都是对当时工业革命的负面研究！

马克思在《资本论》中研究了资本积累的作用，从而得出资本家和工人之间的贫富差距不断扩大的结论，而忽视了资本积累和资本再投资在采用新技术提高劳动生产率方面的积极社会作用。

从资本家的剥削和资本家与工人之间的贫富差距不断扩大的结论出发，马克思在《资本论》中着重论述了阶级斗争理论。马克思关于无产阶级和资产阶级之间的阶级斗争理论，是马克思主义政治经济学的重要论点。

本文下一章专门剖析马克思的阶级斗争论点。

在本章中，我提到工业革命产生了私有市场经济，形成了商业社会，这是相对于封建社会而言的。私人市场经济社会的出现，给人类社会带来了巨大的进步，几千年的封建社会在私人市场经济社会中逐渐瓦解，一个崭新的民主社会在私人市场经济社会中诞生。

但是马克思没有认识到私有制市场经济社会的出现对人类社会进步的意义，他的文章没有研究资本主义社会逐渐取代了封建社会，没有研究封建社会在资本主义社会的发展过程中逐步消亡。马克思从社会进步的反方向，研究资本主义所产生的危害，研究资本主义的经济危机，预言资本主义社会必然走向灭亡。

马克思在其文章中提出了"共产主义"和"科学社会主义"的概念，提出了"消灭私有制"的结论，关于马克思的"共产主义"和"科学社会主义"的议题，我将在后面的章节中进一步研究和分析。

马克思的理论把重点放在了工业革命时代社会经济的否定性研究上，否定了工业革命对社会进步的积极意义，否定了私有经济的出现是人类社会的一大进步。马克思主义学术的本质是对人类社会进步的反动。

马克思对欧洲工业革命所产生的生产方式中的负面因素的研究，对他身后的世界产生了深远的影响。

后面的四章我分析了马克思主义的几个主要论点的错误。

第 5 章

马克思片面的用阶级斗争理论

解释人类历史和资本主义社会是错误的

政治经济学是马克思主义理论的主要组成部分，阶级斗争理论是马克思政治经济学的主要论述。

马克思的阶级斗争理论是其代表作《资本论》的主要论点。在《资本论》中，马克思通过描述资本家对工人的剥削，提出了无产阶级和资产阶级之间阶级斗争的论点。

今天人们有没有发现，马克思的《资本论》发表于 1867 年，而 20 年前的 1847 年，马克思在《共产党宣言》中就提出了阶级斗争的概念。用今天的话来说，马克思是先得出阶级斗争的结论，然后再进行理论推导。

那么马克思的阶级斗争理论有哪些错误呢？我从以下七个方面进行阐述：

1. 马克思强调阶级斗争，用阶级斗争来解释人类历史是错误的

1847 年，马克思在《共产党宣言》一文中写道："迄今为止一切社会的历史都是阶级斗争的历史"。我认为这句话是错误的，用阶级斗争来解释人类历史是对人类社会的片面描述。

阶级斗争是人类社会中人与人之间斗争的现象之一，并不是人类社会发展的主要原因。马克思把人类历史归结为阶级斗争的历史，掩盖了人类社会发展的真正主要原因。人类社会发展的主要原因有两个方面：社会的经济发展和人类文明的进步。

人类社会的经济发展是通过人类社会生产力的提高而发展起来的，18、19 世纪欧洲的工业革命就是生产力的大幅度提高带来的经济繁荣，推动了人类社会进步的历史。人类社会文明的进步也与社会的经济繁荣有关。

马克思片面强调阶级斗争，并用阶级斗争来解释人类历史，是有特殊目的的。

2. 马克思的阶级斗争理论是对工业化社会进步的反动

欧洲工业革命以后，社会劳动生产力大大提高，工业化经济带来了社会财富的增加、社会文化的进步，社会逐渐进入平民社会阶段。

通过工业化经济的发展，封建社会逐渐演变为平民社会。欧洲的法国成为共和制国家，一些国家过渡到君主立宪制国家。美国通过独立战争摆脱了大英帝国的控制，建立了独立的民主联邦国家，也是受到欧洲工业革命的影响。所有这些国家形成的基础都是：工业化经济的稳步发展。

欧洲工业革命以后，欧洲社会的进步是在工业化经济的推动下，在社会逐渐和平演变的过程中发生的。阶级斗争在社会进步中起着破坏社会进步的作用。

试想一下，如果按照马克思的阶级斗争理论，不断煽动工人阶级起来造反，用暴力革命推翻资产阶级，社会的工业化经济还能发展吗？

阶级斗争只能破坏社会经济发展，在工业化社会起反作用。

3. 马克思的阶级斗争理论混淆了人类社会不同斗争的性质

人类社会历史上不仅有阶级斗争的现象，而且还有其他不同性质的斗争。

确切地说，马克思对阶级斗争的论述混淆了人类历史上不同斗争的特点，混淆了敌对斗争和非敌对斗争的区别。

人类早期的奴隶社会，是少数奴隶主奴役大量奴隶的历史。当时，社会劳动生产力极其低下，奴隶在奴隶主的控制下劳动。奴隶主控制着统治权力和军队，奴隶对奴隶主的压迫无力反抗。

封建社会的统治者是皇帝和国王，他们是控制着国家统治权力和军队的个人独裁者。皇帝拥有不可侵犯的权威，封建社会的臣民在思想上服从皇帝。

在奴隶社会和封建社会，奴隶和臣民与奴隶主、皇帝的斗争很少发生，因为力量对比太悬殊，奴隶和臣民无力反抗奴隶主或者掌握军队的皇帝。

在奴隶社会和封建社会，征服战争更多的是发生在君主之间、国家之间。

在中国历史上，在历史长河中，封建社会不断改朝换代，一个王朝、一个民族通过战争灭亡了另一个王朝、另一个民族，建立了新的王朝。这是封建统治者之间的争夺战争。或者是民族之间的征服战争。比如中国史书上记载的春秋战国时期各国之间的争霸战争。

这种征服战争或者掠夺战争，并不是马克思所说的阶级斗争。

朝廷内部的斗争，或者封建统治阶级内部的权利斗争，也是封建社会的斗争形式。

以上这些，和马克思著作中资产阶级和无产阶级的斗争，没有任何共同之处。马克思把历史上各种不同类型的斗争，都概括为"阶级斗争"。

欧洲工业革命以后，资产阶级和无产阶级的关系，是雇主和雇员的关系，不是统治者和被统治者的关系。

雇员反抗雇主，雇员和雇主之间的斗争，是争夺经济利益的斗争，是可以用和平、非敌对的方式解决的争端。

被统治者反抗统治者，就会遭到统治者的血腥镇压，被统治者的武装起义，是战争的一种形式，这种斗争是敌对行为。

马克思把上述斗争混为一谈。马克思的阶级斗争理论混淆了不同斗争的性质，把和平的利益斗争和战争斗争混为一谈，把敌对的斗争与非敌对的斗争混为一谈。

马克思逝世后的第一次和第二次世界大战，同样不能用马克思的阶级斗争理论来解释其复杂的成因。

4. 马克思阶级斗争理论的目的是煽动敌对斗争

马克思阶级斗争理论把不同的斗争混为一谈，有一个特殊目的，就是煽动非敌对斗争变成敌对斗争。

敌对斗争是针锋相对的斗争，是你死我活的斗争，最终通过战争或其他极端手段消灭对方。非敌对斗争的解决方式是谈判协商，相互让步、相互容忍，最终和平达成共识。

现实社会中，敌对斗争可以转化为非敌对斗争，非敌对斗争也可能转化为敌对斗争。

不同社会阶级之间的矛盾不一定是你死我活的斗争，不同阶级的人类可以宽容共存，在社会中和平共处。

欧洲工业革命时期，工厂主对工人的剥削，使工人生活贫困，工人反抗是情理之中的事情。而今天在世界上，工人遇到不平等待遇，也允许上街游行，这是工业化社会必然遇到的问题。

社会问题通过社会来解决，如今各国采取各种方法解决社会贫富差距问题，如提高雇员最低工资、提高高收入人群税率、补贴失业者等，这才是解决贫富差距的正确方法。

马克思的阶级斗争理论主张工人采用极端的阶级斗争手段，用暴力革命打倒雇主，把非敌对的斗争煽动成敌对的斗争，用革命战争解决非敌对的矛盾。

马克思的阶级斗争理论是与人类社会进步不相容的理论。

5. 马克思阶级斗争理论的核心是暴力革命

马克思阶级斗争理论的核心是主张暴力革命。而暴力革命只能摧毁工业化社会。

无论是《共产党宣言》还是《资本论》，马克思文章中的结论都是："无产阶级用暴力推翻资产阶级。"

《共产党宣言》是一份号召性文件，通篇都是煽动性口号式的文字，煽动阶级斗争。它阐述了无产阶级和资产阶级之间的阶级斗争是不可调和的。煽动无产阶级用暴力革命推翻资产阶级。

马克思的代表作《资本论》是一本长篇大论，它的结论是通过暴力革命推翻资本主义。马克思称资本家是剥削者，提出要消灭剥削者。他提出要推翻资本主义社会。这是对当时欧洲工业革命的否定。

马克思的无产阶级暴力革命论也是概念模糊的理论。混淆了革命对象是统治者还是资本家。

无产阶级和资产阶级的关系是雇佣关系，而雇佣关系不是统治者和被统治者的关系。当时欧洲各国的统治者是不一样的，英国、西班牙等大部分国家都是王室统治，法国在 19 世纪末就成了共和国。

马克思鼓动的暴力革命的对象是谁？是资本家还是国家的统治者？而资本家也是国家中的被统治者。

6. 马克思阶级斗争理论中的"无产阶级专政"是伪命题

马克思关于无产阶级推翻资产阶级后要实行"无产阶级专政"的论断是一个伪命题。

马克思提出的"无产阶级专政"最早出现在他的《共产党宣言》中，这是他想象的一种政体形式，在他那个时代的现实社会中从未出现过。

马克思提出的"无产阶级专政"是指无产阶级通过暴力革命推翻资产阶级政权后建立起来的无产阶级政体模式。

专政通常是指封建社会统治者用国家权力、军队等强制手段对平民的统治，是少数人对多数人的强制统治。

马克思提出的无产阶级专政是无产阶级多数人对资产阶级少数

人的统治，这有道理吗？多数人需要对少数人实行专政吗？

既然多数人掌握权力，那么由多数人选举人民政治机构，实施宪法，规范大家的社会行为规范，岂不是最好的选择吗？

马克思曾提到，他设想的无产阶级专政，就是"巴黎公社"的形式。1871 年成立的巴黎公社，是历史的临时产物，是工人选举产生的委员会式的行政机构，而不是独裁的权力机构。

马克思之后出现的社会主义国家，实行的所谓"无产阶级专政"，到最后其实都变成了一人独裁，苏联、中国、朝鲜等国都是如此，与封建君主制的统治类似。都成为极少数人对人民的专政。人数众多的无产阶级成为被专政对象。

7. 马克思阶级斗争的本质是煽动人性中的仇恨

阶级斗争的本质是煽动一些人去仇恨另一些人。

人生活在社会中，在社会中个人与他人的关系中，所体现出社会中人的特征，我们称之为社会人性。

社会人性体现在人与人之间的关系中，有个性，也有社会共性。个性是建立在每个人独立思考的基础上，以个体的角度去考虑自己与他人的关系，表现出具体个人所具有的特征。社会中人的共性体现在社会中人普遍具有的相同的特征。

社会中人与人相处，有爱、有恨。人是有感情、有思想的生命，一个人从出生起，对父母的养育之恩就有亲情和感恩。亲情表现为相互的关爱。长大成人步入社会后，人与一起生活的人，如同学、同伴、同事等，就有感情。别人给你多，你就会感激别人。

在社会生活中，人受到别人的压迫，就会仇恨别人。仇恨是一种基于个人感情和个人利益的个体性思维和情感。

随着人类社会的长期发展和进步，人类社会形成了一定的伦埋道德规范来规范社会人性。

马克思的阶级斗争理论排除了人与人之间的宽容和关爱，排除了社会规范，强调了人类不同阶级之间的仇恨。

　　宣扬阶级斗争，就是最大限度地调动人类思维深处人性的仇恨，使人们相处充满仇恨，从而发展到相互毁灭对方的行为。从这个角度看，马克思的阶级斗争理论是反社会和谐人性的理论。

　　马克思阶级斗争理论的本质就是煽动人性中的仇恨因素，从而达到煽动暴力革命的目的。

　　马克思阶级斗争理论，煽动穷人仇恨富人，在暴力革命中，在战争中，确实能起到一定的作用。回顾历史，共产党人引用马克思主义阶级斗争理论发起暴力革命，在苏联建国初期，在中共发动武装起义时，都获取了成功。但是在和平环境中，苏共和中共运用阶级斗争理论发起的政治运动，却迫害了相当一部分无辜的民众。例如中共在毛泽东发起的文革运动中，毛泽东依据阶级斗争理论打倒中共的大批干部，造成整个社会的十年动乱，导致中国经济长期处于崩溃状态。

　　对毛泽东时代中共的错误执政我后面的有专门的章节分析和总结。

第6章

马克思理论对资本主义的批判是错误的

马克思的政治经济学的主要内容是批判资本主义。

那么什么是资本主义？

2024 年六月的 ChatGPT 这样回答：

资本主义是一种经济体系，其中生产资料（如土地、工厂、机器等）主要由私人或企业所有和控制，而非由国家或集体所有。在这种体系中，资源的分配主要通过市场机制进行，商品和服务的价格由供需关系决定。

资本主义的主要特点包括：

1. 私有产权：个人或企业拥有和控制生产资料。

2. 市场经济：经济决策主要由市场上的自由交易和价格机制决定。

3. 竞争：企业和个人在市场上竞争，以提供更好的商品和服务。

4. 利润动机：企业和个人通过追求利润来推动经济活动和创新。

5. 有限政府干预：政府的角色通常限于保护产权、维持法治和提供公共服务，而不是直接干预经济活动。

资本主义体系在不同国家和地区有不同的形式和程度，从自由市场资本主义（如美国）到社会市场经济（如德国和北欧国家），后者在市场经济的基础上结合了一些社会福利和政府调控。

我们知道 ChatGPT 的回答是综合当前社会认识的回答。

我们看到今天的所有西方民主国家都是这种私有制市场经济为主体的经济体系。

我的思考使我认识到，马克思主义理论中的资本主义与当今社会所认识的资本主义有所不同，马克思观念上的资本主义，还是早期的资本主义，工业革命时期的资本主义，他对资本主义的研究关注在资本家和工人的关系上，关注在资本家在积累资本过程中所产生的问题上。而今天的资本主义已经是一种社会经济体系，资本也演变为金融资本，社会资本，货币资本，资本家演变为金融家，投行等金融投资公司、和持有股票的大众。我在对马克思主义的分析和批判同时，也对现代资本主义作简要的提及。

我对马克思主义的分析和批判是简要的纲领性的，是抛砖引玉式的，欢迎资深的理论家作深入推进。

我通过以下十个方面的观点来阐述马克思资本主义理论的错误。我相信马克思有关资本主义的错误远不止这十个方面。读者可能会想到马克思主义的更多错误。

1. 马克思批判资本主义是从负面角度研究欧洲工业革命

欧洲工业革命时期，私人工厂主，私有制工厂的大量出现是欧洲工业革命的社会现象

各式各样的工厂，用机器生产各种社会所需的产品，使社会经济得到了巨大的发展。带来人类社会巨大的进步。

我文章前面的章节对此已经有过描述。工业革命是人类社会的智力革命，工厂主是智力劳动者，是工业革命的主要贡献者，…等等。

面对欧洲工业革命带来的人类社会的进步，面对划时代的资本主义生产方式的出现，马克思无视资本主义生产方式带来的社会进步，却在重点研究资本主义的缺陷，即资本家是如何剥削工人的，并断言资本主义必然灭亡。马克思这样做，是不是本末倒置？是不是他把人类的社会进步，看成是人类的灾难？

马克思"资本论"是从负面的角度研究欧洲工业革命的兴起。

2. 马克思对资本作用的研究是片面的

资本是财富的积累，是产生于工业化生产后，社会财富增加，工厂主手中多余的货币化的财富。是社会中存在的财富积累。资本的积累是欧洲工业革命以后人类社会出现的新生事物。

资本家用资本于再投资，扩大生产获取更多利润，用资本投资研发新技术，研发新产品，丰富市场经济，推动市场经济竞争，推动工业化经济进一步发展。资本就是钱，社会的繁荣，文化教育事业的发展，各种消费品奢侈品的出现都需要有资本的投资。资本在推动社会进步中起到各方面的积极作用。资本变革着社会，带来社会的进步。

上述对资本带来的社会进步，马克思并没有专门研究。马克思的大作"资本论"专注于研究资本家对工人的剥削。资本的积累和扩大再生产是资本家为了获取工人更多的"剩余价值"。这里重复一下马克思在《资本论》中说过的话："资本来到世间，从头到脚，每个毛孔都滴着血和肮脏的东西"

马克思对资本的研究是片面的，带有对资本主义的仇恨情绪。因为他的一生是在贫困中度过的。

3. 马克思没有认识到资本家是脑力劳动者，没有认识到资本家是欧洲工业革命的主要贡献者

我前面的文章中已经阐述了工厂主是智力劳动者，是欧洲工业革命的主角，是工业革命的主要贡献者。工厂是工业化生产的先进生产方式。

从今天社会上的实际情况我们也看到，创办工厂、公司的人都是社会精英。都是某一行业的佼佼者。有的是某项技术的发明者，凭借其发明的技术创办了企业。有的是聪明的组织者，凭借其智慧，做成一个大企业。

社会上想做成一项事业的人很多，成功者极少。只有比别人更有智慧，更勤奋，付出更多劳动，废寝忘食的工作的人，才有可能取得

事业成功。

当今美国加州注册公司有统计，所有注册公司的人，两三年后，有 95% 以上的公司注销了。真正成功成长壮大的公司不到 1%。

获得成功的企业家是最聪明最勤奋的脑力劳动者。如像今天的马斯克、比尔.盖茨、…等等杰出人物。他们是人类社会财富的创造者，是对社会经济发展的巨大贡献者。

今天世界的杰出人物是这样，当年欧洲工业革命时期的工厂主、成功企业家也一定是最勤奋最聪明的脑力劳动者。

马克思没有认识到工厂主是脑力劳动者，马克思的理论是否定工厂主的脑力劳动，否定工厂主对社会的杰出贡献。

其实真正对工业革命作出最大贡献的是工厂主，而不是简单劳动的工人。

从另外一个角度看，马克思提出无产阶级推翻资本家也是对工业化生产的无知表现。

工厂主是脑力劳动者，凭着智慧创办工厂管理工厂，如果按照马克思主义理论，煽动无知的，只会体力劳动的工人打倒工厂主，代替工厂主经营管理工厂，这个工厂不可能维持正常生产经营，只能倒闭。

例如，如果在当今世界煽动特斯拉生产线上的工人推翻马斯克领导的特斯拉管理团队，由无知的工人管理经营特斯拉集团，会产生什么结果任何人都会想象出来！没有马斯克这样的发明创造和生产管理兼容的经营天才，就不可能出现特斯拉电动车和星链这样的划时代高科技产品！像马斯克这样的一批高科技企业家才是工业革命科技革命的主要贡献者！今天是这样，早年欧洲工业革命时期同样是这样！

马克思鼓吹工人推翻工厂主，无产者推翻资本家，他在资本论中写到无产阶级"要剥夺剥夺者"。马克思能得到的结果只能是毁灭工业化生产。马克思对工业化生产是无知的。尽管他的"资本论"是在研究工业化生产。

4. 马克思的理论对资本主义的认识是短视的，没有看到资本主义的缺陷在社会发展过程中会得到纠正

马克思批判资本主义，鼓吹推翻资本主义是源于资本家对工人的剥削。在欧洲工业革命的进程中。早期的工厂，工厂主剥削工人，这是一个新的社会现象。是资本主义的缺陷。

社会人性普遍存在"自私"，这是社会人性无法消除的自然现象。我文章下面有章节对社会人性进行专门的论述。

在社会人性普遍自私的基础上，人的人性是贪婪的。工厂主压榨工人，是贪婪的人性驱使的。在工厂出现的早期是一个无法避免的过程。工人进行抗争是合理的。工人的抗争同样是从自身利益出发的抗争。

历史也告诉我们，社会在工人抗争中会进步，工人的待遇会在抗争中逐步得到改善。

人类社会在工业化的进程中，美国、欧洲等各个国家、通过宪法制定维护人权的法律，通过税收法律保护雇员的最低工资收入，提高高收入人群的税收，减少社会不同阶层的收入差距。各国还通过其他社会的补助方法，保障最底层人群的生活。

我们看到西方工业化国家用国家政策保障着劳动者的利益。同时保障着市场竞争的工业化生产方式。因为现今工业化国家的政府已经是民选政府，民选政府的选民无疑是劳动者占了大多数。如今的民选政府首要考虑的是选民的利益，也就是大多数劳动者的利益！

从欧洲工业革命发展到今天的现代化工业生产方式来看，今天工人的劳动环境大大改善了。工人们的待遇大大提高了。能找到一个好工作是当今社会上许多人梦寐以求的事情。在美国等西方国家，工人们过着幸福生活。

人类社会自从出现私有制市场经济体系后，也就是资本主义出现后，工业化，农业机械化、工农业科技化的发展越来越快，社会财富越来越丰富，各阶层人们的生活越来越好。人类社会只有通过工业

化的进步积累大量的社会财富，社会才能进步。如今资本主义社会并没有灭亡，人类社会在这种社会经济体系中继续发展进步。

马克思批判资本主义，鼓吹消灭资本主义显然是错误的。是对资本主义生产体系，也就是私有制市场经济体系认识的短视行为。

5. 马克思批判资本主义是没有认识到社会劳动生产力的提高是推动人类社会进步的真正动力

欧洲工业革命，以及后来人类社会的进步，使人类社会从封建社会过渡到如今的现代民主文明社会。

而导致这一过渡的是社会劳动生产力发生突破性的提高。社会劳动生产率突破性的提高源于资本主义生产方式，也就是工业化生产方式。

目前就整个世界范围来说，人类向现代民主文明社会的过渡还在进行之中。如今的世界发展进步很不平衡，有经济发达的西方民主社会，有经济发展中的国家，还有大量的社会经济十分落后的国家。政权体系上，有民主的国家，有社会主义国家，有个人独裁的国家，还有封闭的封建政权的国家。而导致这一切存在的是不同国家的社会劳动生产力的高低不一。

资本主义的西方民主国家普遍存在的因素是工农业中机械化科技化程度高，社会劳动生产率高，社会能创造大量社会财富，社会物质文明带来高度的社会精神文明。

发展中国家体现在工业化经济正在成长，逐步形成，社会劳动生产力在迅速提高过程中。社会财富也在同步增长过程中。

而落后的国家体现在经济落后，工业处于空白状态，农业处于原始耕种状态。社会劳动生产率低下。

人类社会有几千年的封建社会延续，就是因为社会劳动生产率没有突破性提高。

欧洲工业革命带来了社会劳动生产率突破性提高。社会劳动生产率的提高是人类社会发展进步的真正动力。

马克思批判资本主义，其本质是批判工业革命带来的社会进步。是没有认识到社会劳动生产力是推动人类社会进步的真正动力。

6. 马克思批判资本主义是没有认识到 私有制市场经济符合人性，能最大的激发人的社会劳动生产力

欧洲早期的工业生产是机器的发明家，或者是个体工厂主通过其辛勤劳动逐步发展起来的工业化生产方式。工厂主通过产品进入市场形成私有制市场经济的生产方式。

在现实社会中，美国等西方民主国家的社会生产体系生产出最多的社会财富，证明了私有制的市场经济生产方式最能激发人的生产积极性，激发人的创造发明。从而证明私有制市场经济生产方式最符合人性。最大的激发人的社会劳动生产力。

我从人性的自我意识，人的独立思维，个人获得自我利益的动力的角度看待人性，人的创造性潜能在私有制的生产中得到最大的发挥。私有制的社会主体不仅仅有工厂主，还有大量的大大小小的私有公司，从事各种行业，是以私有制为主体的整个社会经济结构。包括在教育系统科研系统中鼓励以个人为主体的全方位科学技术研究。

人性体现出人为自己创造财富，获取最大的个人成就是人的普遍的特性。而私有制市场经济体系满足了人性发挥最大潜能的环境。

不仅是人的劳动积极性，独立的具有自由空间的没有他人限制的环境、最符合激发人的创造性思维，能激发人的发明创造能力。科学家发明家在个人自由发挥、自由想象的空间才能最大限度地发挥出其潜能。

在私有制市场经济的生产体系下，人能创造出社会所需要的各种各样的消费产品，各种不断创造出的新产品极大的丰富人类生活的多样性需求。

私有制市场经济的生产环境同样给予每个人智力提升的自由空

间。人们努力地去思考事物去创造发明是私有经济的环境给予的。因此工业革命后的人类历史又是人类社会智力迅速提升的历史。

今天西方各国的丰富多彩的各种各样的生活用品，交通工具、通信设备、…等等，哪一样不都是在私有制的市场竞争的工业化体系下发明创造出来的。如飞机、汽车、电视机、手机、微波炉、…等等，枚不胜举的各种商品都是在这种生产体系下发明创造的。试想在马克思的社会主义计划经济的生产体系下能有这样的创造发明吗？计划经济的计划者根本想不到现存以外的产品。社会主义计划经济只能限制人的想象力空间，限制人类的创造发明。

人性是自我的，人性的本质是独立的，不愿意被他人欺压的。封建主义社会帝王、王公贵族要求臣民们的服从，是通过强制压迫和奴化教育而实现的。他人的强制压迫会大大限制人的自我劳动积极性。大大限制人的自由发挥想象空间。

社会主义社会，公有制生产方式，要求他人服从领导，听从他人指挥，也有强制压迫的手段和相应的服从他人的教育。与封建社会一样，公有制生产方式限制人的个人自我的劳动积极性。也限制人的自由想象空间，限制人的创造发明积极性。

马克思批判资本主义的私有制市场经济生产方式是他对人性的无知。马克思是以对人性的无知认识去探讨人类的社会生产方式。

对人性和人性的自我性我在后面章节有专门的阐述和分析。

马克思不懂"人性"，与他错误的唯物主义认识论有关，我后面文章中在讨论人性时有对马克思主义认识论的批判。

7. 马克思关于资本主义必将灭亡的结论是错误的，资本主义经济危机是可以避免的

马克思关于资本主义必将灭亡的结论，来自于他对资本主义经济危机的研究。

在资本主义发展的早期，商品市场的自由竞争刺激了工厂主无

节制的生产，无节制的生产导致社会商品生产过剩，产品生产过剩导致资本主义生产危机。

在工业革命早期，市场竞争尚无社会法律约束，被称之为自由资本主义时期。资本主义经济危机在自由资本主义时期呈现出经济危机周期性出现，似乎没有解决的办法。

在欧美等西方国家，因资本主义生产过剩而引发的生产危机已经多次发生。马克思因此预言资本主义必然灭亡。

历史发展到今天，我们看到资本主义社会不但没有灭亡，反而发展得更好了。

原因是什么？因为社会找到了避免经济危机的方法：那就是国家建立了有效遏制资本主义经济危机的法律体系。马克思没有看到资本主义经济危机的弊病可以通过民主国家宪法制定的法律来消除。

在当今美国等西方国家，资本主义私有市场经济生产体系并不是在无政府状态下自由存在的，而是在宪法法律体系的干预下，在民主国家的法制体系中生存和运作。

私有市场经济生产方式有其弊端，资本家在市场竞争中追求个人利益，不顾及他人利益，有的还以牺牲他人利益为代价来获取个人利益。国家法律体系维护市场经济的合规竞争，对损害他人利益的不正当竞争予以惩罚。比如，法制体系对恶性竞争的规范，企业的知识产权保护法，等等。

随着私有制市场经济中不断出现的问题，它们被不断更新的国家法律法规所纠正和规范。

马克思没有看到民主政治制度对资本主义生产方式的重要规范和纠错作用。

我在美国做生意的过程中，还观察到美国总有几家行业巨头，控制着某一种或几种商品的市场。而几家行业巨头和大量的中小企业在同行业内组成行业协会，行业协会分析行业的动向，向行业内的成员提出市场建议，这些市场动向和市场建议的不断提出，避免了同行业产品的生产危机。

在美国，我也看到一些大行业有计划生产，比如农业中的粮食生产，受行业巨头的粮食收购计划控制，农民按订单计划生产粮食或者让土地休耕。

美国木材商和森林主每年都按国家规定的配额砍伐木材，并计划生产木材和培育新的林地。

这些以国家为单位的经济法制体系和各行业内的生产限制和计划措施，避免了资本主义的生产危机，今天基本上看不到生产过剩造成的生产危机。

近几十年来的经济危机是几次大的金融危机，原因各不相同，比如 2008 年美国的金融危机，就是美国银行业对房地产业无限量的次级贷款造成的。是由银行人员贪图高额报酬引起的，美国政府相关监管部门的有效介入，阻止了金融危机的进一步蔓延，美国监管机构的进一步监管措施，阻止了此类金融危机的再次发生。

每一次金融危机都给政府监管部门带来新的课题，这是经济法制体系的一部分。政府监管机构也在一次次的危机中提出新的监管方式，避免新的危机发生。

西方民主社会在防范各类生产危机、金融危机方面不断取得进步，现代社会的工业化生产方式和经济发展模式，在政府法制体系的监管和协调中不断发展完善，资本主义并没有走向灭亡。

当今世界经济已经成为国际经济，各国之间贸易往来十分广泛，市场竞争也成为国际市场竞争，成为全球化经济，资本主义市场竞争发展成为各国之间商品的竞争，各国之间生产体系的竞争，竞争也呈现多元化。

不同国家商品的价格竞争，引发了不同国家不同劳动力成本的竞争。西方国家富裕生活所形成的高劳动力成本，往往无法与发展中国家低劳动力成本所生产的劳动密集型产品相竞争。

在当今全球化经济发展过程中，还存在国际自由资本主义竞争的现象，全球化经济的法制体系还没有形成，因而也带来全球化经济中可能发生的经济危机。

全球化经济所产生的危机今后会有解决的办法，只要所有参与全球化经济的国家达成统一的解决危害全球化经济的办法。

以上这些都是当年马克思写"资本论"时没有预料到的情形。资本主义的私有制市场经济体系继续发展进步着。马克思主义有关资本主义灭亡的预言没有人相信了。

8. 马克思的资本主义理论早已经过时

如今现代国家的政府体制对资本主义生产方式各方面的法律法规，以及不断更新的政府监管规范，美国等西方国家的私有制市场经济体系在健康地运行。

马克思主义早期提出的资本主义的弊病已经基本被避免。

早期的自由资本主义早已经不是如今的现代化的法制体制规范下的私有制市场经济体系。

如美国的私人农场主，既是管理者又是劳动者，通过脑力劳动和体力劳动，通过机械化和协作化经营他的农场。前来帮助他耕种、播种、田间管理的是不同的私人农业服务公司。这种劳动协作方式在马克思文章中没有任何提及。

又如，如今的资本已经金融化，货币化，商品化，大众化，碎片化，...。

马克思的资本剩余价值理论早已经不能阐述今天的金融货币市场所发生的变化。

资本家已经成为了如今的股票上市公司的股东、投资银行家、金融大鳄、和持有股票的普通大众。

如今社会工业化发展，新企业的资本投资已经多样化。很多大型的投资来源于风险基金的投资，而风险基金是由金融股票市场商业化运作积累的资本。

资本成为了商品，分成碎片化的股份在股票市场被大众买卖。资本积累进入商业化运作模式。

单个的资本积累聚集成为了社会积累。社会积累又以货币形式成为了金融积累，金融货币市场成为了社会经济的一个主要部分。

大型上市公司的雇主是一群股东。上市公司聘用专业管理者管理公司。管理者和公司雇员们都持有公司股票，都成了公司的雇主兼劳动者。

马克思主义所区分的资产阶级与无产阶级在现代上市公司中不存在了。上市公司的雇员可能是公司股东。股东和雇员之间的阶级划分在公司股东中被融合了。

资本也成为了商品，活跃于变幻莫测的金融股票市场，成为创业人追逐的风险投资资金，还成为了普通人手中的股票资产，再转换成了普通人手中的存款货币和房地产等等不同形式。

资本积累的分配形式也变了，不仅有钱人资本家通过企业积累赚钱，民众也通过股票买卖，房地产买卖分享着资本的社会积累。普通人投资成功也可能一夜暴富。

美国的现代科技公司招揽雇员，付的是薪资加公司股票，雇员进入公司的第一天，就成为了股东一员。

马克思的资本主义理论误导了后人对资本主义和资本的认识，马克思主义早已过时了。

9. 马克思没有预测到 资本主义的私有制市场经济生产方式催生了现代民主政权体制

今天的现代民主政权体制让我们在美国等西方民主国家看到：

1）民主国家的人民，即每个独立的个人有权选举，投票选出政府官员和议员。而政府官员、议员等是由选民选出的，为选民的利益服务的民主政权的公众人物。

2）每个人在选举中，在平时都有权发表自己的意见，包括集会和抗议活动。媒体可以自由对社会发生的事件进行报道。

3）人民选出的民主政府保障每个公民的基本权力，包括个人的合法拥有私有资产的权利，个人的经商或参与政治活动的权利，个人自由发表意见的权利。

4）　政府保护民众是基于国家的宪法。宪法是由公民和公民的代表议员共同制定，修订的。宪法大纲下的法律法规条款对所有人是公平的。法律是至高无上的。所有人，政府公众人物和普通公民人人都必须遵守法律。

5）以美国为列，政府权力被分为立法、行政和司法三部分。每个部分是独立的，相互制约。各系统独立运作，互不隶属。

这就是当今的现代民主政权体制。试问：三百年前地球上有这样的社会上人人参与的民主政权体制吗？显然是没有的。三百年前世界多数国家还都处于封建主义社会。封建社会延续了几千年，世界多数国家曾经都经历过封建帝王的统治，在封建社会普通老百姓没有个人的人权，也没有个人的自由。

那么现代民主政权体制是怎么产生的呢？这要归功于欧洲工业革命。从那以后，欧洲各工业国和美国的工业化的持续发展。也就是资本主义的私有制市场经济的持续发展，带来了如今的现代民主政权体系。

是私有制市场经济生产方式催生了现代民主政权体系。

私有制市场经济生产方式产生了个人拥有私有资产的社会。随着资本主义经济的发展，私有资产的拥有者越来越多。不仅仅是最初的工厂主，社会财富的增加，造就了大量有资产的平民。社会发展到一定程度，社会上大部分民众成为了中产阶级。中产阶级是拥有资产的工薪阶层。社会大部分人需要社会对个人私有资产的保护。这就是现代民主社会的基础。

现代民主社会，人民对个人私有资产权力的要求延伸到政治领域，促进了对个人政治权利和自由的要求。如选举权、言论自由和集会自由。这就是西方社会所追求的人权。

尊重人权是现代民主政权体系的基础。

平等公平的人权只有法制社会才能给予保障。

　　法治不仅保护每个人的人权，保障经济活动中的私有产权，还为政治权利提供了法律保障，确保民主制度的正常运作。

　　私有制市场经济中的竞争理念影响了政治制度的设计。就像市场中的企业需要竞争来防止垄断，民主政权体制也通过分权与制衡来防止权力集中和滥用。这种制度设计促进了政府的透明度和问责性。

　　私有制市场经济鼓励创新和多样性，这种文化也渗透到政治领域。民主政权体制允许多种政治观点和利益表达，通过竞争和协商找到最优的政策解决方案。从而达到社会的稳定。

　　私有制市场经济能够带来最大的社会劳动生产力的发展。带来科技技术的最大发展。社会经济发展带来社会稳定。这种经济基础为民主政权体制的建立和维持提供了有力支持，因为只有社会经济发展，社会有丰富的物质财富，才能带来社会稳定，民主政权体系才能有效运作。

　　总的来说，私有制市场经济体系通过促进个人自由、法治、经济发展和社会稳定，创造了有利于现代民主政权体制发展的环境。两者相辅相成，共同推动了现代社会的进步。

　　特别是第二次世界大战后，近八十年来，现代民主政权体系在西方各国不断进步。有像美国这样的联邦制政府，有共和制政府，有君主立宪制政府。其共同特点是：政府是通过民选产生的。人民享有言论自由，集会自由。国家以宪法治国。政府通过宪法所制定的法律保障每个人的私有财产，每个人的公平权利，…等等。

　　马克思根本认识不到私有制市场经济体系会催生出现代民主社会。马克思主义理论是与现代民主社会的进步背道而驰的。

第 7 章

马克思主义"科学社会主义"
违背人类社会经济发展和社会进步

马克思主义所谓"科学社会主义"是马克思主义理论的重要组成部分。马克思批判资本主义，煽动人民内部的阶级斗争，主张用暴力革命推翻资本主义，消灭私有制，从而提出了"科学社会主义"的社会概念。

马克思的社会主义既是一种社会概念，又是一种公有制的社会生产方式。

马克思之后，俄国革命者在马克思主义的影响下，通过暴力革命推翻了沙皇的封建统治政权，建立了世界上第一个社会主义国家苏联，对当代人类社会产生了重大影响。

在苏联的影响下，欧洲和亚洲的国际共产主义运动因此而蓬勃发展。

在马克思主义和苏联暴力革命成功的影响下，在苏联主导的共产国际的直接参与下，中国在 1921 年 7 月由一批社会革命者成立了中国共产党。在马克思主义阶级斗争和暴力革命理论的指导下，中国共产党于 1927 年 8 月发动武装起义，建立了中国共产党的军队——"红军"。22 年后，中国共产党领导的军队经过内战、抗日战争、解放战争，最后在中国大陆武装夺取政权，于 1949 年 10 月建立了社会主义国家。

1945 年 8 月二战结束后，东欧几个国家在苏联的干涉下成为社会主义国家。

在亚洲，在苏联和中国的干涉和影响下，随着社会主义中国的建立，北越、朝鲜也相继成为社会主义国家。

20 世纪 50 年代是世界上社会主义国家最多的时期，是马克思社会主义理论对世界影响最大的时期。

那么马克思的社会主义对人类社会的进步是好是坏呢？马克思的"科学社会主义"是如何产生的？下面我将对这些问题进行分析和研究。

值得注意的是，苏联和中国在成为社会主义国家之前，都没有经历类似欧洲工业革命的工业化经济发展阶段。苏联是直接从沙皇帝国转变为社会主义国家。中国从 1911 年清朝灭亡到 1949 年社会主义中国建立，一直处于战乱不断的状态。在此期间，大规模工业化生产几乎没有机会在中国发展。

也就是说，苏联和中国都是直接从封建社会转变为社会主义社会。封建主义的思想对这两个国家产生了深刻的影响。资本主义，即私有制市场经济的生产制度，对苏联和中国来说是陌生的。

这也是苏联和中国"轻易"接受了马克思"社会主义"社会观念的原因。

下面的文章从马克思社会主义的提出和世界社会主义国家近代以来的历史经验来分析社会主义给人类社会带来了什么？

1. 马克思提出"科学社会主义"社会概念的原理不科学

马克思对"科学社会主义"社会概念的描述最初来自于他的《共产党宣言》一文。

如前所述，马克思的《共产党宣言》一文比他研究资本主义的《资本论》早了 20 年。

《共产党宣言》一文中提到，当无产阶级推翻资产阶级政权，夺取资产阶级全部资本时，无产阶级所实行的措施包括：没收土地，按总计划增加工厂和生产工具，建立大批产业工人，工业和农业相结合，逐步消除城乡矛盾等，描述了"社会主义"经济的雏形。

马克思的这几句话，让人感觉他没有经过深思熟虑和验证，没有科学的理论推论，"社会主义"就诞生了。

在当时的现实社会中，这种社会主义经济在人类社会中从未出现过。

马克思对"社会主义"没有进行过系统的研究，"科学社会主义"这一术语是后来由恩格斯提出的。1870年以后，恩格斯写了《社会主义从空想到科学》一文，马克思主义的"社会主义"才成为"科学社会主义"。从本质上讲，马克思主义的"社会主义"仍然是凭空想象出来的"科学"。

因此，马克思主义的"科学社会主义"只出现在马克思和恩格斯的零星文章中。"科学社会主义"这一概念是马克思和恩格斯凭空想象出来的，没有任何社会历史和社会实践的支持，是唯心的产物。因此，马克思主义"科学社会主义"的社会概念是不科学的。

2. 社会主义社会是马克思和他之后的马克思主义者的混合产物

社会主义社会是遵循马克思主义的共产主义者建立的社会制度，是马克思之后的共产主义者建立的国家政权。

苏联的列宁、斯大林、和中国的毛泽东等共产主义领袖在建立社会主义国家政权后，发展了社会主义思想，形成了一段现代社会主义国家政权的历史。

"社会主义"是马克思提出的概念，但在现实社会中，社会主义国家是由马克思之后的共产主义者发展和实施的。

因此，社会主义社会是马克思和马克思之后的共产主义者的混合产物。

在中国共产党的教科书中，毛泽东被评价为在中国"继承、捍卫和发展了马克思主义"。

那么现代社会主义国家给人类社会带来了什么样的历史经验呢？

3. 从国家权力的角度回溯，近代史表明，社会主义国家几乎都是独裁专制国家

从字面意义上讲，社会主义应该是维护民众利益的社会制度，以维护民众利益为宗旨的国家权力应该是人民选举产生的民主权力，以人民利益为宗旨的社会应该是民主国家。

但现实中，社会主义社会不是人民的社会，历史告诉我们，所有社会主义国家都变成了少数人统治的国家，成为少数官僚利益集团统治的国家。几乎所有社会主义国家都出现过个人专制独裁者。

例如，第一个社会主义国家苏联就有列宁、斯大林这样的独裁者。

苏联是 1917 年列宁领导的暴力革命推翻沙皇统治而成立的。

苏联名义上是一个造福工人的政权，但根据史料记载，列宁掌权后，开始大肆屠杀反对苏维埃政权的农民和 1918 年上街抗议的工人。短短几年时间，列宁就通过镇压反革命分子巩固了自己的政权。列宁成为第一个像封建沙皇一样的社会主义国家的独裁者，但不同的是，列宁镇压反对派的手段比沙皇还要残暴。

列宁的寿命不长，于 1924 年去世。继列宁之后的斯大林统治了苏联近 30 年。斯大林是世界公认的大独裁者，在 20 世纪 30 年代，有一百多万不同意苏联社会主义的反革命分子被捕，其中有六十多万被枪决。晚年的斯大林怀疑身边的每一个人，他亲自挑选的接班人被他枪杀，苏共政治局委员大多被他关进监狱。

中国共产党用武力夺取中国政权后，毛泽东依靠马克思主义的阶级斗争理论，在 20 世纪 50 年代初期进行了中国的土地改革运动。中国农村农民的阶级成分被分化，凡是拥有一英亩（一英亩相当于中国六亩地）以上土地的农民，就会被划分为地主或富农，他们的土地

会被没收，他们就会被扣上地主和富农的帽子。从此，地主和富农的生活就被控制，他们无辜地受到迫害。

1954 年，毛泽东发动镇压反革命运动，以巩固他的政权。据中国官方统计，镇压反革命运动中被镇压的反革命分子有 280 万人，其中被处决的有 70 多万人。毛泽东从此牢牢掌控中共政权，成为独裁者。

晚年，毛泽东为了维护自己的独裁统治，发动了长达十年的文化大革命运动。毛泽东为了保住自己的权力，直到临终前几乎把身边的原中共高官都打倒了。

在近代历史上，"社会主义"国家政权大多掌握在个人手中，这些人以独裁者的身份控制着国家。最典型的例子就是今天的社会主义国家朝鲜的金氏王朝。三代人以家族利益统治朝鲜数十年，其残暴程度超过了封建王朝。

然而，本应成为社会主义国家主要受益人的工人农民，在一切现代社会主义国家中，仍然处于社会最底层，处于被统治的地位。

社会主义国家政权为何沦为独裁者政权？这个问题引起了我的思考。

通过对现代社会主义国家制度产生过程的思考和分析，我认识到：

第一，现代社会主义国家政权几乎都是通过暴力革命和武装战争获得的。军队的体制结构是集权结构，军队结构的转变形成了集权的政治权力结构。

第二，马克思的无产阶级专政理论为集权政治提供了理论基础。

第三，共产党一党专政是独裁者的政治基础。社会主义国家政权由共产党一党掌握，共产党领袖自然成为国家的独裁者。

第四，封建社会的深刻影响。苏联、中国等现代社会主义国家脱离封建社会的时间很短，没有经历工业革命阶段，统治国家的人没有民主意识。长期的封建意识对统治者影响十分深刻。

第五，社会主义公有制经济制度。其实就是以权力为主体的经济制度，是自上而下控制经济和社会生产的经济制度。这种经济制度为中央集权的政体制度提供了社会基础。

近代历史让我认识到，社会主义国家的中央集权统治政体制度为独裁者掌权铺平了道路。

4. 近代历史表明社会主义国家政权是"人治"政权

自苏联成为第一个社会主义国家以来，社会主义国家政权体系一直是"人治"体制。因为政权落入少数统治者或个别独裁者手中。

几千年来，封建社会帝王统治的国家都是"人治"社会。社会主义国家延续了"人治"的社会统治。

在现代社会，工业革命后兴起的现代民主国家产生了"法治"社会，这是人类社会的真正进步。因为在法治社会中人人平等。国家在宪法规范下运作，按照宪法制定的法律行事。人们没有高低贵贱之分。官员和平民在法律面前一视同仁，各个社会阶层在同一社会中和谐相处。

"人治"是与"法治"相对立的国家政权体系。"人治"维护的是少数统治集团的利益，少数统治者与广大民众处于不平等的社会制度中。

"人治"政权有各种弊端，最突出的就是广大民众的利益被统治者的个人意志所支配，统治者以个人对事物的认知水平来支配政权的施政。比如毛泽东时代，建国后中国出现各种经济问题，就是因为毛泽东对工业化经济一无所知。本文后面有详细分析。

"人治"国家也制定法律，人治国家的法律是由少数人的统治集团制定的，统治者不受法律的约束，人治国家的法律是人治政权的辅助手段，只是作为统治人民的手段而已。

以统治者个人意志为主导的国家，往往会打压统治下的异见人士。

"人治"国家的对外关系，也是以统治者个人意志为基础的，统治者为了统治利益，常常肆无忌惮地发动战争，这是"人治"社会的又一个弊端。

"人治"政权有各种各样的弊端，这里就不一一列举了。

当今中国是一个典型的"人治"国家，实行中央集权统治体制，从上到下统治中国人民。中国最高统治者按照个人意志统治国家，下级官员和人民只能服从他们的统治。但统治者却打着"为人民服务"的旗号，实行个人统治，这是社会主义制度形成的个人统治体制。

5. 民众的思想在社会主义社会受到束缚

近代历史向世人呈现：所有的社会主义国家均是共产党一党专制的国家政权。共产党组织控制着社会的方方面面。

社会主义国家"人治"独裁统治为了实施其统治，为了国家的政权得以稳定，强行在民众间实施新闻舆论导向。

例如中共政权的政治宣传，新闻媒体每天反复宣传当权领导人和领导人的思想，歌颂领导人的伟大，同时强行控制社会新闻，封锁国外新闻，或选择性传播，批评域外舆论，从而禁锢社会人民的思想。

长期以来，中国在宣传外国民主社会时，存在偏见，对民主和人权的解释也存在扭曲，在社会信息不对称的情况下，大多数中国人盲目相信中国宣传部门的各种宣传。他们丧失了独立思考的能力，顺从中共领袖，没有了要求个人人权和民主的欲望，对西方现代民主社会一无所知。

中国几十年来宣扬社会主义和服从领袖的偏见已经写进了中小学的教科书中，中国的儿童从小受到偏见的教育，相当一部分民众已经把偏见认为是常识。

社会封锁新闻，也封锁科技信息，对人们思想的封锁，也遏制了人们对科技创新的思考，社会主义社会也阻碍了社会的科技进步。

人类社会自从工业革命以来发生的社会智力提升在社会主义国家没有实现。社会主义国家民众的智力在共产党一党专政的思想控制下受到压抑，并被共产党的宣传带偏方向。

6."社会主义"国家的人民生活在极不平等的社会中。

人民丧失基本人权

近代历史同样让我们看到，在集权者统治的社会主义国家，工人农民实际处于社会的最底层。

以我所熟悉中国为列，1949 年新中国成立后，中国的农民和工人阶层并没有成为社会被尊重的民众阶层，而是始终处于社会最底层。

当时的中国是农民占据 90%以上人口的国家。五十年代中国人口不超过六亿五千万，其中农民人口超过五亿五千万以上。

中国政府以马克思主义理论实施了土改运动、农业合作化运动、人民公社运动。实行了所谓的"社会主义农村改造"。而现实情况是，通过历次运动，五十年代末，中国农民只能按中国政府的计划安排待在其家乡的生产队劳动。中国农村大部分地区，如我家乡江苏省，农民平均每人耕种土地面积只有一亩左右。（中国一亩相当于六分之一英亩）。而土地已经归国家所有，农民只能在生产队参加集体劳动。从经济上讲，农民仅仅在微薄的土地资源上劳动已经不能使农民获得足够的生活所需，农民连温饱生活都不能维持，农民逐步变成赤贫。

从农民个人所处的社会地位来说，普通农民头顶上有生产队长、生产大队长、公社干部管理着他的劳动和一切。中国实行的户籍制不允许农民离开家乡。有段时间农民连外出要饭都要得到公社干部的批准。农民无权无钱离开农村。农民也无权到城市找工作，因为城市的工作由城市政府按计划在当地有城市户口的人中招收。

而在中国的城市，1956 工资改革后，工人发现，工人成为公有制工厂的工人。工人工资是中国政府公有制经济体制中收入最低。普通工人在社会上处于最底层。工人在工厂劳动，头顶上有车间主任、工厂厂长管理着他们。工厂受到政府的控制管理。而社会上层是共产党政府的官员。

五十年代，中国所建立的社会主义公有制体系，名义上的公有制是全民所有，生产资料属于全民所有。实质上是每个个人一无所有。每个人都被剥夺了个人拥有资产的权利。如土地归国家所有，个人不得拥有土地，剥夺了个人拥有土地的权利。公有制经济剥夺个人拥有资产的权力等同于剥夺人权。

公有制经济体制个人需要服从集体，下级服从上级。每个人需要服从所在单位的各位领导。各单位的领导要服从政府的领导。公有制使人失去独立个人的人权。在服从的社会中，也同时失去了民主。

社会主义社会人际关系成为一个服从关系。人人都失去了人权和民主。人的社会交往又回到类似封建社会高贵与卑贱的人际关系之中。从这个意义上讲，社会主义社会是一种社会倒退。马克思对此同样一无所知。

7. 从社会经济方面看，马克思的社会主义公有制生产制度是一种阻碍社会经济发展的生产模式

在前面几节中，我论述了：欧洲工业革命以后的近代历史证明，人类社会进步的最根本因素是依靠社会生产力的发展。工业革命带来的私有市场经济体制最能激发人们的劳动潜能，从而最大限度地提高社会劳动生产力。因为私有市场经济的生产方式符合人的本性。

社会主义公有制则恰恰相反。在公有制生产制度下，工人的劳动只能服从上级的安排，因此工人失去了劳动的主动性。这是现实社会让我们看到的。

在中国共产党的马克思主义教科书中，社会主义公有制被概括为：土地、生产资料、生产工具属于国家或集体所有，生产单位按照政府制定的计划开展生产，工人不是商品，工人按其劳动获得报酬。

我在中国生活了很长时间，以中国的社会主义公有制经济体制

为例：在毛泽东时代，城市里的所有企业，包括工厂、商店、科研单位，都是国有或集体所有制。工厂或单位按大小由国家各部、省、市、区作为其上级部门控制。工厂按照其上级部门的计划进行生产。中共各级政府组织部门派干部到工厂管理，担任厂长或单位负责人。工厂生产和商店供应纳入各级政府部门的计划管理。工人或商店员工按政府的招工计划招工。工人或员工的工资按国家规定的统一工资标准发放。

这带来了公有制经济体制的各种问题：

例如，政府组织部门派来的厂长或单位负责人大多不懂业务，因为组织部门的人不懂业务，无法了解各个业务领域的业务。外派厂长按照行政级别被分配到大小不一的工厂。公有制单位管理混乱，人浮于事。

中国工厂的另一个普遍问题是，厂长和业务干部把主要精力放在自己个人的升迁和晋升上。厂长主要关心的是自己职务级别和个人待遇的提高，而不是工厂的生产，他们的主要活动集中在讨好上级政府部门的官员，而不是工厂的生产业务上。这就导致工厂生产技术落后，产品落后。

再比如，工厂工人不管干得好不好，都拿政府统一制定的工资，干工作不积极。在社会主义公有制企业，工人普遍失去了主动工作的积极性，因为主动工作与个人利益无关。普通老百姓也失去了主动思考创新发明的积极性。因为老百姓的创新发明往往得不到支持，无法实现。

在公有制经济单位，工人是以集体的方式工作的。当人们集体劳动时，劳动者的劳动受到他人的指挥和安排，成为被动劳动者。被动劳动者往往失去劳动积极性。这与人性有关，因为每个人的独立思维不愿意被他人支配。

公有制生产关系还产生一个弊端。在公有制的集体劳动中，劳动者是被动劳动，被动劳动者的注意力会从生产的目的上转移到人与人之间的关系上，因为集体劳动时人际关系涉及很多个人利益。因此很多人际矛盾就无缘无故地产生了，这是公有制的弊端，人们把大量的精力浪费在人际关系上，大大降低了劳动生产率。

中国的现实表明，公有制体制下各级政府部门干部之间，社会上厂长与工人之间，工人与工人之间，由于公有制带来的权力和利益的不平等，带来了各种复杂的人事矛盾。

上述公有制生产体制怎么能让工厂发展好？怎么能激发工人的劳动积极性？怎么能把社会经济发展好？

社会主义公有制经济是马克思凭空想象出来的生产方式，马克思提出公有制的时候，基本上是不知道实行公有制之后的弊端的。

8. 国家宏观层面社会主义公有制经济的弊端

上一节文章是从单位和工厂的微观角度分析公有制经济的弊端。在公有制生产体系中，劳动者的劳动积极性，创造发明的积极性得到压抑。

中国在邓小平时代，通过改革，劳动者的劳动与工资和奖金挂钩，劳动者的劳动积极性得到一定程度的释放。但是普通劳动者的工作积极性仍然不如私有制劳动者。这是人性的利己主义所决定的。

而在社会经济宏观层面，公有制经济有着种种弊端，这是现实社会发生的事情让我们看到的。

首先我们看到，在中国国家层面，中央集权的财政税收制度，使得大量财政和投资资金集中在国家政府层面。这使得国家领导人物可以支配大量的国家资金。在"人治"的中国，谁权力大，其支配资金的权力也大。

在人治的社会架构下，社会经济被权力支配。

以权力支配社会资金是社会主义公有制的弊端。权力支配资金流向不仅在中央层面，同样贯穿在各级政府层面。

在中国，从国家层面，到各省各市，以及各县都有相应的财政资金，公有项目资金投入决定权。中共中央层面以及各级领导人物紧紧抓住财政大权不放，按领导自己的意愿使用资金投入。按领导人物的亲疏关系投放项目。

其次，在分配使用国家资金时，公有制经济的决策者，无论是曾经的计划经济，还是改革后的国家计划宏观调控，国家上层决策者的决策中主观成分大于现实社会经济发展的实际情况。领导者使用国家资金时，很多时候不是依据社会的实际需要，而是领导人物的主观决定。领导人物往往也搞不清楚社会的实际情况，因为领导人物周围充满吹牛拍马，虚报情况的下级。

例如当今中国领导人人为地加大对军工的大量投入，对国家安保系统的大量投入，带有领导人物浓厚的主观意识，为的是巩固其政权。

第三，权力经济带来另一个主要弊端是导致浪费。在各级领导人物可以以权力随意决定资金投入的情况下，各种各样的浪费无法避免。如中国领导人习近平上台后，一时兴起在河北省投资新建的"雄安新区"，几年间投资了7000亿以上人民币资金在空旷的原野建了一座新城市。一座对中国经济发展毫无意义的新城，大量闲置建筑物，造成的是国家资金的大量浪费。又如各个省市都有当地领导人物的面子工程，如广东珠江出海口链接香港的港珠澳大桥，投资了1200亿人民币。建成已经有若干年，迄今通车车辆寥寥无几。

第四，社会主义公有制权力经济滋生腐败。所滋生的腐败有合法腐败与违法行为的腐败之分。

合法腐败充分体现在公有制的经济体系中。如目前中国的政府体系官员与公有制企业人员已经同为体系内成员。国家政府工作人员可以随时调任国家大型企业的领导，国家大型企业的领导可以被任命为政府的负责人。因此调任官员去担任大型企业领导成为了个人获取高额收入的合法途径。

中国的社会主义经济发展成为国家资本主义经济，公有制企业高管成为国家体制内的资本家。

中国中央阶层的官僚，以及其家庭成员都成为拥有巨额财产的官僚资本阶层。而中国的老百姓，尤其是农民依然处于贫困之中。

而违法的腐败案件如今在中国层出不穷。政府和公有制经济体系中的腐败分子数不胜数。腐败分子通常用手中的权力谋取私利涉及方方面面。中国政府中的大量贪官不断抓出，这里不一一列举了。

公有制经济的弊端还有很多，这里无需再列举。马克思在推崇社会主义时，对此一无所知。

9. 马克思没有认识到社会经济是无法计划的，也没有认识到计划经济阻碍社会经济发展和科技进步

马克思的社会主义经济学术，强调的一点是按计划安排社会生产，以满足社会的需要。

马克思没有经历过社会主义的计划经济，他不知道社会经济是无法计划的。

我个人的经历使我深深体会到计划经济无法计划。

八十年代我曾经在南京市计划经济委员会工作，是社会主义计划经济的具体执行人。我在第一篇文章中提到我的经历，作为南京市经委技术处处长的我，带领十几位处员，负责南京市几千家市属工厂，和上万家区县工厂的设备改造计划和新产品创新计划。实际工作中，我们处连市属几千家工厂生产那些产品，用什么样的设备进行生产的实际真实情况都不可能掌握，只能听取南京市各个工业局的汇报，而各个工业局只能通过工厂的自我汇报进行汇总。工厂汇报中的虚假成分我们根本无法发现。我们怎么可能做好南京市的工业技术发展计划？

我曾经参加过朱镕基当年主持过的中国国家经委的经济工作计划会议。我也体会到中国国家层面的经济计划也是建立在对国家的实际情况无知的基础上。因为国家经委依靠的是各省各市上报的计划，而各省市的上报计划中有多少虚假成分谁也不知道。起码我们南京市的上报的技术改造计划中的水分是很大的，因为我们是依据市政府要求我们争取更多的国家投资而报的计划。

我认识到社会主义的计划经济只是马克思想像出来一种方法，一种在实际情况中无法实施的方法。可以看出马克思对工业化生产也是一无所知。

社会主义计划经济的实际作用只能阻碍社会经济的发展，阻碍社会科技进步的发展。

另一方面，马克思没有认识到，社会生产是"活"的人类社会活动，政府部门有意识的计划，只能扼杀社会经济的发展。

马克思没有认识到社会经济发展既有广度又有深度。可以把利用新技术增加生产量看着是生产发展的广度，把发明创造新产品看着是社会经济发展的深度。新技术的出现，社会新的商品的出现，超出了政府计划工作者的视野范围，计划者不可能计划他认知以外的事情。

强行的实施计划，要求生产者按政府的计划安排生产，只能使生产者放弃创新，"活"的生产活动的创新发明只能被静止的计划所代替。社会主义计划经济模式是扼杀"活的"社会经济发展的模式，是阻遏社会科技发明创新的模式。

10. 近代历史证明社会主义国家最终会消亡。社会主义社会只是人类社会发展历程中的一个插曲

二十世纪九十年代初，苏联解体了，世界上第一个社会主义国家，以及以苏联为主体的社会主义国家联盟终结。

苏联解体后，东西德国合并为新的德国，迅速成为一个强大的西方民主国家。东欧若干个国家转变为民主国家，加入到欧盟体系。

苏联蜕变回俄国，俄国结束了社会主义制度，苏联共产党成为俄国的小政党，排除在俄国国家政权以外。如今的俄国徘徊在西方民主阵营与中国为首的社会主义国家之间，毕竟苏联在政权上和思想上遗留给俄国的遗产太多了。

苏联的终结的直接原因是其社会主义经济搞不下去了。国民经

济的崩溃，老百姓活不下去，造成了社会动荡，导致苏联解体。

苏联解体也证明了社会主义国家终究会消亡。

随着苏联解体，一批东欧社会主义国家消失了。世界剩下中国、越南、朝鲜、古巴等为数不多的社会主义国家。

中国的社会主义政权得以延续，得益于二十世纪八、九十年代邓小平主导的改革开放。我深入一点思考，是中国的改革开放从而在中国放开了私有制市场经济，从而使中国经济复活了。中国经济的发展延续了中国的现有政权。

中国放开了私有制市场经济关乎到中国的未来，我在后面的章节中会进一步分析。

我也曾经访问过越南和古巴。社会主义国家的腐败和社会经济生产落后都对这两个国家造成严重的困扰。越南如今开放幅度大，私有制市场经济迅速发展，开始了工业化进程。古巴社会主义经济的变化不大。古巴的社会主义农业已经使农业生产每况日下，尽管古巴有得天独厚的农业生产条件和气候。古巴的工业经济几乎没有发展。除了雪茄烟的生产，看不到很多的工业。一千万人口的古巴，劳动者的平均月收入约几十美元。老百姓的生活如中国六十年代一样靠政府发票维持最低生活所需。古巴经济靠旅游业和海外三百万以上的旅美古巴人亲属汇款支持而维持着。可以观察到的是社会主义计划经济在古巴已经无法持续维持下去。

世界社会主义国家的发展史呈现出：曾经的社会主义国家会逐一放弃社会主义的趋势。今后的历史会证明马克思倡导的社会主义社会只是人类社会发展历程中的一个插曲。

11. 马克思的共产主义社会是一个无法实现的幻想

在马克思主义的教科书中，共产主义社会是人类最理想的社会。共产主义社会实现后，人类社会将会在公有制经济的环境中，人们"各尽所能，按需分配"。在社会中人人平等，人类过着幸福美满的生活。

这是一个完全脱离现实生活，脱离人性的乌托邦式的幻想。

共产主义是马克思唯心臆想出来的社会。

共产党是以共产主义社会这个幻想，作为奋斗目标而建立起来的党。

首先应该看到，共产主义是公有制计划经济。我在前文提到公有制计划经济体制的种种弊病，公有制经济不会促进社会生产力的发展，因而公有制计划经济不可能产生一个经济发达的富裕社会。

其次，马克思的"各尽所能，按需分配"的社会幻想也是唯心的产物，与人性相背离的空想。

"各尽所能"按字面意思是个人客观能力有不同，每个劳动者可以"尽力而为"的劳动。

"各尽所能"忽略了人性中的惰性。人在没有生活压力，没有追求压力，没有竞争带来劳动激情的情况下，往往失去劳动的主动性，失去工作的动力。"各尽所能"就成为消极劳动的代名词。用今天的话说，人都愿意"躺平"。一旦社会上人人"躺平"，这个社会不再美好，没有人愿意努力工作。幻想出来的社会财富在现实中也不会出现。

第三，"按需分配"也是一种幻想，人的愿望，人的需求是无止境的，人的贪婪性是无止境的。社会财富满足不了社会每个人无止境的消费。我们从今天富豪的表现可以看到，专机、豪华游艇，众多的服务人员。如果社会上人人都像今天的富豪一样享受生活，无穷无尽的财富来自何处？谁又来为他人提供服务？

共产主义是不切实际的幻想，现实中人类在社会中始终面临生活的挑战，科技的挑战，大自然的挑战。人类只有在有竞争的社会环境中，在有生存压力的情况下，才能激发人的劳动热情，创造热情。

第四，共产主义公有制不可能做到"人人平等"。

共产主义是公有制经济。生产资料归社会公有，社会财富"按需分配"。那么谁来掌控社会生产资料和社会财富？谁来分配社会财富？掌控社会生产资料和社会财富的人与普通民众就形成不同的社会阶层。就形成支配者与被支配者的关系。支配者与被支配者之间本身就是不平等的。

我在上一节文章中分析了现实中的公有制经济是权力经济，谁权力大谁支配一切。支配者与被支配者之间没有平等。

在人性利己思想的驱使下，追求掌控权力成为一种人际之间的斗争。人际之间有斗争就没有平等。

第五，共产主义社会不可能出现是因为人的自我利己主义思想始终会在人类社会存在

人类社会中，如果有支配者和被支配者，人人都想成为支配他人的人。这是人性中的自我利己观念决定的。人的自我利己观念实质就是自私观念，这是人的本性之一。共产主义社会也不可能改变人的自我利己的本性。所以依据人性，共产主义社会不可能出现。

我在后面的文章中有专门讨论人性的章节。

马克思幻想出的共产主义社会概念，又一次反映出马克思对人性的无知。

马克思的共产主义理论误导了许多人，尤其是中国共产党，中共还在痴痴地宣传为实现共产主义而奋斗。

而现实生活中，中共的每个党员成员实际都在为其个人的目的而奋斗，有的沽名钓誉，有的攀权附贵，人人都在为个人利益而奋斗。所谓的共产主义并不是中共党员现实中的追求目标。

现实中的理想社会是人人平等的现代化民主社会。

现代化民主社会是每个独立个人的社会，社会上每个独立个人保护自己个人资产，个人尊严，个人人权的社会。

第8章

马克思主义理论的错误还源于其唯物主义认识论的错误

马克思主义哲学是马克思主义的组成部分，马克思主义哲学中"辩证唯物主义"理论的核心就是"唯物主义"。

马克思用"唯物主义"认识论来看待人类历史的发展，提出了历史唯物主义的概念，得出资本主义会灭亡，社会主义和共产主义会兴起，人的自私自利思想会消失等结论。

我在本文的前几章中分析了马克思上述思想的错误之处，马克思理论之所以出现错误，也与他的认识论"唯物主义"有关。

1. 人的思维是人之所以成为人的基础

人是有思维的生命体，自古以来人类就有思维，人脱离了动物界的自然生存规律而成为人，自然界中群居的人类形成了人类社会，人的思维带来了人类社会的发展。人类思维创造了劳动生产工具，改变了人类依赖自然的生存方式。人类思维创造了人类劳动和生产方式。人类思维把人类简单的生存劳动转变为人类社会分工劳动。人类思维创造了社会文化，进一步进化了人类，深化了人类社会文明，创造了人类社会各种学科，创造了宗教，创造了人类几千年的文明史，使人类社会逐渐演变为今天的现代民主社会。

人类思维功能也随着人类社会的进步，社会劳动生产方式的进步，社会文化的发展，社会工业化和技术的进步和发展而不断向纵深发展。今天的人类思维功能比早期人类更加成熟，思维更加复杂，人类思维更加深刻，很多人能够系统、有逻辑地思考问题，很多人的思维也更加富有创造性，人类变得更加聪明了。

人类的进步，人类社会所取得的一切成就都来自于人类思维，来自于人类思维的进步。人类思维存在于人类的每一个行动中。

人之所以成为人，是因为人有思维，社会中每个人都有自己独立的思维。

2．马克思的唯物主义认识论忽视社会人的独立思维的存在

马克思的唯物主义认为：物质决定意识，客观存在决定意识。外部的物质环境决定人的意识。

我认为这种唯物主义的认识论是错误的。因为从人类认识事物的全部因素审视唯物主义对事物的认识过程，唯物主义仅仅看到了外部物质环境对人意识的影响，而忽略了人的意识产生于每个人的个人的独立思维。

唯物主义认识论，强调了物质的存在产生意识，而忽视了人的思维意识本身的存在，把人的独立思维的存在否定了。

人的意识是社会人通过个人思维对客观事物的认知过程。在认知过程中外部环境对意识的产生起着作用。

人的思维过程是极其复杂的综合过程，有着每个人不同本性的基因因素，有具体个人社会文化教育背景的影响，有具体个人实际生活中的经验教训的影响。不同人的思维过程不同，对同一事物会产生不同的认知。相同的是每个人的思维都存在利己思维。

对事物的认知还取决于，每个独立个人的认知能力和思维功能认知水平。愚笨的，思维简单的人永远不能理解高深的复杂的事物。

以上人的思维的存在，应该是人们都能接受的共识。而唯物主义的"物质存在决定意识"的认识论显然是一种片面的认识论。因为此种认识论忽略了人对事物认识过程中的每个人的独立思维功能。

"唯物论"的错误在于：认为人的意识以"唯物"为依据，而无视人的"思维功能"这一关键的存在。

我认识到：人的意识产生于"事物物质环境的存在和人的独立

思维存在"，没有人的独立思维过程产生不了每个人的意识。不同人的思维能力，也会产生不同的意识结果。

因此"唯物主义"认识论是马克思主义理论错误认知的根源。

以下列举一个近代历史上中共官员"唯物主义认识论的错误：我的回忆录里提到，1958 年毛泽东在中国农村推行人民公社运动，毛泽东深信马克思唯物主义认识论，"物质存在决定意识"，因而认为人民公社是公有制的生产方式，是先进的生产关系。毛泽东相信农民在公有制的物质环境里劳动，就会产生"一心为公"的思想意识，就能产生劳动积极性。毛泽东没有认识到农民的个人利己思维的存在。没有想到每个农民都会从个人利益的角度思考问题，在公有的环境中表现出的是"自私"的意识。"自私"的农民在公有制环境中没有劳动积极性。

中国推行人民公社后的实际情况是农民在集体劳动中失去了劳动积极性和主动性。人民公社的公有制的生产方式造成中国农业谷物生产大面积欠收。加上中共当时执政中的浮夸作风，官员们报喜不报忧，二年后导致中国农村发生严重饥荒，饿死几千万农民。

毛泽东在中国农村推行人民公社是他个人唯心思维的产物。而他的唯心思维却是以马克思的唯物主义为指导思想。

遗憾的是中共迄今把马克思的唯物主义认识论视为无比正确的理论。对中国五十年代末六十年代初因为人民公社运动而造成的大饥荒不允许提及。也更不让总结其中的问题缘由。

3. 唯物主义认识论否认社会人的思维功能在不断改善和进步

唯物主义认识论忽略人的思维对意识产生的作用，否认人的思维独立存在，因而更不会认识到随着人类社会的进步，社会人的思维功能也在不断进步、不断深入思考的过程中。

现实社会中，我们看到，随着现代化社会的发展，人的智慧会越来越高，社会人们之间的思维差异也会越来越大。有人思维缜密复杂，有人思维简单。思维的差异带来意识的差异。

例如逻辑思维是人的进化思维，人们通过对事物认识过程中，进一步的深层次思维，通过对事物形成的逻辑推理，探索事物深层次的缘由，从而接近认识事物的本质。

而人类思想界，人类在深层次的逻辑推理思维的演化下，取得人类文明丰富多彩的各种成果。在科技发明，探索大自然方面演化出各种深度的思想学术。这些思想学术成果凭着"唯物主义"认识论是不可能取得的。

我听说过世人评价中国人缺乏逻辑思维，看事物简单。这可能与中共在学校普及马克思的唯物主义认识论有关。确实中国有相当一部分人对认识事物缺少逻辑思维。如中国社会上有些人听了抗日战争的爱国主义宣传，便简单产生仇恨日本人的意识。这些人没有思维推理当年日本侵华战争缘由，不认识战争的根源在哪里。把当年日本侵华战争时期的帝国主义侵略者与今天民主社会的日本人混为一谈。同样这些人没有逻辑思维推理为什么中共领导人习近平在大半个世纪后重提日本侵华战争，其目的是什么？为什么在他以前的中共领导人邓小平却是在大肆宣扬中日友好？因此相当一部分中国人缺乏对事物深层次缘由的判断力，没有逻辑思维的能力。

对于习近平的抗日战争宣传，在不同思维的人群中会产生不同的意识。思维简单的人会产生仇恨日本人的意识，而有深度思维功能的人会产生深层次的意识：即会发现抗日宣传是习近平的政治手段，是习近平为了达到他执政的其他目的，是习近平为了巩固其权力的做法。

4. 人的"私心"的意识产生于私有制是典型的马克思唯物主义认识论的错误

马克思对资本主义的研究，得出了消灭私有制的结论。因为马克思认为私有制产生了"人的私心"，产生了资本主义，产生了剥削。

依据马克思的唯物主义认识论认识资本主义，是私有制产生了人剥削他人的意识，产生了人的利己主义意识。

马克思主义对"私有制"的论述来源于恩格斯的"家庭、私有制和国家的起源"一书。

该书出版于 1884 年。此时马克思已经过世了。是恩格斯对马克思主义理论的补充，恩格斯认为他的观点是与马克思的观点相吻合的。

简要的说，该书描述私有制产生于人类从原始社会向奴隶社会的过渡中，由于社会生产力的提高，人类有了过剩的生活物资，于是原始的以血缘为主体的母系社会分化了，产生了家庭，产生了私有制，产生了阶级，社会进一步分化，产生了少数人统治和奴役多数人的国家。

从人类社会的初始发展，该书的描述似乎是正确的，从而给人们一个误导，即人的利己主义思想，人的私心来源于私有制的出现。

恩格斯的文章忽略了人性的存在，人的独立个人思维的存在。恩格斯没有认识到即使在原始社会，还没有私有制出现的社会，人的独立个人的思维就会产生利己主义思维。尽管那时候人的思维没有今天人的思维复杂。

而人类历史证明，原始社会具有个人的利己主义思想存在，原始社会已经存在有个人凌驾于其他人之上，形成早期的氏族统领。原始人类部落之间领地的争夺。人在两性关系，在食物分配等方面有多有少有差异。也都表明人的"私心"早已经存在。

在原始社会，母亲对自己子女的爱护一定超出对其他人子女的爱护。即使在母系社会不能分辨父亲是谁的情况下，单个母亲对自己儿女与对他人儿女一定有亲疏之分。这种"私心"的存在与所有制无关。

人是有思维有灵魂的生命体。自从有了人就有了人的思维，独立的个人思维，就一定存在独立个人的利己主义思维。

个人的私心来源于独立个人的利己思维。是人性根深蒂固的存在。

有关人性，我在下一章会详细阐述我的观点。

在恩格斯的著作中，恩格斯进一步论述，既然有"家庭、私有制、国家"出现，就会有"家庭、私有制、国家"的消亡。因此得出人类社会中的家庭、私有制，和国家终究会灭亡的结论。得出人类社会会过渡到没有私有制的共产主义社会。马克思恩格斯认为共产主义社会中人就会没有了自私自利的思想。

恩格斯对"私有制"消亡的论断同样是毫无社会依据的唯心论断，对实际的人类社会发展产生误导。

恩格斯对未来人类社会的推断中又一次忽略了人性作为独立个人思维的存在。

即使在未来社会，社会财富依然需要人们去创造，人类需要勤奋的学习和工作，人类需要与大自然作斗争，在这个过程中，每个人独立思维不变，只会更有深度。人类社会中个人的利己主义思维存在不会变。

未来社会的两性关系，男女对所爱的对方特有的爱，父母对自己的子女特别的关爱，独立的家庭成员之间超乎他人的亲密关系，等等都会永远存在。没有人能够否定以上这些"私心"的爱的存在。马克思主义的唯物主义认识论却引导人的认知否定这些、显然是荒谬的。

只要有人类社会存在，社会中每个独立的个人在独立的思维下必然有利己主义思维的存在。

马克思恩格斯的唯物主义认识论对人类社会历史发展由于看不到"人性"中自我思维的存在而作出错误的结论。

5. 马克思的唯物主义本身是唯心主义的产物

马克思主义的唯物主义是企图驳斥欧洲当时唯心主义哲学家而产生的认识论理论。企图驳斥唯心主义单纯以人类的思维来解释世界。解释人类社会。

"唯心主义"认识论不是本人文章的讨论话题

但是马克思在驳斥唯心主义时却把人的思维对认识世界时所起的至关重要的作用丢掉了。

而马克思本人在对很多事物的认识上，却表现出是唯心的。人们看到的是马克思对资本主义的论断，对社会主义、共产主义社会的描述都是唯心的表现。其实马克思本人就是一个唯心主义者。

马克思的唯物主义是马克思本人唯心思维的产物。

6. 我对人类认识论的理解

在认识论中，有一句耳熟能详的话："存在决定意识"。这句话本身没有错，但是"存在"有诸多含义，唯物主义者认为物质环境的存在决定意识。忽视人的思维对意识所产生的作用。

而我的理解：对某一事物的认知过程中，某一事物的存在、人对其认知的思维的存在、人认知过程中特定个人的主观思维的存在、个人的思维能力的差异的存在，都对某一个人对某一事物的认知意识起着作用。某一个人对某一事物的认知意识来源于诸多存在因素的综合影响。

例如二个不同宗教的个人可能对一相同的事情会产生不同的认知的意识。因为不同宗教的个人带有不同观念的宗教思维背景。

唯物主义者强调意识来源于客观事物。唯心主义者强调意识来源于人的思维。两者都是片面的认识论。正确的认识论应该综合事物存在和人的思维存在，以及个人特定思维差异的存在对认知意识产生的影响。

当一个独立的事物出现在社会中时，社会人对它的认识意识是不同的，因为个体思维的因素不同，产生的多种意识可能是对立的，反过来又对事物本身产生积极或消极的影响，引导着事物在社会中的不同发展方向。

如土地私有这一客观事物。在社会主义国家，马克思主义者反对土地私有，提出土地归国家公有的认知。使得社会主义国家的农业经济发展不起来。而西方民主社会农民土地私有，农业经济发达。不同的思想意识形态带来不同的人类社会发展进程。

当然土地私有也会带来相应的问题，当社会少数人拥有了大量土地后，就会影响到社会其他人获取土地资源，影响到社会的持续经济发展。民主社会会以法治的理念，用为社会多数人利益服务的法律条款来解决社会资源重回社会的方法。

因此人类社会需要对社会共同的事务，关系到每一个人的利益的事务达成共识，就要有对事物认知共识的教育。使民众对社会共同利益的事务有基本相同的认知。也就是要排除不利于社会共同利益的思维认知。教育包含自我教育。人的自我思维的过程往往是自我教育的过程。人通过自我思维会悟出正确的道理，使人的思维避免某些错误理论的误导，尤其对社会事物，人与人相处的事物，达到相对统一的认知。

从第 3 章至第 8 章我以六章的篇幅分析批判了马克思主义。尝试阐述马克思主义的错误。发现其本质。

迄今为止中共仍然视马克思主义为真理。起码口头上反复宣传马克思主义为真理，而实际上部分人已经开始怀疑马克思主义的正确性。

为什么中共、以及世界上有人相信马克思主义？因为马克思主义理论迎合了世界上底层穷人改变贫穷的欲望。

对于经济落后国家生活贫困的人来说，希望改变贫困生活是他们的欲望 。马克思主义煽动穷人仇视富人，煽动"人性"中的仇恨，迎合了穷人对社会不满的心理。

而经济落后国家的贫困大众没有认识到的是，造成贫困的原因是国家经济落后，工业化生产没有发展起来。而马克思主义提倡的阶级斗争、暴力革命只能带来社会动乱。不能促进落后国家的经济发展，只能是破坏经济落后国家的工业化进程。

人类的近代历史也让我们看到共产党领导的革命在苏联、中国等当时经济落后的国家中成功了。但是社会主义的经济生产模式又使苏联、中国等社会主义国家的经济陷入困境。社会主义阻碍了这些国家的经济发展。

从以上六章中，我不断提到马克思主义的错误是其理论忽视了人类社会中独立个人的思维的存在。以及马克思主义煽动"人性"中负面的仇恨因素。对私有制市场经济激发"人性"的积极因素视而不见，从而对欧洲工业革命后人类社会进步进行了否定。

显然正确理解认识"人性"，理解什么是最符合"人性"的人类社会形态和社会生产方式，应该是人类社会每个人都追求的答案。

以下两章我尝试描述我对"人性"的理解，以及我对现实中现代民主社会的理解。

第9章

我对"人性"的理解

本文前面章节中多次提及"人性"，本章我尝试对人性作探讨性的阐述。

1. 什么是人性？

ChatGPT这样回答：

人性是指人类在行为、情感、思想等方面所表现出来的本质特征和共性。它既包括人类的生物性特征，如生存的本能、求生的欲望，也包括心理和社会特征，如爱、恨、恐惧、贪婪、同情、道德感等。人性是复杂且多面的，既有积极的一面，如善良、合作、创造力，也有消极的一面，如自私、欲望、暴力等。

在哲学和社会科学中，人性是一个被广泛讨论的主题。不同的文化、宗教和哲学体系对人性有着不同的解释。有些观点认为人性是善的，强调人类的同情心和道德感；而另一些观点则认为人性本质上是自私的，认为人类的行为主要受自利动机驱使。

总体来说，人性既受到先天生物因素的影响，也受到后天环境、教育和文化的塑造。这使得人性的表现形式在不同个体和社会中有着很大的差异。

那么人性是如何产生的呢？

ChatGPT这样回答：

人性的产生可以从多种角度来探讨，包括生物学、心理学、社会学和哲学等领域。

1）生物学角度

人性的一部分源自人类的生物本能和进化过程。在进化的过程中，人类为了生存和繁衍，逐渐发展出了一些基本的行为模式和心理特征。例如，求生的本能、对食物和资源的渴望、保护自己和后代的倾向等，这些都是由基因和自然选择驱动的，形成了人类共有的特质。

2）心理学角度

从心理学的角度来看，人性产生于个体的发展和成长过程中。人在出生时，带有一些先天的生理需求和反应能力，如饥饿感、对疼痛的反应等，但随着成长，人在家庭、教育、社会环境中逐渐形成了更复杂的情感、认知和行为模式。例如，通过与他人互动，个体学会了同情、合作、竞争等，这些心理机制共同构成了人性的一部分。

3）社会学角度

社会学认为，人性不仅仅是个体内在的特质，还受到社会和文化环境的深刻影响。在社会生活中，人与人之间的关系、社会规范、价值观等，都会塑造人的行为和思想。例如，一个人在特定的文化背景下可能会表现出特定的道德观念、责任感等。这种社会化的过程使得人性呈现出不同的表现形式和复杂性。

4）哲学角度

哲学家们对人性的探讨更为抽象和宏观。一些哲学家认为人性是先天存在的，是人类与生俱来的本质；而另一些则认为人性是在与外部世界互动的过程中逐步形成的。例如，古希腊哲学家柏拉图认为人性包含了理性和非理性的成分，而亚里士多德则强调人性是通过实践和德性培养出来的。此外，儒家思想认为人性本善，而法家则持更为功利和现实的看法，认为人性趋利避害。

5）人性的复杂性

综合以上观点，人性是一个复杂而多维的概念。它既有先天的生物基础，也受到心理发展、社会文化和哲学思想的深刻影响。人性不是固定不变的，而是在不断变化和发展的过程中生成和演变的。这种复杂性使得人性既包含善的方面，如同情、爱和创造力，也包含恶的方面，如自私、贪婪和暴力。

人性是一个多重因素交织而成的结果，是人类在生物、心理和社会环境中不断适应和发展的产物。

ChatGPT 对人性的阐述，以及人性是如何产生的解释是汇集人类社会对人性的共识。

2. 我意识到每个独立个人的自我思维是人性产生的根源。是人性"自私"意识的来源

人是思维的动物。每个独立个人的思维形成其在社会中的行为和独特的个性。人类社会所有的社会现象和社会活动是人类思维的产物。是由每个独立个人的思维聚集的产物。

独立个人的自我意识思维是人性产生的根源，是我对人性认识要强调的重点。

每个人的出生成长过程是其个人人性的形成过程。

一个人出生后，具有动物的本能，如食欲使人有争夺食物的本能。而随着大脑的发育，人的思维逐步产生，人开始思考把食物拥为己有，我们常常看到孩童拿着食物就说是"我的"。这是人的本能反应，同时又产生了"个人利己"的思维意识。

人性是由每个人先天的本能加后天的独立个人自我意识思维而产生的。

人是有深度思维的动物，人从三岁时开始大脑逐步发育成熟，思维越来越活跃。最为关键的是，每个人的思维是独立的个人思维。也就是独立的自我意识的思维。社会中任何人不可能知道他人真实的

思想过程。独立的个人思维加上其所在的特定环境形成某个特定个人的人性。同时带有特定环境的社会人性共性。

人生活在社会中，社会中人的共性是每个人都从个人自我的角度思考其个人与他人的关系。

在个人与他人的关系中，从个人的角度思考个人的利益就是人的"个人利己主义"的来源。或者叫做"自私"的来源。在社会中，对每个独立的个人来说，个人生存、个人利益无疑是每个人自我思维的最主要的思考出发点。外界无论如何变化，人总是从自我的角度，从维护个人利益的角度，去对待外部世界所发生的事情。所以说利己主义是人性中的有生俱来的特性。

人的利己主义思维，也就是"自私"，从小就有，人人如此。人在孩童时期还没有思考其周围社会事物的能力，还未踏入社会。远没有接触到后来社会生产关系中的"私有制""公有制"等社会问题。但是孩童心理上的自我利己意识已经产生了。"自私"已经在人性的意识中形成。

我们从中国独生子女成长的现实中看到：越被宠爱的孩童私心越重。这是因为父母过于满足其小孩的任何欲望，滋长小孩以自己为中心的"自私"思维。独生子女私心重是因为独生子女的私欲被满足过多。

随着人成长，后天人的成长环境，教育和知识的接收，对人的思维认识有很大提高和升华。但是请注意：每个人依然是从自我意识的角度去接收外界的知识和影响。"自我"思维依然是每个人思考问题的基础。每个人的"个人利己主义"来源于自我思维意识。

主宰我们每个人行动的是带有自我意识的思维。从自我的角度考虑他人和社会的一切事情，是人的本性。

社会中的人，在面对生存、金钱、追求异性、权力，…等等一切个人与他人利益相关的情况下，每个人都带有个人的利己思维。

所以人人都有利己主义思想，人人都有"私心"，这是人的本性。出自于独立个人的自我思维。

如果有人说，父母对自己子女的爱和关怀是无私的。但是不要忘记这种无私的爱和关怀建立在子女是属于"我的子女"的利己思维意识之上。

这里有必要重复我的认知：马克思主义者明显的错误之一是认为人的私心来源于私有制。从而认为私有制是万恶之源，必须消除。这种观点是对人性的无知。

这种错误的认知是源于马克思主义的唯物论。唯物论认为思维产生于物质环境，即人的私心产生于私有制。这种错误的关键是忽略了人的独立自我思维的存在。因而忽略了独立个人的独立自我思维产生的思想意识。

马克思主义理论是马克思本人通过他个人思维的产物。而马克思以及拥护马克思主义唯物论的人们都忽略了人的独立思维存在。这是一种多么可笑和幼稚的错误。

与之相关的马克思主义的另一个重要错误是，认为消灭了私有制就能消灭人的私心。从而认为共产主义社会是可以实现的。而人的利己主义思维是人的本性，是始终存在的。马克思主义者错误地脱离人性来讨论人类社会，而引导出人类社会会过渡到共产主义社会这样一个错误结论。

3. 不同人性的产生还与个人生存的环境有关

人性中的不同的行为表现，人的善或者恶有极大的差异，其产生与个人的生存环境有关。

我认识到，物质环境对人的思维，对不同人性的产生有一定的影响。我的认知与马克思主义唯物论的观点是不同的，我认为人性的形成是独立个人独立自我思维的产物，物质环境对独立个人的思维有相应的影响。而马克思主义唯物论者仅承认物质环境产生人性。

人在和平的物质丰富的社会生活环境中，人们没有太多对个人生存的忧虑，人们之间对生存条件的争夺较少，相互之间的包容较多，人们之间存在的善意就比较普遍，比较多的利他的思维产生。这种善意的对他人的同情和爱的利他思维是建立在个人自我利己思维得到满足之上。

如私有制企业家爱做公益事业的人大有人在。慈善家几乎都是来自于私有制社会的成功人士。慈善家是在个人事业成功后作出对他人的贡献。此时，慈善家帮助他人，是出于自身事业成功所带来的一种自我成就感。如果企业家事业不成功，没有得到个人利益满足，是不会舍弃自我利益去帮助他人。

在人的个人生存受到威胁，在求生的欲望下，个人的利己意识会增加，人长期生活在贫困之中，为了个人的生存，人的利己思维使人变的自私。

在没有法治的社会环境中，或者法治缺乏的状态下，人的罪恶行径得不到打击，得不到控制，极端的个人利己思维会让人产生对他人的残暴行为。会使人产生对他人不择手段的侵害。

在每个人的潜意识中，人都具有善良的成分，和具有邪恶的成分。人所处的社会环境不同，个人在社会的位置不同，个人的思维会让人出自个人利益，而产生人的善的行为，或者人的恶的行为。

4. 人性是独立个人思维的产物。由"活的"思维产生的人性带来独立个人不可捉摸的特性

人性是人思维的产物，准确说是每个独立个人的思维产生了其独特的个性。每个人的独特个性与其生理基因有关，更主要的是与其思维有关。

有的人的思维深不可测，有的人阴险狡诈，有的人善良诚实。人的思维又是"活的"跳跃式的，会突然产生某个念头。你永远不会知道你身旁与你相处的人，或者陌生人，正在想什么，对你正在策划怎样的阴谋。因此具体个人的人性又是多变的，不可捉摸的。

例如在中国六十年代的文革运动中，当时的中国国家主席刘少奇与毛泽东正在一起站在天安门城楼上接见红卫兵。此时的刘少奇

并不清楚毛泽东接下来用什么方法将他打倒。刘少奇当时不会知道一年后他会死于毛泽东的迫害中。而毛泽东此时正在精心计算着如何扳倒他身边的这位与他共事几十年的同志。

人的邪恶的念头会像幽灵一样出现，邪恶的人会突然产生杀人放火的动机。

独裁统治者为了实现其统治的目的会有发动战争的念头。

人在仇恨宣传的煽动下，会滋生对他人的仇恨心理。

人是有感情的动物，人对他人的感恩之情会因为他人对你的善举而油然而生。

善良的人也会突然出现对贫苦他人的怜悯之心。

诗人的头脑会突然产生美妙的诗句。发明家的发明创造出自于其活跃的思维时的灵感出现。

这些都证明独立个人的思维是活的思维。活的思维不可捉摸。活的思维带来多变的人性。

这里顺便提一个话题：如今人们担心未来人工智能的机器人会控制人类。我认为人工智能机器人永远不可能控制人类，因为人的思维是"活的"，不可捉摸的，会突然想到某个办法来控制机器人。而机器人不管多么精密复杂，都是某种程序计算产生的结果。机器人没有人的"活的"思维。再精密的程序计算的机器人也是可以管控的。不可管控的是人的"活"的思维。

人性的多重特征这里不一一列举。总之人性是复杂的。人性个性的复杂性也是社会人性的一种共性。

5. 社会人性的共性与个性

"人性"是反映人在社会中人与人相处的特性。

每个人都具有独特的个性人性。个性人性产生于每个人都是从独立个人的思维去认识社会。人性的共性体现在社会中大部分人的相同个性特征，或者说某种人性特性体现在社会大部分人身上。

社会是人类群体共同生存的形态。此处所说的"人性"的"共性"是社会群体的人性都具有的特征，不是少数极个别人的特殊行为表现。

我注重关注带有共性的大多数人性特征，只有关注社会人性的共性，才能探讨人类社会的主要问题。

人性的共性在人类社会中，就整体而言，绝大多数人具有利己思维同时存在利他思维。人人具有私心又具有善良的一面。他们是社会主体的大众。

如今人类社会向现代民主社会过渡的过程中，人类社会人的物质生存环境在部分国家已经得到基本改善，而在大部分国家人的物质生存环境还在改善中，部分国家处于不能保证基本生活条件的物质贫困环境。

在如今的社会，人性的社会共性体现出怎样的特性呢？不同国家的社会环境表现出不同的社会人性的共性特性。

在贫困的社会中，在社会中绝大部分人的维持生计的生存物质得不到保障的情况下，社会人性的共性不会产生普遍的助人的善性，而是出现普遍的对他人索取的意识，自私的意识。

我相信在第三世界贫困国家旅行过的人都有这样的体会：那些国家社会中的官员腐败现象比较严重，到处都有向你索取钱财的行为。贫苦百姓的乞讨无处不在。社会处于脏乱差的状态，社会治安也比较差。社会人性的共性表现出对他人索取的言行。

而在经济发达的国家则是完全不同的另一番景象：政府官员清廉，社会风气良好，治安良好，民众普遍体现出对他人善意，乐于助人。我在美国生活，美国社会的大部分人体现出乐于助人，志愿为社会服务的善意。体现出人的善意是社会共性。美国社会体现出的社会人性共性建立在民众物质生活保障之上。

社会人性共性的利他思维的产生，对他人善意的释放建立在社会中绝大部分人的生存物质需求得到满足，从自我思维的角度，以自我满足的意愿，帮助少数需要帮助的他人。

我意识到这种乐于助人的意识产生，也许是人的思维有了深度的提升。人类处在从简单思维向深度思维的发展过程中。思维的格局在扩大，思维的能力在不断提升。人们会思考什么样的社会是最合理的人与人之间相处的社会。什么社会是最适宜的人类社会形态。

社会人性在物质匮乏的社会从自我"自私"的角度，去争夺他人的利益，在物质财富丰富的社会，在个人物质财富满足的情况下，自我思维产生的帮助他人的"自我"满足，这些都是当今社会人性共性的自然表现。

在人类社会发展的历史进程中，在社会生产力低下的历史时期，人类社会创造的社会财富不能满足社会的需要时。社会人性共性表现出少数人以暴力政权控制社会多数人，多数人屈服于统治暴力，形成封建社会形态。

在近代历史上，封建暴力统治瓦解时，社会经济状况尚未好转，工业经济刚刚起步时，社会各阶层民众尚处于生存的争夺中。底层社会民众"人性"中仇恨容易被煽动起来是人性共性。这是中国清王朝倒台后的社会现象。

底层社会贫困人群总会认为自己的贫苦是由于他人的原因造成的。这时马克思主义阶级斗争理论容易被贫困的社会民众接受。中共就是在中国处于社会转型的时期出现的，是在煽动社会底层民众仇恨的过程中壮大的。

中共的发展历史也说明了当人们处于无知时，偏执的思想时，错误的对人类社会的解释容易被人们接受。这种现象也说明了人类对自身的存在，对人类社会的发展演变，对自然界还处于无知和探索阶段。社会人性共性体现出人类在无知时，在无法获取真实的信息时，各种错误的思维意识信息可以占据社会意识形态空间。因为人类社会还无法辨别其真伪。真理可能被谎言掩盖。

社会人性的共性在社会各方面都有体现。而对人类社会进步最重要的方面是社会经济生产领域。社会经济生产领域是人类社会获取社会财富的领域。社会财富增加才能真正推动人类社会进步。才能消除社会贫困。

那么在现代生活，在社会生产领域，社会人性的共性又有什么特征呢？

社会经济发达取决于社会产生财富的能力，取决于社会的劳动生产率。

由于社会人性中的利己思维普遍存在的共性。每个人都会从"自我"的角度出发考虑社会生产活动中个人获取的利益。社会中每个人都会投身于利己的生产活动中。因此私有经济是最符合利己思维的社会生产方式。

当努力的工作能够成正比的获取个人的利益时，当生存压力通过个人的努力能够得到解决时，当金钱的诱惑迫使你开动脑筋的时候，当个人成功的喜悦引导你努力的时候，人们的劳动热情就会自我激发出来。而私有经济生产方式给人的劳动激情创造了空间。私有经济能产生最大的社会劳动生产率。

社会"人性"自我思维含有"自私"成份的人性共性是人类社会自然的存在，是无法改变的存在。这是社会经济发展唯有采用私有制生产方式的原因。

在现代人类社会中，全民的创造性劳动和科学发明体现出在私有制环境中，会随时产生新的科技成果。因为人性中自我思维的共性使人在个人自由的环境中，产生最大的创造激情。私有制提供了个人自由思考的空间。提供了人人可以按自己意愿自我思考的空间。因此对某项研究，不仅仅是从事某一专业研究的科学家，社会上任何对该项研究感兴趣的人都可以放飞自我的去研究。

近年来，美国大量的发明创造和科技成果来自于社会中的普通人，其中很多科技成果出自于普通人的车库。这种有利于创造和发明的环境，正是私有经济的社会提供的。

而社会主义国家公有制体制下的劳动者没有劳动热情，没有科技创造的激情，是因为社会人性中的自我思维产生的"私心"让劳动者觉得公有环境中的劳动成果和科技发明与自己无关。社会主义计划经济管理者对公有企业的强制性生产计划安排，迫使劳动者遵循计划安排劳动，也使劳动者放弃创造性的劳动。

这就是社会主义体制的弊病。因为社会主义体制违背了社会人性中自然存在的自我思维产生的"自私"的社会共性。

在社会生产领域发生影响的社会人性共性。还有社会人性中的懒惰特性。在一定的条件下，当人的劳动与自己无关时，劳动者会以消极的劳动态度对待他人分配给他的劳动。或者用"躺平"的态度对待周围发生的事情。

人的懒惰是社会人性共性，人人都有懒惰的一面，懒惰是人的一种本能，人如果不劳动就能生存，宁可不劳动。懒惰也是自我思维的结果，当一个人认为周围的环境使他试图做某件事毫无意义时，他就会失去做这件事的动力。

社会主义公有制是导致劳动者产生惰性的原因。是因为在个人利己思维意识下，个人的努力在公有体制中得不到应有的回报。

人类社会有没有与社会大众"共性"人性不同的个性人性的特殊人？

当然有，人类社会有特别善良的人，有特别有智慧的人，有特别杰出的人，也有特别邪恶的人。有一般常人没有的特殊人性的人。

特殊个人人性的出现与社会大众的人性一样出自于个人独立的自我思维。同样从个人的自我利益思考周围社会的人和事。特殊个人的人性产生或许有不同于常人的生存环境，或者本人有超乎常人的思维能力，有超乎常人的思维灵感。或者遭受过人生的特别磨难。

如中国古代二千五百年前的孔子，和二千三百年前孟子，他们作书立学，提出社会的道德观。孔孟之道的社会仁礼道德观，"仁、义、礼、智、信"，对今天的中国社会仍然有着巨大影响。

孔子、孟子有着独特的人性个性，他们的思维已经超越了利己的范围，超越了社会上的芸芸众生，已经洞穿人类社会现象。他们的思维给社会指引方向，给芸芸众生指明生命的道路。对中国社会的人性共性产生了深远影响。

世界上有没有无私的人？我们可以把像中国古代孔子孟子那样

思维达到大彻大悟，洞察人生，能够反思自我的人，看成是无私的人。这样的人彻底看清人生的一切。这样的人的思维超越了自我利益的思维，是探索社会的思维。这样的人是人类社会的圣人，如人们崇拜的基督教教宗耶稣，等等，都是人类社会中的圣人。

即使是圣人，在回到现实中面临日常生活中衣食住行的生活琐事时，也不可能没有"利己"的思维。因为每个独立的个人都是从自身的角度去思考与他人的关系的。

6. 现代社会形成人对人权的追求，对民主的追求，对社会公平的追求的人性共性特征

在美国和西方国家，社会上的人都懂得尊重人权，都被要求懂得尊重他人的权利。都被要求懂得公平对待每个人。

这是自从欧洲工业革命后，随着社会进步逐步形成的社会人性共性特征。特别是第二次世界大战后，社会经济发展带来了西方世界的社会繁荣。促使现代民主社会逐步形成。社会民主，人人平等，尊重他人人权成为新时代人性共性特征。

在中世纪封建社会人性没有这样的特征。封建社会人性的特征是被要求顺从封建统治者的统治。不顺从者则被镇压。

社会主义的中国，以及其他社会主义国家的人性共性特征是要求服从。人人被要求服从共产党的领导。服从各级领导人物，全社会服从统治者。服从是当今中国社会的人性共性特征。

因此被中共宣传洗脑的人没有人懂得什么是社会民主，什么是尊重人权，中国社会也没有人权平等。

人类到了现代民主社会，社会的人才意识到民主人权和公平平等。

因此美国等西方国家的政治家去与社会主义中国的统治者讲民主，讲平等，讲人权等等是无法沟通的。因为中国的统治者对民主、人权、平等的基本观念都不理解。

7. 人性是可以转变的

不同的社会环境造成不同的人性共性特征。人类社会在不断进步之中，社会的人性随着社会的进步而在不断的改变之中。

对每个独立的个人来说，个人所处的环境的改变同样改变着其个人的特性。一个人通过学习，加深对事物的理解，加深对自我意识水平的提高，个人的特质也会提高改变。个人的知识丰富了，对事物发展规律看得更透彻了，人的自我思维就更有深度。其人性也随之变得更加深沉。唯一不变的是自我利己思维始终存在。

一个人如果来到一个陌生的环境，周围都是善良的人，这个人得到周围人们的不断帮助，这个人也会变得乐于助人。

如果与以上情况相反，一个人来到一个陌生的尔虞我诈的环境，这人会警觉起来，人性变得多疑，提防身边所发生的事情。

人性的转变还表现在潜在意识中人性的某特性存在可以被外界的舆论而调动起来。如马克思主义者对阶级斗争的宣传会调动人对他人的仇恨。

又如国家的统治者，在权力地位的熏陶下，其人性会变得特别傲慢自大。也许该人在未成为统治者前并不是这样。统治者会变得对他人的生命不屑一顾，统治者为了维护其统治利益，会无情镇压其统治下的民众的反抗。统治者以达到其某种统治的目的，甚至发动战争。统治者的人性特征是极端个人利己主义的人性。

第 10 章

社会"人性"中永恒的不可消除的"自我""利己"

思维的存在注定共产主义社会只是一种不切实际的幻想

上一章我分析了人类社会中"利己""自私"的意识产生于社会中人人具有的独立的个人思维。社会人性中自我"自私"的利己思维是社会人性共性，是无法消除的自然存在。

而马克思的唯物主义认识论忽略了社会中人人具有的独立个人"自我"思维的存在，错误地认为人的意识是产生于物质环境。因此马克思恩格斯错误地判断出人的"私有""自私"观念产生于私有制社会的出现。从而得出进一步错误结论：消灭私有制就能消除"私有""自私"观念。

马克思主义是以唯物主义认识论批判资本主义，批判私有制，从而要消灭私有制，得到资本主义必然灭亡的结论。从而幻想出共产主义社会。

马克思主义理论贯穿了无视社会人性"利己"思维存在的错误认识。因此导致了错误的理论观念和对人类社会发展规律的错误结论。

以上我对社会人性的认知和对马克思主义的分析在我文章中分散提及过，此处系统地重复我的认知。

马克思幻想的共产主义社会是以公有制的经济生产方式为基础的。公有制的生产方式违背了社会人性中普遍存在的"自我"思维"自私"观念的自然法则，因此在公有制的生产体制中，人失去劳动生产积极性，也失去自发的创造发明的热情。

因此社会人的自私性的普遍存在导致共产主义公有制生产方式

不能产生最大的社会生产力，不能最大的创造社会财富。社会创造不了丰富的社会财富，共产主义社会也不可能实现。

世界近代苏联等社会主义国家因经济发展停滞而导致国家瓦解的历史，已经证明了社会主义公有制经济的失败。

从另一方面看：社会人性中普遍的"自我"思维"自私"观念的存在，使得人只有在私有经济的环境中，在劳动与个人利益相关时，人才会有最大的劳动热情和创造发明的积极性。

近两三百年，美国、欧洲等工业发达国家的经济发展历史证明了私有经济的工业化生产方式带给人类社会的财富积累，推动了人类社会真正的进步。从而使得封建社会逐步消亡。人类社会逐步过渡到现代民主社会。

现代民主社会是以私有经济市场竞争为经济发展主体的，释放人的劳动积极性的社会。同时又是以法治体系规范社会人性中"自我""自私"产生不当行为的社会。法治体系规范社会所有人的行为，同时公平对待社会每个人，体现社会的共同利益，因此是由社会大多数人赞成的社会治理方式。体现社会大多数人利益的社会只有是现代民主社会。

在民主的私有经济体制的社会中，社会普遍"自我""自私"的人性必然产生人人追求拥有私人财产。拥有私有财产成为社会中人的基本人权。从私有制社会的角度，拥有私有财产的社会基本"人权"也是社会的个人政治权力。

共产主义生产方式基本特性是生产资料公有制。土地、生产工具均为公有，这就使人失去拥有私有财产的权利。因此共产主义社会的实质是剥夺了社会人的人权。

公有制体制中，个人需要服从公有体制的管理者，也就是公有体制中的领导。这样低于领导地位的其他人就失去了他们的平等政治权力。

从共产主义剥夺人权的角度，共产主义违背了社会人性自我思维产生的平等政治权力的要求，因此所谓人人平等的共产主义社会也不可能出现。

美国等西方经济发达国家在私有制市场经济的持续发展下已经步入了现代民主社会。展望未来，现代民主社会在不断完善过程中，没有任何迹象表明现代民主社会不会持续发展下去。因此人类社会的未来是现代民主社会，而不是马克思幻想的"共产主义社会"。

重新审视马克思的共产主义的产生，除了马克思忽略了社会人性独立个人"自我"思维的存在外，我发现马克思的错误还在于其直观观察事物，仅以简单思维得出其理论结论。

马克思对资本家剥削工人行为的直观观察，产生出剥削是罪恶的行为，得出了私有经济的资本主义生产方式是万恶之源的结论。得出消灭资本主义就能消灭剥削的结论。马克思的思维过程忽视了对资本主义出现的原因的思考。

马克思是凭直觉观察事物，通过简单的思考对表面现象作出结论，从而得出错误的结论。

从深层次的逻辑思维去探索资本主义生产方式产生的原因，就会认识到，私营企业主使用机器，雇佣大量工人，成批生产商品的工业生产方式，来源于机器的发明。这是工业革命带来的生产方式的变革。是智慧的劳动生产方式，而不是马克思仅仅从表面观察到的剥削工人的方式。而正是这种大规模工业生产方式生产出大量的社会商品，积累了大量社会财富，才改善了社会普通民众的生活。促进社会进步。

马克思凭直觉观察事物得出的结论转移了人们对私有工业化经济先进性的认知。掩盖了工业化生产对社会进步的积极作用。

马克思也没有探讨企业主为什么会剥削工人的根本原因。如果马克思认识到社会人性中"自我""利己"思维是永恒的自然存在时，就会认识到企业主为了追求其个人利益，必然会过度强迫工人劳动。

社会人性的自私利己思维的存在是企业主过度强迫工人劳动现象的根源。是社会人性的缺陷，而不是工业化生产方式的缺陷。

阻止企业主过度压榨工人，只能通过建立社会劳动保护法，以法治的方法规范私营企业主的不当行为，保护工人的合法利益。而不是消灭私营企业主的工业企业。而不是消灭私有经济的工业化生产方式。防范社会人性的缺陷，只能通过社会治理对社会人性的缺陷加以规范。

从逻辑思维角度可以认识到私营企业主的工业生产方式，即资本主义生产方式的出现是人类社会进步的最重要标志。因为是私营工业化经济创造出了巨大社会财富，最大的提高了社会劳动生产率。

马克思对资本主义的否定，是否定私有经济的生产方式，是否定工业革命带来的社会进步。而社会"人性"自我利己思维的存在是马克思主义理论否定不了的自然存在。

马克思的理论违背了社会人性"利己""自私"思维永恒存在的自然法则，马克思的"科学社会主义"学术就成为了荒谬的学术。因此马克思主义者提出的社会主义公有制计划经济就成为阻碍社会经济发展的错误生产方式。近代国际社会主义国家经济发展停滞的历史充分证明了社会主义公有制生产方式的错误。

社会主义公有制经济的失败历史，社会人性中普遍"自私"观念永恒存在的自然法则，都充分说明了马克思预言的共产主义社会只能是一个幻想，一个背离社会人性自然法则的幻想。

马克思的共产主义幻想之所以被一些人接受，是因为共产主义理论有迷惑性。符合普通民众幻想过上富足的生活的想法。让人误以为共产主义社会会让人民"共同富裕"。然而，在一个每个人都有自私思维的社会里，社会主义公有制经济并不能使人们充分发挥劳动积极性和创造积极性，无法创造足够的社会财富。普通民众的"共同富裕"生活从何而来？

如果世界上有识之士们都能认识到社会人性中普遍"自私"观念永恒存在是社会自然法则，认识到只有私有经济符合社会人性自然法则，认识到只有私有经济才能最大促进社会生产力的发展，生产最多的社会财富。那么顺应社会人性的自然法则，坚持私有经济，以社会法治规范私有经济的发展，应该成为世界各国有识人士的共识。人们也会认识到现代民主社会是顺应社会人性自然法则的最合适的社会体制。

而现实社会中，把实现共产主义作为终极目标的共产党人实际就成为了一群为虚幻目标奋斗的无知之士。那么共产党还有什么存在的意义呢？

以中共为例，中共还在坚持马克思主义，坚持以实现共产主义为奋斗目标，中共的坚持是不是显得很荒谬呢？既然中共声称其宗旨是"为人民服务"，为何不能务实的去为发展中国经济，为在中国实现现代民主社会而奋斗呢？如果中国的政治精英们坚持"为人民服务"，那么将党派名称改变成"中国为民党"，"中国民主党"，…等等，启不是更能贴切的体现出为中国人民服务。

我在中国的经历，让我体会到，中共官员们在各种场合公开宣扬共产主义理论、集体主义观念都是迷惑他人的言论。中共官员们在要求别人"无私奉献"时，自己个人的实际行为却表现出在为自己个人利益奋斗。在中共的官场上，每个人都在为向上爬而不惜采取任何手段。甚至行贿受贿！

在毛泽东时代，毛泽东发起的所有政治运动，表面上都是在推行社会主义建设和社会主义革命，深入地分析毛泽东行为的本质，毛泽东所有行为的实质都表现出他在维护其个人权力。尤其是十年文革运动，为了其个人权力置于整个国家利益不顾，把全中国人民推入混乱的生活之中。毛泽东没有脱离社会人性"自我""自私"思维的自然法则。

如今中共官员们的言行都体现出社会人性"自我"自私的社会自然法则。中共官员们利己自私的行为贯穿在各种场合。中共官员们都是两面人，说一套做一套，因此中共政权的体制弊病无法消除。

西方民主社会的政府官员们也体现出社会人性"自我"自私的社会自然法则。好在有法治规范和法律约束所有人的言行。大家依法行事，为选民服务，不能违反法律法规规定。

第三部分

中共政权为什么会在中国出现？

第 11 章

简要回顾二十世纪前半叶

世界部分主要国家以及中国的近代历史

二十世纪前半叶人类社会经历了前所未有的动荡。世界经历了有史以来的两次世界大战。

世界历史让我们看到，18、19 世纪的欧洲工业革命带来了欧洲部分国家和美国、日本等国家的工业化经济发展。世界部分国家国力强大后，发生了两次世界大战。

第一次世界大战发生于 1914-1918 年。是以欧洲为主战场的世界战争。由当时的奥匈帝国、德意志帝国等国家，形成的"同盟国"，发起了侵略他国的战争。俄国沙皇帝国、法国、大英帝国等国家形成"协约国"应对同盟国的战争。双方发生战争的原因错综复杂，但是与欧洲工业革命后带来这些国家经济强大有关。

第一次世界大战是一场帝国主义国家统治者发动的战争。帝国主义国家的统治者是以侵占他国的领土，掠夺他国的财富，统治他国人民，扩大其统治者的统治版图为目的，是为统治者个人权力的延伸而发起的非正义战争！

第一次世界大战是一场混战。后蔓延至世界其他一些国家。后期美国日本中国也加入了协约国阵营。

一战以"协约国"阵营的国家获胜。"同盟国"战败。双方在法国巴黎签订了"巴黎和约"。

德国作为"同盟国"主要成员成为战败国。也使德国为二十年后发起第二次世界大战埋下隐患。

第一次世界大战本质上是有封建意识的统治者发动的帝国主义

侵略战争，是帝国主义国家之间的战争。

第一次世界大战产生意外的结果是：世界出现了第一个社会主义国家苏联。这是马克思主义诞生后对世界产生的重大影响。

沙俄帝国作为参战国在一战中损失惨重，造成俄国国内统治薄弱。1917 年 3 月沙俄帝国被国内资产阶级发起的革命所推翻。1917 年 10 月俄国的资产阶级临时政权又被列宁领导的无产阶级革命再次推翻。后又经过 5 年的国内战争，才建立了世界上第一个社会主义国家-苏联。

这也是因为当时的俄国经济在一战中遭受到严重破坏，俄国的革命者列宁抓住了建立苏共政权的机会。

第一次世界大战参战国各国经济均有不同程度的破坏。最后却产生了一个社会主义国家，这是参战各国谁都没有想到的事情。

第二次世界大战发生于 1939-1945 年。欧洲战场由纳粹德国发动战争。而亚洲战场是日本帝国发动的战争。欧洲的纳粹德国和亚洲日本帝国发起战争的目的都是侵占他国领土，扩大其统治版图。

亚洲战场日本帝国的侵华战争早在三十年代初期就开始了。1931 年 9 月 18 日日本发动了侵略中国东北的战争，1937 年 7 月日本发动了全面侵华战争。

二战是典型的帝国主义的侵略战争。

二战后期美国参战，美国是站在正义的反抗帝国主义侵略战争的一方，在欧洲战场与法国、苏联、英国等"同盟国"一起击垮纳粹德国。在亚洲战场也是因为美国的参战，最终日本帝国才宣布投降。

日本帝国是在美国先后向日本本土的广岛和长崎二个城市各投放了一颗原子弹后投降的。这是人类第一次在战争中使用原子弹。原子弹杀伤了几十万无辜的平民百姓，将几十至几百平方公里的城市夷为平地。可见原子弹的威力。

原子弹是在二战后期由德国逃亡美国的科学家发明创造出来。使美国成为世界上第一个拥有原子弹的国家。为美国战胜日本帝国主义发挥了最重要的作用。

原子弹的威力也警告人类：人类不能再使用原子弹。原子弹将毁灭人类。

美国在参与二战的同时，国内工业经济迅速发展。由于战争发生在美国大陆本土以外，美国大陆没有遭受战争的破坏。战争对各种物资的需求反而刺激了美国的经济发展。美国的工业为美国参与战争提供了足够的先进的武器装备。使美军同时在欧洲战场和亚洲战场参与战争。并向其它同一战线参战国提供武器装备的支持。

据统计二战中伤亡人数超过七千万人。很多国家的经济遭受到重创。使人类认识到世界大战对人类的巨大破坏。警醒人类不能再发生新的世界战争。

二战中，苏联军队在抗击德国希特勒军队的侵略战争中得到巨大发展。二战后，以苏联为首的东欧社会主义阵营崛起。苏联一度成为仅次于美国的超级大国。

而中国在二十世纪前半叶经历的是社会动荡和战乱。

1900 年，以英、俄、日、法、意、美、德、奥为首的八个国家组成的八国联军对中国北京的清王朝发动了武装攻击。在北京天津等地烧杀抢掠，给中国人民留下耻辱和痛苦的记忆。清王朝失败后向八国赔偿了总共四亿五千万两白银。

在此之前还发生中日甲午海战，中国清王朝海军以失败而告终。

从那之后，中国进入社会动荡，战争连绵的时期。

1911 年发生在中国的辛亥革命推翻了清王朝。随后革命者拥立推崇"三民主义"的民主革命家孙中山成立中华民国政府。

最初的中华民国政府形同虚设。由清朝官僚袁世凯窃取了民国政府总理之位。接着中国社会经历了袁世凯的称帝闹剧，以及北洋军阀政府统治中国十多年时间。期间中国实际由清朝遗留的北洋军阀割据。军阀之间多次发生战争。

在苏联十月革命的影响下，在苏共的共产国际中国支部的主导下，1921 年中共成立。中共是在中国社会处于极端贫困和动荡时期成立和发展起来的。

自从中共出现后，到 1949 年 10 月中共夺取中国政权，28 年时间是中国内战、抗日战争、再次内战的历史。是中国国民党与中共合作，然后相互战争，再次合作共同抗日战争，再次相互战争争夺中国政权的历史。

中国国民党最初是孙中山创立的民主政党，孙中山提出联俄联共，创立民主政权的主张。孙中山早逝后，蒋介石掌控国民党政府几十年，成为了一个独裁的统治者。毛泽东领导的中共军队是以推翻国民党的独裁统治，建立新民主主义的新中国为口号，与国民党军队作战的。

最终中共的军队获得全面胜利，在中国大陆成立了中华人民共和国。国民党政府军队失败。蒋介石带领国民党政府退居台湾岛。

在半个世纪的中国历史中，中国几乎一直战火连绵。中国的工业化经济几乎没有得到发展。由于战争，社会动乱，加上连年的自然灾害，农业欠收，中国人民处于极度贫困之中，老百姓没有生活出路，苦不堪言。

二十世纪上半叶中国社会的动荡和不断连绵的战争，为中共在中国的出现，成长，最终夺取全国政权提供了历史机遇。

第 12 章

简要回顾中共最初二十八年的成长历史

中国共产党成立于 1921 年 7 月，至 1949 年获得中国大陆的政权，共 28 年时间。这 28 年中共又是如何走过来的呢？

研究这段历史，我们看到：中共的成立是苏共革命输出的产物。也是当时中国处于社会动荡的结果。

1917 年苏联 10 月革命成功后，不久苏共在列宁的领导下成立了共产国际。共产国际是一个向苏联以外输出革命的组织。其中有远东支部负责发展中国、朝鲜、日本的共产党组织。

1919 年 5 月中国爆发了"五四"民主运动。五四运动由北京的青年学生发起游行示威，各界人士参加，然后蔓延到全国主要城市。五四运动发泄了民众对中国北洋政府的不满，五四运动造就了一批中国革命者。

此时苏共的共产国际派成员进入中国北京建立中国支部开展工作。

1921 年七月在共产国际中国支部的组织和资助下，中国各地的共产主义筹建小组派代表前往上海召开中共第一届代表会议，后转移至浙江嘉兴的一条船上继续会议。参加会议的中国代表 13 人，共产国际代表 2 人，代表中国 57 名成员成立中国共产党。毛泽东代表湖南省共产小组参加了会议。中国共产党成立。陈独秀成为当时的中共负责人。

当时成立的中共属于地下秘密组织。在苏联共产国际的主导下开展活动。苏共在一段时间内在苏联不断培训中共干部。

因此，中共早期所接受的马列主义是苏共输入的。带有苏共主张武装暴动夺取政权的色彩。

最初苏共主导中共的事务、同时支持反对中国北洋军阀政府的中国国民党。

1923 年在苏联共产国际的推动下，中国国民党主席孙中山相应提出了"联俄容共"的政策，中共与中国国民党进行第一次国共合作。同年蒋介石受孙中山委托，于当年八月代表中国国民党访问苏联。

第一次国共合作期间，中共党员可以同时参加中国国民党。中共骨干周恩来、叶剑英、毛泽东均是国民党员。毛泽东还曾经担任了几个月的国民党宣传部长。

1924 年苏联共产国际帮助中国国民党成立黄埔军校。协助国民党建立国民革命军。

黄埔军校建立后，孙中山任学校总理，蒋介石任校长。中共党员周恩来、叶剑英等分别在黄埔军校任要职。

1925 年蒋介石的儿子蒋经国前往苏联学习。与邓小平等中共干部是同学。可见当年苏共对中国国内政治军事的巨大影响。

1925 年孙中山去世。中国国民党内部开始分化，分为赞成与中共合作的左派，和反对与中共合作的右派。

1926 年中国国民党的革命军发起了北伐战争，最终击垮北洋军阀政府的军队。中共成员加入了国民革命军，参加了北伐战争。

1927 年 4 月国民党中的汪精卫在武汉成立武汉国民政府。蒋介石在南京成立南京国民政府。北洋政府被推翻。

同月国民党的汪精卫和蒋介石政府分别领导国民党右派开始抓捕杀害共产党员。中国国民党与中共从此决裂。

中国国民党从此也与苏联共产国际决裂。蒋介石的大儿子蒋经国被苏共领导人斯大林扣押在苏联，直到 1937 年抗日战争爆发，第二次国共合作后，苏联才将蒋经国释放回中国。

1927 年八月一日，中共领导国民革命军中左派发动了"八一南昌起义"。起义军由周恩来、朱德等共产党人领导。中共成立了红军。

八月七日，苏联共产国际在武汉召集中共"八七会议"，要求中共在各省发起武装暴动。指示南昌起义军南下广州发起广州暴动。

这是中共早年在苏共指导下，依据马列主义，鼓动工人农民在各省城市发起暴力革命夺取政权的一次尝试。

据记载中国各省中共发起的大大小小暴动有一百余次之多。但是大部分暴动均告失败。

此时的毛泽东奉命回湖南省领导农民暴动，发起秋收起义，因不敌当时的湖南国民党军阀。毛泽东带领残余起义部队进入江西省井冈山地区建立根据地。

南昌起义部队赶往广州途中，遭遇几次大的战败。部分部队在朱德的带领下，返回江西，于 1928 年 4 月来到井冈山，与毛泽东的农民起义军会师，成立了红军第四军。

此时部分暴动成功的中共起义军在中国中南部各省分别建立以山区为依托的红军根据地。如贺龙领导的红二军湘鄂西根据地、李先念领导的红二十五军鄂豫皖大别山根据地等。从此中共红军开创了自己的军事战略：即在农村山区建立军事根据地。依靠山区与国民党政府军周旋，保存实力打游击战。扩大红军。

此时苏联共产国际秘密隐藏在上海仍然指导中共中央的工作。在苏联共产国际的影响下，中共中央当时的主持人认为毛泽东的游击战是右倾机会主义、逃跑主义，毛泽东多次遭到批评，后被暂停职务。中共中央指派周恩来、陈毅代替毛泽东在红军中的领导职务。

蒋介石则调动国民党政府军多次围剿各个红军根据地。1930 年后，井冈山根据地与福建山区的闽赣根据地连成一片，成为了中央红军根据地。几年中经历了国民党政府军发起的五次围剿。

最后一次是 1934 年初开始的第五次围剿，蒋介石调动了一百万政府军，其中五十万围剿中央红军根据地。时间经历一年之久。此时中央红军由周恩来、朱德、陈毅领导。毛泽东被暂时搁置职务。

1934 年末，红军不敌国民党政府军的围剿攻击，开始分成几路从各个根据地向中国西部突围撤退。红军开始了"长征"。实际是全面的败退。

从此共产国际也得不到中共的信任，中共不再受制于共产国际。

1935 年一月中央红军，即红军第一方面军，撤退至贵州遵义。中共中央在此举行了著名的"遵义会议"。会议改组了原来的中共中央。毛泽东被选为中央领导成员。与周恩来等一起形成新的中央领导集体。领导中共和红军。从此毛泽东成为中共的领导人直至他去世。

在蒋介石国民政府军的追击下，1935 年末中央红军最后走到到陕西省陕北地区，与陕北的红军汇合。其他几路红军也相续来到陕北。

此时红军已经从长征前的二十万人，剩下约三万多人。途中大部分红军战死、饿死、冻死在长征途中。中共到了生死存亡的关头。

中央红军与陕北红军会合后，建立了以延安为中心的陕北根据地。

此时日本人的侵华战争使得国民党政府军围剿中共红军的战争发生了戏曲性的变化。

1936 年 12 月，国民党政府军总司令蒋介石命令在西安的国民党东北军进攻在陕北延安的红军。东北军司令张学良不愿意进攻红军，因为东北军是日本人侵占中国东北后，逃出东北的队伍。他们只想抵抗日本人，不想攻打中国人的红军。因此东北军司令张学良扣押了前来西安督战的总司令蒋介石。此举成为震惊中国政坛的"西安事变"。

西安事变发生。给中共带来了否极泰来的生存和发展机遇。

中共领导人毛泽东周恩来等抓住这个机会，向张学良建议，红军愿意与东北军共同抗日，如果蒋介石停止内战，与中共红军和谈统一抗日，就释放蒋介石。

张学良接受了中共的建议，被关押的蒋介石别无选择。同意与中共和谈。从而张学良释放了蒋介石。十年的国共战争由此而结束。国共达成抗日统一战线，中共及其军队幸存。

1937 年日本侵华战争全面爆发。国共统一战线形成后，陕北红军和中国南方的共产党游击队接受国民政府军的番号，改编为国民政府军八路军和新四军。实际上仍然是中共独立实控的军队。

毛泽东处理西安事变的方法，是一种聪明的审时度势的实用主义方法。中共以释放蒋介石，达成抗日统一战线。而换取结束国共内战。换取中共的出路。

严格的说，这种对阶级敌人的妥协是违背马克思主义阶级斗争的理论的。可见毛泽东并不教条的遵循马克思主义理论。

中共的上述做法当时客观上符合了中国人民的抗战愿望。由于日本人的侵华战争，那个时期中国人民民情激愤。老百姓在战争中也无法生存。打垮日本侵略者是全体中国人民的意愿。

我父亲是因为日本人侵略他的家乡，而跟着陈玉生的抗日队伍去打日本侵略军的。我母亲是日军飞机炸毁了她的老家，炸死了她的母亲，后来逃离上海，在苏北遇上新四军，才参加了抗日队伍。

我也问过后来的中国名人许家屯，当年他为什么参加新四军，他对我说："那时人生没有出路啊！日本人打到了家乡，只有抗日求生存"！。

从西安事变到 1945 年抗日战争胜利，中国共产党的八路军和新四军在八年的抗战中得到了长足的发展。抗战结束后，八路军发展成为拥有百万人的军队，新四军发展到三十多万人，此外还有数十万民兵和抗日自卫军。此时，国民党政府的正规军约有三百万人。

抗日战争胜利后，国共两党为了争夺政权而互相撕破脸皮。双方谈判不到一年，全面内战就爆发了。

在随后三年的国共内战中，中国共产党的军队改名为中国人民解放军。中国共产党军队以运动战的形式，在东北、华东、华北等多个战场，围歼了蒋介石国民政府军主力，取得了决定性的胜利，夺取了中国大陆的政权。蒋介石国民党政府则逃往台湾岛。

回顾中国共产党前 28 年的历史，可以清晰地看到，中国共产党是在残酷的武装斗争中成长和发展的。在相当长的一段时间里，中国共产党的军队与中国共产党是一体的。新中国的政权是中国共产党凭借军队通过战争夺取的。

毛泽东曾说："枪杆子里面出政权。"

回顾中共从失败走向胜利，转折点发生在"西安事变"。是毛泽东抓住了西安事变的历史机遇而获得中共的成功。是日本人的侵华战争给中共提供了幸存的机遇。

总结中共建国前的历史，在中共早期完全按照共产国际行事时，在遵循共产国际的指导时，中共那段时间是一段失败的历史。毛泽东掌握中共权力后，摆脱了共产国际的指挥，自行一套。抓住抗日战争这一机遇，提出团结一切可以团结的力量共同抗日，连宿敌蒋介石也加以团结利用。才扭转了中共红军的失败，使中共的军队得以壮大。

在解放战争时期，毛泽东批判国民党政府是官僚资产阶级的独裁政府，提出建立新民主主义的联合政府。毛泽东的提法相当迷惑人。得到中国各阶层的支持。加上毛泽东在军事战略上足智多谋，运用运动战消灭国民党政府军的有生力量。从而取得解放战争的胜利。

而那时国民党政府的蒋介石也是一个独裁者。从 1927 年蒋介石掌权民国政府，他始终独占国民党政府的统治权。但是军事上蒋介石逊于毛泽东，国共战争几大战役均失败。最终失去中国大陆的政权。

因此中共夺取中国政权的成功原因是多方面的。首先是中国处于一段社会混乱、战争连绵，老百姓特别贫困的特殊历史时期。乱世出英雄。乱世提供了中共建立军队和发展武装斗争的基础。其次苏联革命胜利催生了中共。同时给了中共取得胜利的信心。第三，马克思主义的阶级斗争理论对中共持续坚持武装斗争发挥了作用。宣传阶级斗争煽动仇恨，激发了由贫苦农民组成的中共军队的战斗意志。第四，毛泽东个人的智慧对中共获取成功，武装夺取政权起到了关键作用。

中共夺取中国大陆政权后，毛泽东获得了在中共党内和军队中无比崇高的威信。使毛泽东对建设一个新中国产生无比自信。也使毛泽东等人对马克思主义产生盲目相信。

值得一提的是，马克思的资本论中文翻译本最早于 1938 年后才在中国面世。四十年代在中国发行。毛泽东不懂中文以外的任何文字。这说明毛泽东参加共产党二十多年时间并没有机会研读马克思的资本论。战争年代毛泽东没有时间学习，也没有机会去苏联学习。因此可以说毛泽东对马克思主义的理解是粗浅的。带有一定的盲目崇拜。

另一个值得一提的是，早年蒋经国邓小平均去苏联学习马克思主义。而几十年后，当两人分别在台湾、大陆掌权后，均没有按马克思的社会主义经济理论行事。而是按资本主义市场经济方式发展经济。这难道不值得我们深思吗？

第四部分

分析总结毛泽东的执政实际给中国人民带来了什么？

第 13 章

总结分析新中国成立后中共建立了一个怎样的政权？

建国后 1950 年—1956 年建立政权部分

中共以武装取得新中国政权后，到 1956 年中共八大的召开是中共建立政权，巩固政权的时期。是中共第一次在中国以马克思主义理念执政的时期。也是中共在中国实施社会主义革命与社会主义建设的早期阶段。本章侧重总结分析中共政权的建立和其性质。

中国这段历史形成了社会主义中国的政权模式。迄今中共的政权模式基本没有变化。

如今共产党中国已经建国 76 年时间，但是从来没有人分析中国的政权体制是什么样的一种体制？本文将根据历史事实来总结中国的这一段历史。从而可以看清楚中共政权的性质。

本章节将从新中国政权建立前后。中共中央建立政权的活动来分析中国政权是如何建立的。

早在抗日战争胜利前夕，1945 年四月，毛泽东在中共七大上的讲话的题目为"论联合政府"。那时毛泽东提出了要建立"独立、自由、民主、统一和富强的新中国"。毛泽东那时是针对国民党一党专政，蒋介石个人独裁，而提出建立民主的联合政府。

中共那时的宣传对中国民主党派很有吸引力。中共的建议建立"联合政府"非常迷惑人。让中国民主人士们认为中共企图建立一个民主政治的政权。

五年后，国内解放战争末期，国民党蒋介石的军队在中国大陆基本失败后，1949 年 6 月 30 日，毛泽东为纪念中共成立二十八周年，发表了"论人民民主专政"的文章。此时毛泽东提出的政权的形式已经发生变化，中共的目标是建立一个"民主专政"的国家主权。虽然还保留"民主"一词"，已经明确是中共一党专政的政权了。

马克思主义的"无产阶级专政"，在毛泽东的文章中成为"人民民主专政"。毛泽东的建国思想受到马克思主义的影响。但是不同于马克思的无产阶级专政的说法。

从词意上说，"民主"与"专政"是对立的。可见毛泽东并不知道"民主"为何意思。

1949 年 10 月 1 日，当毛泽东在北京天安门城楼上向全世界宣布"中华人民共和国"成立时，在他的身边除了中共的高级领导人外，还有中国各阶层的民主党派头面人物，这些人中包括孙中山的夫人宋庆龄女士。他们希望新中国将成立一个民主的包容的人民政府。

表面上毛泽东做了民主的形式，在 10 月 1 日的几天前毛泽东召集了中国政治协商会议的第一次会议。会议选举他本人为中华人民共和国主席，选举中共成员朱德、刘少奇、高岗为国家副主席。选举宋庆龄、李济深、张澜等中共党外人士为国家副主席。选举周恩来为国务院总理。

实质上那次政治协商会议不是选举，而是公布毛泽东他本人的人事安排决定。是毛泽东内定了他本人为国家主席，和国家军委主席。以及其它副主席人选。毛泽东没有民主政治的概念。毛泽东的所谓的"民主选举"是表面上的政治表演。

那次政治协商会议后，中国政治民主协商会后来改名为全国政协。是个没有任何权力的象征型政府机构。中共也不再由政协来选举政府官员。连推荐政府官员的权力也没有。成为中共独裁政权的民主点缀。

实际上毛泽东也没有兴趣理会党外民主人士的建国建议，他迅速建立了一个不民主的专制国家体系。

毛泽东建立中央集权政权体系的过程极其简单，由他统领的解放军集权体系转变而成。中共本身就是人民解放军这样的军事集团。军事集团的行事作风是不容得其他任何人插手。

　　解放战争后期，当人民解放军各部队占领了中国主要大中城市后，在毛泽东的指挥下，占领各个城市和地区的解放军部队随即以军管会的名义对各城市各地区实行军管。不久以各地军管会为架构组成了各地的人民政府。各省各地的人民政府就这样形成了。连与中共党外人士商量的形式都没有。

　　中国立即形成了从中央人民政府到各省、各地市、各县的人民政府，从上而下的中央集权的统治体系。虽然称为人民政府，实际是中共一党专政的政府。由共产党的各级官员领导政府，并没有普通人民参与。

　　如我回忆录中的许家屯，解放前夕是解放军某师政委，带领部队打到了福州。新中国建立时成为福州市军管会主任，后成为福州市长。又如中共第三野战军攻占上海后，司令员陈毅立即成为上海军管会主任，不久后成为第一任上海市长。

　　中国的中央集权政权体制就这样形成，毛泽东就这样理所当然的建立了中央集权统治体制。中共无意考虑建立民主政体。也不知民主政体为何物。

　　在中国的中央集权体制中，形成了中共党组织领导各级政府。中共各级党组织领导人成为各级政府的最高负责人。形成了独特的中共集权统治体系。

　　中共的各级党组织负责人和政府负责人由共产党上一级领导人选择，由上一级党组织任命。中央政府官员和各省最高领导人由毛泽东亲自选择，进行相关任命程序。上级任命下级，这就是中国政府官员的形成方式。中国不存在民选政府官员。连民主推荐也不存在。中共要维护上级的权威。人事权威是最关键权威。人人得服从上级。这就使得全党全国官员最终听命于毛泽东的独裁统治。

　　与中国历史上的封建王朝一样，中共的最高领导人像皇帝一样统治中国这个国家。对国家实施的是"人治"，由统治者个人的意志和能力统治中国。而不是民主的"法治"。

　　分析其原因，我们看到中共统治体制是毛泽东主导创立的。毛泽东虽然有马克思主义和苏联政权对他的影响，但是更多影响他创立国家政权体系的是其个人的文化背景和思维方式。毛泽东本人是中国晚清时代封建科举文化培养出来的旧式文人，中国封建社会的统治方式对其有极其深刻的影响。据记载毛泽东博览群书，而他留在手边常常翻阅的是"资治通鉴"。那是一套叙述中国帝王统治术的书籍。而毛泽东是依据封建帝王的统治术来实施中共的统治的。

据记载毛泽东 1949 年 12 月第一次出国去苏联拜访斯大林时，身边带的书籍就是"资治通鉴"。斯大林的独裁对毛泽东有影响，但是影响不超过"资治通鉴"。

另一方面中国在那段时间之前，中国社会没有经历过工业革命，没有大规模工业化经济的发展历史。也没有因为工业化经济而带来的社会进步，中国社会没有民主政治的社会意识。毛泽东本人不具有民主政治的思维。所谓"民主"，毛泽东并不理解。尽管他口口声声提到"人民民主"。毛泽东的"民主"是他以统治者的身份代表人民作主。几乎所有的共产党领导都是这样理解民主的，就是我代表你作主。

不难看出毛泽东所建立的是一个带有封建色彩的中央集权政府体制。如同是复制中国封建社会的皇权体制。

中国的中央集权制建立后，毛泽东本人在这个封建式的中央集权体制中至高无上。可以为所欲为。毛泽东曾经形容自己是"秃子打伞无法无天"。

是毛泽东建立了中共中央集权统治体系。中共的领导人成为中国的统治者。这个统治模式一直延续至今。

如今在中国，谁有本事爬到中共的最高领导地位，谁就能成为中国的统治者。而不管这个人是否有能力治理国家。

在中国中央集权的统治体系中，五十年代中共还建立了严密的户籍制。由公安部门实施。户籍管理成为中共基层政权的重要组成部分。

中国的户籍制规定每个人都要进行登记。并接受登记所在地公安部门的管理。因此从五十年代起中国每个人的行为自由和言论自由受到中共公安部门的监督和管理。一度发展到限制公民的自由迁移。

如农村户口的农民就无法在附近城市落户。个人要离开户籍地必须得到批准。

在中国相当长一段时间内，由于社会主义计划经济造成的社会经济供应困难。居民凭政府发放的票证购买最基本的粮食供应和生活必需品，而票证是凭户籍在居民居住地领取。

中国人那段时间不能够随意到居住地以外的地方。民众的自由被严格限制。

追踪户籍制度的历史，在中国明清时期已经被封建帝王所采用。中共是延续封建社会统治方法。但是比封建社会对民众的控制更严密。

回顾历史可以清晰看到毛泽东创建了一个带有浓厚封建色彩的对社会严密控制的中央集权统治体制。

第 14 章

回顾建国后毛泽东如何巩固其政权。

1950 年—1956 年政权巩固部分

毛泽东所建立的中央集权统治体制是怎样得到巩固的呢？中共的组织体系给予了中共政权的保证。毛泽东发起的一系列政治运动巩固了中共政权。

新中国建立后的历史让我们看到：

1. 中共庞大而严密的组织体系覆盖了中国中央集权政府体制

中共建立的中央集权政府体制之上有一个严密的中共组织体系。

中共在革命战争年代，中共领导其军队。中共军队在中共每一级党组织的领导下。直至基层连队党支部。新中国建立后，中共各级党组织领导各级政府。直至在农村以村为单位建立党支部。在城市以街道和工商企业为单位建立党委或者党支部。

中共党组织从中央到各省各市，到各县，再到各个农村和城市的党支部，像一个严密而巨大的网一样控制着中国的每一级政权。

中共依靠党组织领导、控制、实施政府的一切活动。

2. 为了巩固新中国政权，建国后中共立即在中国农村进行了土改运动

1950 年 1 月中共依据马克思主义阶级斗争理论在中国农村进行了土改运动。

中共中央发起的土改运动，经过中共各级组织层层部署，最终由共产党农村党支部实施。

土改运动将农民按拥有土地多少而划分为：地主、富农、中农、下中农和贫农等不同阶层。地主、富农阶层被评定为反动阶级。缺少土地的贫下中农被评定为革命阶级，是中共新政权在农村依靠的对象。

农民中革命阶级与反革命阶级的区分依据农民占有土地的多少。这是毛泽东运用马克思的唯物主义认识论的典型实例。"物质决定意识"，毛泽东认为拥有土地多的农民必然有反革命思想，所以要加以镇压。毛泽东忘记了他本人也出生于富农家庭。马克思的唯物主义认识论显然误导了毛泽东以及其他中共成员，产生了对中国农民的错误认识。使那些曾经拥护新中国的富裕农民，土改后成为了反对新中国的发动人士。

被评为反动阶级的地主富农以及他们的子女从此人生受到管制，不服者被视为现行反革命而关进监狱。地主富农多余的土地被没收，分配给没有土地的贫下中农。

土改运动让当时占中国人口百分之八十以上的农民把注意力和仇恨集中在少数地主富农身上。虽然让大部分贫困农民拥护新中国。也迫害了那些无辜的富裕农民。

建国后开展土改运动是中国重大的历史事件。毛泽东作为国家领导人与中国民主党派商量了吗？没有！没有任何这方面的记载。

而当时绝大多数中国民主派人士在农村的亲属是大地主，土改运动中受到镇压。这些民主人士不再敢对中共提建议了。

毛泽东自己的父母按拥有的土地数量在土改时也应该评为富农。只是那时他的父母已经过世。如果他的父母那时在世，不知毛泽东如何对待他的富农父母。

土改运动造成农村中无辜的富裕农民受到迫害。造成中国农业生产一度受到重挫。也断绝了中国农业现代化之路直至今天。

3. 建国后中共在全国范围内，以铁腕手段进行了镇压反革命运动

镇压反革命运动开始于 1950 年中，中共中央发出了"关于镇压反革命指示"，中共在全国范围内发起镇压反革命运动。

被镇压的反革命分子是指国民党军队遗留在大陆的顽固分子和特务，以及反对新中国的人。

中共用镇压反革命这种非常手段，来消灭新中国的反对势力，巩固新中国政权。所有有反对中共政权言行的社会人士均被视为反革命分子。这些人都被镇压。

据中国政府于 1954 年的官方统计，在镇压反革命运动的两年内，中共逮捕了反革命分子 260 余万人，其中处决 71.2 万人，130 万人被关进监狱，其余人被管制劳动。外界则估计有近 200 万人被处决，因为镇压反革命时期，中共实施的是铁腕手段，新中国反对者直接枪毙。

毛泽东以铁腕手段镇压反革命，曾经自比秦始皇杀知识分子，毛泽东说："秦始皇算什么？他只坑了 460 个儒，我们坑了四万六千儒。…我们超过了秦始皇一百倍。骂我们是秦始皇独裁者，我们一概承认。可惜的是，你们说的不够，往往要我们加以补充"。

毛泽东口中的"秦始皇坑儒"是指中国古代秦始皇"焚书坑儒"的故事。该故事描述的是，中国二千多年前秦国的开国皇帝，为了实现其独裁统治，将当时秦国内的 460 名读书人都活埋了，把当时社会上的书都烧了。因此叫做"焚书坑儒"。毛泽东借此比喻他用铁腕手段镇压反革命，杀了大量知识分子。为实施他的独裁统治，他比秦始皇还要厉害！杀知识分子是毛泽东实施的愚民政策。他与秦始皇一样，认为有知识的人会反对他的独裁统治。因此要把有知识的反革命都杀了。

镇压反革命时期，反革命分子没有认定标准。中共组织领导下的政府官员可以随意逮捕人。有人被举报为反对新中国，就可能成为反

革命而被逮捕。如曾经对中共新四军早期发展作出贡献的陈玉生，镇压反革命期间时任东海舰队后勤军司令，被中共海军党委认定为反革命分子，被投入军事监狱三年。后经陈毅的营救才出狱。又如我母亲的表弟李光华，解放时高中毕业后从上海去台湾玩了一趟，回上海后就被认定为反革命分子而关进监狱。

中共的镇压反革命运动让中国的民主派人士们吓得瑟瑟发抖。因为中共认定反革命分子没有标准，民主人士给中共提出的建议，会不会被中共干部认定为反革命？因为在镇压反革命运动中，舆论一边倒，已经没有了是非的划分。

本章节提到土改运动、镇压反革命运动，那么什么是"运动"？以下阐述我对"运动"的理解。

中共所提到的"运动"是指发动广大群众参与的大规模活动。毛泽东在执政过程中，习惯将所制定的政策依靠发动群众参与进行贯彻实施。这种发动群众，推行政策的方法叫做"运动"。

用发动群众运动的方式推行政府政策是毛泽东的创举。这是毛泽东的独创的工作方法，毛泽东运用的炉火纯青，凡事开展群众运动。建国后毛泽东发动了经济领域和政治领域的各种运动。

在发动群众运动过程中，中共的各级宣传部门大肆宣传所颁布政策的优越性，各级党组织层层动员民众参与，中共组织部门对不积极参与者给予处罚，最后所有民众都参与进来，形成情绪高涨的声势浩大的群众运动。

群众发动起来后，就像一股潮水汹涌澎拜，不可阻挡。任何对该项政策的不同意见都淹没在潮水之中。反对派可以被彻底压制。有反对意见的人士可能被逮捕关押。于是形成舆论一边倒。同时各种过激行为不断发生。冤假错案也不断发生。

如镇压反革命运动，在群众发动起来后，某些中共官员可以随便指认他人为反革命分子，无人敢反驳。维护正义的人，可能被当成反革命而被镇压。

搞群众运动是一种人治手段，与公平公正的法制概念相违背。

4. 毛泽东发起抗美援朝运动巩固新生政权

1950 年 6 月韩战爆发。10 月 19 日毛泽东即派兵进入朝鲜参战。称之为抗美援朝战争。所派军队称之为"中国人民志愿军"。

中共在中国国内则掀起全民的支持抗美援朝战争的爱国主义运动。宣扬志愿军战士的英雄事迹，鼓动全国老百姓捐钱捐物支援抗美援朝战争。

在中共的宣传下，朝鲜战争被宣传是美帝国主义对朝鲜进行的侵略。抗美援朝是中国人民反击美帝国主义保家卫国保卫和平的壮举。

抗美援朝战争为时三年。双方阵亡近二十万人，受伤几十万人。战争使中国军队保住了北朝鲜政权。而另一方美国和联合国军队保住了南朝鲜政权。战争结束后南北朝鲜回到战前的三八线两边。

战争的结果，毛泽东巩固了新中国政权。抗美援朝作为一项政治运动，使中国老百姓相信中共新政权的伟大。使中国人民拥护新中国。

以下是本章题外的话。我应该补充我个人对韩战认知的变化。我生长在中国，在我的成长过程中，我听到的是：抗美援朝战争是伟大领袖毛主席领导的抗击美帝国主义的战争。是保家卫国保卫和平的战争。美帝国主义不仅侵略朝鲜，还打算要侵略中国。我来到美国后，我有机会参观了美军公墓，我了解到韩战牺牲的美国军人是为了抵抗北朝鲜军队对南韩的侵略。是金日成政权首先发起对韩国的进攻。美国等联合国军队是受到韩国政府的请求才参与了韩战。美军是为了保卫民主政权而战。美军并没有显示出进攻中国的意图。同时也了解到中国军队进入朝鲜参战完全是毛泽东作出的决定。

来到美国后我看到了与中共宣传相反的事实。让我深有感触。我体会到单方面的宣传可以蒙蔽人的认识，改变人对事物的认知。

现在看朝鲜和韩国，70 多年来朝鲜半岛一直分成两个国家。北朝鲜在金家王朝的统治下更像一个不折不扣的封建国家，金家人一代一代把持着北朝鲜的独裁政权。而南方的韩国发展成为了现代民主国家。但是仍然在美国的军事保护下。

我在美国生活也让我认识到毛泽东当年断言美国是帝国主义国家也是完全错误的。美国是民主国家。美国政府是民选政府。美国人民是热爱和平的人民。二战中和二战后美国参与的战争都是为了捍卫民主社会的战争。美国二战后从来没有通过战争占领过他国土地。美国总统和美国军队不可能有用武力获得他国领土的意愿。因为美国选民不同意。

5. 毛泽东发起批判胡风反革命运动

胡风是中国的一名文艺评论家。1954 年给中共中央写了一个文艺方面的"报告"。建议中共不仅要允许文学家写中共的光明面的文章，也要允许写阴暗面。毛泽东亲自处理胡风的来信。毛泽东认为胡风提倡文学家写共产党的阴暗面是在公开进行反党的活动。并认为中国文艺界存在一个反党集团。随即在全国发起批判胡风反革命集团的运动。

胡风本人被捕入狱。文艺届有二千多人受到牵连。被打成胡风反革命集团成员，被捕入狱。

从此中国社会上凡是有人有批评中共的言论，都有可能被打成反革命而被捕。

中国普通老百姓从此只能歌颂共产党，歌颂毛泽东。而不允许说任何诋毁共产党和毛泽东的言论。

6. 毛泽东发起反右派运动

1956 年毛泽东发起文艺科技领域"百花齐放 百家争鸣"活动。表面上鼓励人民发表各种观点，实际是希望老百姓只是歌颂共产党。有些单纯的人以为中共鼓励百家争鸣，就是鼓励给中共提建议。于是不少人在中共的宣传影响下给本单位的中共领导提意见。引起了毛泽东的注意。接下来毛泽东发起了"反右派言论"运动。那些给共产党领导提意见的人统统被打成"右派"分子。

中共鼓励"百家争鸣"，实际成为一种"引蛇出洞"的手段，然后借机打击给中共提意见的人。毛泽东后来说："牛鬼蛇神只有让它们出笼才好歼灭它们"。

据中国有关记载，在反右派运动中，全国有 3 百多万人被打成右派分子。有的被关进监狱，有的被管制劳动。这些人都是知识分子，是中国建设需要的人才。中共的反右派运动毁了他们的人生。我母亲表妹的丈夫，当时在中科院工作，因为给领导提了意见后被打成右派。他感到自己的人生无望后卧轨自杀。

反右派运动后，中国老百姓得到深刻教训。中国社会上再也没有人敢说对中共领导人不敬的话。社会上充满对中共的吹捧和谎言。

7. 中共在经济领域发起农村合作化运动和城市公私合营运动

1953 年起，中共在中国农村推行了农业合作化运动。土改后农民分到土地，农业合作化运动后，农民个人的土地入股到集体的合作社，农民从此失去土地。此后农村集体所有的土地被视为国家所有。

合作化运动后，农民集体耕种合作社的土地。此时农民保留了自留地，农民还允许养家禽，保留了农民自己屋前屋后栽种的树木和果树。

农业合作化运动是毛泽东在中国农村实现社会主义公有制的第一步。是为推行农村社会主义计划经济作准备。

到 1956 年中国农村合作化基本完成。中共称之为中国农村基本实现了社会主义改造。

我个人认为农业合作社应该算半公有制的生产单位。因为农民在集体劳动外，还保留了自留地。集体劳动的收入也不是工资收入，而是按集体劳动的农业收成进行劳动分配。

在中国城市，1955 年开始进行了工商业公私合营社会主义改造。

称之为"公私合营"运动。改造目的是将私有制经济改变为公有制经济。从而实行社会主义计划经济。

建国后中国政府没收了依附国民党政府的官僚资本家的资产，转型为公有制工商企业。公私合营改造是对于普通资本家实行的私有制转变为公有制的改造。所谓"公私合营"就是把资本家的工厂、商店收归国有时，对收归国有的工厂、商店和房产等资产折算成当时的市场价格，然后分几十年一点点付给资产拥有人。这是一种变相的资产剥夺，但是比直接没收好了一点。

向资本家没收和赎买的资产从此成为中共政府所有的公有资产或者称为国有资产。中共各级政府成立了各个工业局、商业局来管理不同的工商企业。工厂商店的职工成为了公有制体系中的工人或者职员。

因此到 1956 年中国城市的公有制体系基本形成，中共称之为中国工商业的社会主义改造基本完成。

建国后，到 1956 年，毛泽东通过一次次政治运动使得中共牢牢地掌握了新中国政权！

当时在中国形成这样一种政治气氛：中国社会已经没有人敢于反对新中国政权。也没有人敢于给共产党官员提意见了，社会上的人连敢于说真话的勇气也没有了。毛泽东在中国已经成为神一样的人物，中共的宣传机构每天都在歌颂毛泽东。毛泽东已经成为"中国人民的大救星"！

在中共党内，毛泽东还通过一次党内政治运动巩固了其个人在党内至高无上的权威！

这就是 1954 年上半年毛泽东在中共高层发起的批判"高岗饶漱石反党集团"运动。

事由是中共一位高层资深干部陈云私下向毛泽东汇报国家副主席高岗在散布对毛泽东形象不利的言论。陈云说，高岗向他透露了毛泽东曾经让他调查国家副主席刘少奇的历史问题。陈云的私下报告引起毛泽东对高岗行为的警惕。

高岗时任中共党的副主席和国家副主席。平时为人处事高调，喜欢表现自己，已经引起毛泽东对他的不满。

毛泽东得知高岗散布对其形象不利的消息后，立即在党内高层开会批判高岗有分裂党的行为。批判高岗的言论造成党内不团结。

事实是，几年前高岗任东北政府主席时，毛泽东确实要求高岗调查刘少奇。高岗管不住自己的嘴巴，把此事泄露给了陈云。

高岗不堪忍受毛泽东的指责，被毛泽东批判后不久竟吞枪自尽了！

高岗自杀后，毛泽东并没有停止对高岗的批判，而是继续在中共党内开展了批判"高岗饶漱石反党集团"运动。借机消除任何对他不利的人的言行。饶漱石是当时的中共中央组织部长，毛泽东对饶也不满意，因此把高饶两个不相干的人放在一起作为一个"反党集团"批判。

从那以后，在中共高层再也没有任何人敢于诋毁毛泽东，毛泽东周围围绕着吹牛拍马的人！毛泽东成为独居高位的无上权威！

1956 年中共政权还完成了一件涉及全国人民生计的大事。毛泽东领导的中共政府在全国范围内进行了全面的工资改革。从此形成了毛泽东时代中国特有的公有制体系的工资制。

工资改革前中共的军队干部和政府官员都是实行供给制。供给制是一种共产主义生活供应方式。自从中共建立后，所有参加中共和中共军队的成员都没有薪资，生活开支由中共有关部门统一管理，统一提供。这种生活供应方式叫"供给制"。

供给制的供应没有数量标准，政府无法控制财政开支，因此与社会主义计划经济不相适应，应该结束了。因为人的需求欲望是无止境的，如果整个公有制体系内的成员都实行供给制，落后的社会生产力供应不起。

其实中共早就体会到共产主义供给制是无法实现的。只是中共不愿意把现实中的共产主义供给制与理想中的共产主义社会联系起来。中共没有认识到即使社会物质生产丰富了也满足不了社会人们无节制的消费需求。没有认识到共产主义根本无法实现。

工资改革第一步，1955 年，军队进行了军衔制改革，地方官员评定了官员的级别高低范围。

工资改革把地方干部，从中央到省、到地市，到县，直到最基层干部统一划定为二十四个干部级别。军队干部按职务高低参照地方干部级别评定。学校、科研单位、工厂等各种单位首先评定单位的级别，再按照单位的级别评定单位干部成员的工资级别。

工厂的工人，学校、科研单位的工人全国统一划定八个等级的工资。但是工人最高级别的工资也只相当于干部中等水平第 14 级的工资。工人最低的工资比干部 24 级的工资低很多。占中国百分之八十以上人口的农民没有工资级别，也没有工资收入。农民靠农田劳动获取生活所需。成为中国公有制工资制体系以外的人员。

当时大体的官员级别分类是：正职中央领导 1-3 级，副职 4-5 级，省部级官员 6-8 级，地市级官员 9-12 级，县级官员（各级政府中的处级官员）13-16 级，乡镇官员，（各级政府中科级官员）17-22 级。刚刚参加工作的大学生 24 级。

我父亲作为地委书记评为 10 级，每月工资 211 元人民币，我母亲作为地委卫生局长评为 13 级，每月工资 131 元人民币。我父母拿了他们相同的月工资直到八十年代中，三十年没有变化。这也从另一角度说明中国三十年时间内经济一直没有发展起来。

当时一美元相当于 3.5 元人民币。

而当时最高的工人八级工的工资每月只有 120 元人民币左右。不同城市的工人的工资有所不同。

工资改革后，中共的各级组织和中国的各级政府中的所有干部。中国军队的成员。中国所有城市的工人和职员。统统形成一个庞大的统一的公有制体系。这个公有制体系中的每一个成员，从高到低，按 24 级划分地方和军队干部级别。按 8 级划分工人和职员级别。每个人按被划分的级别按月领取工资。

中国拿工资的人像在一个巨型金字塔一样的国家集团中生活。

所有拿工资的人是公有制集团体制内的人。占中国人口 80%以上的农民，不在这个公有制体制内，属于体制外人员，没有工资收入，靠在农业合作社劳动获取生活所需。

工资改革为中共在城市中的社会主义经济建设做好了准备。

工资改革的另外一个实际成果是，工资改革把人分成了二十四个等级，这与中共领导人头脑中的封建等级意识相符。级别高的人拿的工资高，体现出身份高贵。除了工资等级的差别，中共领导人的等级意识还把官员按职务的高低排名次。例如中共领导人员参加活动出席会议时按名次出场，走在第一位的是权力最大的那个人。这是进一步的把封建主义等级观念落实到细微之处。

中共官员的生活待遇也是按等级享受不同的额外待遇。

中共的这种极端等级制直到今天依然不变。在世界各国中也是唯一的存在。中共领导干部高人一等，毛泽东本人工资是最高级别，待遇是最高等级。显出他的独特高于他人的地位。

工资改革后，工人的最高级别不及中下层干部，工人成了社会中的下等人，农民连级别都没有，农民成为了社会最底层的阶层。

工资改革暴露了中共建立的政府并非工人农民当家作主的政府。这与中共口口声声称中国工人农民当家作主是相违背的。

工资改革也体现了中共的政权性质：毛泽东创建了一个等级森严的，个人独裁的带有封建色彩的国家体制。

1956 年九月中共八大召开。毛泽东在八大开幕式致词中说：中共"已经完成了资产阶级民主革命"。毛泽东所指的是建国后中共发起的土地改革运动、农业合作化运动和城市的公私合营运动都已经成功。毛泽东把这些运动称为"资产阶级民主革命"。可见毛泽东对"资产阶级民主革命"的认识是违反事实的，明明是通过专政镇压的手段巩固了中共政权，却说成是"资产阶级民主革命"。这也说明，毛泽东的政治词汇由他信口开河认定。八大上毛泽东宣布"社会主义的社会制度已经基本建立起来了"。

中共八大的召开表明了中共的政权已经巩固了。中国的公有制的社会主义经济模式已经基本形成。

中共八大召开又表明了毛泽东已经准备就绪，准备在中国发起社会主义经济建设新高潮。

回顾建国后到 1956 年底，短短几年时间，中国在毛泽东的领导下，中共以其组织体系全面控制中国社会，通过一次次政治运动和经济上的社会主义公有制改造运动，中共牢牢地巩固了新中国政权。

新中国政权是中共一党统治的，以毛泽东铁腕手段治理社会的，类似封建帝王型等级分明的，中央集权制的政权。

毛泽东就是在这样的一种政权体制下开展了中国社会主义公有制经济建设。

第 15 章

中国早期社会主义公有制计划经济

是毛泽东一手主导的，1956 年—1959 年历史回顾

1956 年是中国社会主义公有制经济第二个五年计划的第一年。中共依据马克思主义理论开始实施中国的社会主义计划经济。实际历史中，毛泽东有很多创新，最终导致中国经济的历史悲剧。

由于建国后中国处于建立政权巩固政权时期。中国处于社会主义改造的过程中，1956 年前中国还没有形成公有制生产体系。因此第一个五年计划期间并没有形成社会主义的计划经济。第二个五年计划才是中国实施社会主义公有制计划经济的开始。

第二个五年计划开始时期，毛泽东已经变得十二分自信。全党全国人民对他的欢呼，吹捧，让他相信他能成功办成任何事情！

1955 年，在推行农村合作化运动过程中，毛泽东批评当时中国农业部长邓子恢推行合作化运动不力，"像小脚女人"，老是埋怨别人"走快了，走快了"。在毛泽东推动下，1956 年中国农村百分之九十六的村庄成立了农业合作社。毛泽东认为中国农村初步形成了公有制经济的集体劳动形式。

1956 年毛泽东亲自主持制定"中国农业 1956 年至 1967 年发展纲要"。提出中国农业产量在 12 年内翻一倍。如黄河以南亩产谷物从 400 斤增长到 800 斤。（即亩产 200 公斤增长到 400 公斤。中国一亩相当于六分之一英亩）。

毛泽东觉得还不够，1957 年中共中央提出了"大跃进"的口号。毛泽东将"农业发展纲要"中粮食亩产 12 年翻一倍的目标改为提前五年实现。

　　毛泽东在制定农业产量翻翻时，提出了农业要"以粮为纲"。农业产量翻翻，是指粮食稻谷产量翻翻。

　　在工业生产计划方面，毛泽东主观认为工业以钢铁为主要原材料，钢铁生产增长了，工业生产就会全面推进。因此提出发展中国工业要"以钢为纲"。

　　1958 年 1 月，国家经委依据 1957 年中国钢产量 535 万吨的实况，提出 1958 年中国钢铁生产增长 17%，达到 625 万吨的计划。3 月毛泽东亲自主持中央工作会议提高钢产量计划，认为国家经委的计划定低了，亲自提出 1958 年达到钢产量 1070 万吨目标。一年内钢产量翻一倍。

　　毛泽东如此定出中国工农业生产的计划目标，就如马克思凭空想出一个社会主义经济模式一样，毛泽东凭空定出了粮食产量翻一倍和钢铁产量翻一倍的目标。没有任何工农业产量如何增长的依据，是盲目定出的计划。

　　毛泽东那个时期还提出了中国工业赶英超美的设想。提出七年赶上英国，十五超过美国。不久后毛泽东再次改为中国工业五年内超过英国，十五年赶上美国。毛泽东说他的设想"没有什么浪漫主义成份，是地道的现实主义的"。

　　几个月后，1958 年夏天在中共中央北戴河会议上，毛泽东进一步提出了多快好省的社会主义建设总路线。提出要实现中国工农业生产"大跃进"。毛泽东在这次会议上，提出农村的"人民公社"化运动。和在城市发起大炼钢铁运动。

　　中国农村成立人民公社是毛泽东的创举。中共中央根据毛泽东的指示，提出全党全国要高举"总路线、大跃进、人民公社"三面红旗。

　　此时毛泽东的社会主义计划经济的总路线已经呈现出来：就是在农村通过快速建立公有制形式的人民公社，尽快实现粮食产量翻翻。在城市依靠公有制体制，用运动的方式发展钢铁生产，当年做到钢铁产量翻翻。

毛泽东要求中国农村在一年内全部成立人民公社。毛泽东形容人民公社"一大二公"，是先进的公有制生产关系。

所谓的"大"，是指人民公社规模大，以前一个农业合作社是一个村，一两百人集体劳动。人民公社按一个乡镇成立。几千人，上万人。公社下设若干生产大队，生产大队下分若干生产队。生产队相当于过去的农业合作社。

所谓"公"是指公有制全面推行。按照社会主义公有制原则，土地、生产资料、生产工具划为公有：农民的土地归公社所有，种子、肥料、农具、耕牛均归生产队所有。人民公社成立后，社员不能有自留地，不得在自家院落里种蔬菜，不得私自养鸡、养鸭、养羊、养猪，一切归生产队安排。农民不留自留地，美其名为"割资本主义尾巴"。

人民公社的生产方式是按照各中共县委的计划指标，按上级计划规定种植粮食品种，调拨生产资料，安排计划生产。在毛泽东"以粮为纲"的指示下，中国大部分省份的农业计划以稻米生产为主，而放弃其它经济作物。

人民公社按社会主义计划经济实行谷物统购统销。农民生产的粮食谷物，在农民留下一定口粮后，一律由国家统一收购。实际上是按国家计划统一被征收。

人民公社中成立中共党委，党委书记即公社书记。相当于乡镇政府领导。人民公社党委成了县政府以下的基层政府部门。公社党委管理生产大队，生产大队管理生产队。下一级必须听从上一级指挥。

农民成为生产队的社员，在生产队参加集体劳动。由生产队长安排每天社员的农活。农民每天出工记工分。年底按出工得到的工分总额分配粮食和其它生活物质。

人民公社如此"公有"和"计划"的形式，实际剥夺了农民耕种土地经营个人家园的权力。也使农民失去了主动劳动的热情。农民成为被人支配的被动劳动者。

从社会人性中自我自私思维存在的现实分析，人民公社的社员们是没有劳动积极性，也没有种庄稼的责任心。因为农民存在普遍的利己思维的"私心"，公有制的人民公社把农民的生产劳动与农民的个人利益分割开来。

但是毛泽东以及中共官员们并没有意识到这一点。因为他们盲目相信马克思主义。相信马克思的共产主义公有制的理论是真理。相信马克思的唯物主义，相信在公有制的生产关系中，自私的农民会在公有制的环境中消除"自私"，产生"一心为公"的思想。

毛泽东提出的人民公社运动和大炼钢铁运动迅速贯彻到中共各级党组织和各级政府。中共各级组织紧跟毛泽东。1958 年底，短短几个月，中国农村的人民公社普遍建立起来。同时中国城市的大炼钢铁运动也蓬勃开展起来。

当时贯彻毛泽东指示的办法是开省、地市、县三级干部电话会议。我那时已经关注到我父亲每天晚上至半夜都在扬州地委的会议室开电话会。因为我们家的住房在地委办公楼后面，我的睡房正对着地委办公楼二楼的会议室。会议室敞开的窗户每晚都传出电话会议大声的讲话声。

那时用电话会议贯彻毛泽东的每条指示，从上到下贯彻的速度很快，但是工作方法粗糙。中共县以下党组织和政府部门如何执行中共上级指示，其实上级部门并不清楚。全凭县委书记口头汇报。当时交通通讯都不方便，上级领导到各县考察几乎不可能。上级部门对下面的实际情况无法掌握。各县的县委书记权力很大，各地全凭县委书记推动人民公社运动。县委书记实际怎么做，上级部门并不清楚。

那时我们家住在扬州城地委大院内。扬州市的大炼钢铁我有亲身体会。扬州市那时城区并不大，我的记忆里，大炼钢铁期间，扬州市到处建有小高炉，冒着浓烟。各家各户捐出家里的铁器，如铁窗栏铁支架等供小高炉炼钢。我清楚记得我们家所住地委家属院后面也建了一座小高炉，我们观看了小高炉出铁水，观看到铁水出来后的报喜队伍。我还清楚记得小高炉出了铁水后再没有人管了，铁锭静静躺在地槽里长时间没有人过问。

　　我也注意到社会上经常锣鼓喧天，喜报频传。我的记忆中，那时常常有敲着锣鼓拿着大红喜报的队伍到扬州地委报喜。

　　在中共各级宣传部门的大力宣传下，似乎全社会都狂热起来。到处都是红色的标语宣传着总路线、大跃进、宣传着"人民公社好"！

　　据记载大炼钢铁时期中国各个城市有七千多万人参与了建小高炉的炼钢活动。实际上出炉的都是没有价值没有用途的铁锭。从毛泽东到底层民众都不知道铁锭与钢材的区别，都不知道钢材有各种材质区别。都认为小高炉出来的铁锭都可以作为优质钢材使用。在大炼钢铁运动中，即使有钢材专家也不敢出来反对小高炉炼铁。毛泽东听不得任何意见，中共各级领导也不敢反映真实情况。因此造成中国工业生产的大混乱。浪费了大量人力物力。

　　在毛泽东"以钢为纲"的指示下，那时城里的各工业行业生产被大炼钢铁所代替了。造成了中国城市各行业工业生产大面积倒退。

　　农业方面，毛泽东在中国农业发展纲要中提出粮食产量计划提前五年翻一倍，不少县、公社的中共干部 1958 年当年就报出翻一倍的亩产稻米产量。有的地区相互攀比报出更高的稻米产量。到 1959 年，湖南省、天津市都出现稻米亩产万斤的报道。扬州地区下属的宝应县 1959 年秋季也报出稻米亩产万斤，（相当于一英亩 30，000 公斤稻谷产量。这是一个荒谬的吹嘘出来的数字），中共干部敢于无底线吹牛，不是一般的胆大妄为。

　　这些无底线虚报稻米高亩产的现象，与当地中共县委书记有关。这些县委书记们出于"私心"，希望取悦自己的上级，希望自己能尽快向上爬而造假。也是受毛泽东好大喜功的影响。他们投毛泽东所好，希望自己县的工作成绩被毛泽东注意到。

　　我的记忆里还清晰记得，在 1959 年十月的扬州地区农业展览会上，我父亲皱着眉头看着万斤水稻亩产的宣传画。宣传画上一个小女孩坐在密集的稻米谷穗上。

　　我当时并不知道，我父亲皱眉头看着亩产万斤稻谷的原因。我也不知道我父亲当时不敢发表任何对亩产万斤稻谷的评论是因为那时中共党内正在传达两个月前的中共中央庐山会议精神。那次会议的主要内容是毛泽东批判彭德怀反党右倾机会主义。

1959 年七月八月的中共中央庐山会议，毛泽东把彭德怀等人打成反党右倾机会主义集团。原因是彭德怀在会议期间好意写信给毛泽东，提醒毛泽东注意中共部分干部在大跃进运动中出现虚报成绩，虚报粮食稻米产量的浮夸现象。彭德怀的信引起毛泽东的反感。此时毛泽东认为彭德怀在诋毁他的工作成绩。因此把彭德怀以及同意彭德怀看法的几位中共高级干部一并打成右倾主义反党集团。

而实际上是彭德怀向他毛泽东反映的都是真实情况，也是因为彭德怀对他衷心才给他写信。不过彭德怀没有注意到的是浮夸的源头是毛泽东本人，是毛泽东一年前提出钢铁产量一年内翻一倍的指标，稻谷粮食产量提前五年实现翻番的要求。此时的毛泽东认为彭德怀在拆他的台。毛泽东是个多疑的人。毛泽东此时已经听不得任何他不愿意听到的话。哪怕是好意的提醒。

会议上毛泽东还点名批评江苏省委副书记刘顺元是右倾保守分子。刘顺元在江苏省负责农村工作，反对农村中出现的虚报农业产量的现象。毛泽东点名批评刘顺元引起江苏干部的震动。刘顺元在江苏省委书记江渭清的力保下没有成为反革命。但是仍然被停职反省。

据说庐山会议上，总理周恩来准备发言支持彭德怀的意见。后发现毛泽东的真实想法，随即不再发言。而林彪深刻了解毛泽东的想法，则指鹿为马，把耿直的彭德怀说成是"野心家、阴谋家"。得到毛泽东的赏识。林彪从红军时期跟着毛泽东，深知毛泽东的帝王思想，希望别人吹捧他。

庐山会议上，毛泽东将彭德怀打成反党分子后，立即撤掉了其国防部长的职务，把吹捧他的林彪接替彭德怀当上中国的国防部长。

彭德怀是韩战中国军队的总司令，为毛泽东发起抗美援朝战争立下功劳。而林彪当时畏惧美国军队，以生病为由逃避参加韩战。林彪却因为会吹捧毛泽东，被毛泽东重新重用。

毛泽东撤职彭德怀国防部长职务，由林彪替代，我认为还有一个重要原因是毛泽东对军队的重视。毛泽东对政权的掌控基础是牢牢地掌握军队。他要求军队负责人要绝对服从他。他把彭德怀打成反党集团，我认为其中另一个原因是彭德怀作为解放军负责人没有绝对服从他。中国的国防部长是军人，是当时军队的最高指挥员。毛泽东启用林彪也是因为他认为林彪绝对服从他。因为林彪会没有道德原则的攻击彭德怀，和无理由的吹捧他。

毛泽东对掌控军队的重视，除了为了他的权力，还因为毛泽东始终要让军队保持战备状态。这是毛泽东巩固政权的手段。这样他可以随时调动军队使军队始终忠于他。1958 年在开展经济建设大跃进的同时，解放军发起对台湾海峡金门岛炮战，就是让解放军处于前线敌对状态。不仅对台湾和美国，当时中国对香港，对若干周边国家都保持敌对状态。在周边国家和地区都处于敌对状态下，才有利于毛泽东控制中国军队。才有利于毛泽东巩固其权力。这是毛泽东掌控中国政权的手段。

庐山会议毛泽东批判彭德怀反党集团的决议立即传达到中共各级组织。对中共干部们的震动很大，没有人再敢对吹牛拍马者加以批评。庐山会议后，中共上上下下形成吹捧毛泽东，吹嘘农业产量增产的又一个高潮。到 1959 年下半年各省粮食产区普遍数倍虚报谷物和稻米产量。

据记载稻谷亩产万斤的消息也传到毛泽东的耳朵里。这位农民的儿子一开始也怀疑消息的真假。后来他专门问了从美国回中国的导弹专家钱学森、专家敷衍地说"可能吧"。毛泽东居然相信了稻谷亩产万斤的谎言。

1959 年在毛泽东好大喜功的政策主导下，中国各省进一步刮起共产主义风。除了虚报工农业产量外，各地还开始推行吃共产主义大锅饭。所谓吃"大锅饭"，就是办食堂吃饭不要钱，以显示公有制的优越性。各个公社、各个生产队都办起食堂。农民在生产队食堂吃饭不要钱。因为不要钱，所以拼命吃，所以不珍惜食物，造成巨大浪费。

毛泽东也非常赞赏人民公社办大食堂吃大锅饭，他的多次讲话中鼓励农民办大食堂。

1959 年下半年，在毛泽东主导的报喜不报忧的政治大环境下，在庆祝社会主义建设取得新高潮的政治氛围中，整个中国沉浸在一片狂热的喜庆之中。

那一年是新中国建国十周年，我所住在的扬州城第一次在十月一日举行盛大的庆祝游行。晚上扬州城夜空第一次燃放烟花。扬州城第一次举办了地区农业展览会。在那次展览会上，我第一次看到用公猪阉割后催肥的五百公斤重的活猪，看到亩产万斤稻谷的宣传画。

那时整个中国都在狂热的庆祝农业丰收。都在庆祝毛泽东主导的社会主义建设取得了伟大胜利。殊不知一场巨大的灾难已经临近！

第 16 章

中国悲剧历史时期到来。毛泽东的政治经济政策导致城市工业萧条，农村饿死几千万农民。1960—1962 年历史回顾

当无知的农民们还在人民公社的各个大食堂中吃喝时，当粮食稻谷产区的县委书记们还在压迫各人民公社，各生产大队虚报高报稻谷亩产超万斤时，谁也不知道几个月后，他们周围有相当一部分农民会因为没有稻谷食物果腹而饿死！

因为虚报稻谷生产产量是有代价的，中国政府农业谷物征收部门通常按稻谷产量征收 15%的农业税。1959 年稻米收获季节，政府粮食征收部门按虚报的稻谷粮食产量征收稻米谷物。结果农民被征收了超过实际收成几倍至十几倍的农业税稻谷。即使农民有余粮也被政府超额征收了。各地生产队农民的口粮都被政府收走了。有些地方连第二年的稻谷种子都被收走。

当时中国中央政府征收农民的稻米谷物，对产粮省有高额的征收任务。中国政府的大量征收粮食谷物开始于五十年代中后期。五十年代苏联以贷款形式向中国分批提供了 156 个工业项目。中国政府以稻米、猪肉等农产品折成当时的价格还贷款。粮食征购任务是迫使各农业省份征收粮食稻米的动因之一。

政府强行征收农民的稻米谷物，农民为了生存，不肯交粮，中共很多县一级政府为了完成征粮任务，发起了"反满产私分"运动。就是认定生产队稻谷产量高，生产队私自分了稻谷给农民。县政府强行把生产队的稻谷统统收走。不服从的生产队长被关进监狱。而稻谷亩产高是中共县委干部向上级虚报的。底层生产队的稻米产量并不高。

建立人民公社后农民出工不出力，生产队还减少了收成。

加上 1959 年下半年农民吃大食堂，浪费很多粮食。1960 年春天起各省农村的农民没有了吃饭的稻谷，那时农民被户籍绑定在农村，只能在农村等死。中国各地农村开始引发了大面积饥荒。据不完全统计，1960 年春天起至 1961 年中国各省饿死的农民总人数在 3 千万以上！

饿死人的省份都是生产稻米谷物的主要省份。如河南、河北、安徽、四川、湖南、湖北，…等等省份。曾经的生产稻谷的大省成为了饿死人最多的地方。那些越是追随毛泽东，拍毛泽东马屁的省份，虚报出高亩产，强行征收稻米谷物多的省份饿死人越多。如安徽省的省委书记曾希圣特别追随毛泽东，安徽省各县普遍虚报稻谷高亩产，强行高额征收稻米。安徽省饿死了几百万农民。

我回忆录中提到安徽大别山地区的农民，我在那儿当兵时得知，1960 年春天那里生产队的农民有一半以上的人饿死了。有些人是吃了饿死的人才活了下来。我回忆录中记录了当地农民亲口告诉我，他是吃饿死人肉才活下来的悲惨遭遇。

那时中国各地农村连续发生饿死人情况延续了近两年时间，没有任何中国政府救灾救人的报道。中国各级政府都在掩盖消息，各级官员们不敢向上级汇报农村饿死人的情况。因为毛泽东在批判彭德怀的右倾机会主义。毛泽东不愿听他不想听到的话。

我回忆录中提到江苏宝应县四十多万人口中饿死五万农民。是县委书记徐向东虚报稻米万斤产量的结果。宝应县饿死人几个月后，1960 年七月饿死人的消息才传到江苏省委。省委书记江渭清带队到扬州地区处理徐向东事件，最后是按反革命罪判刑徐向东。处理徐向东没有提他虚报农业产量导致饿死农民的罪行。江渭清隐瞒了江苏农村饿死人的事件。因为他怕引起毛泽东对他的不满。避免毛泽东听到他不愿意听到的话。

我父亲在扬州地区宝应县饿死人事件发生前于 1959 年 11 月调离其在扬州的职位。1960 年初我们全家搬去南京。在南京我经历了农村大饥荒带来的城市大萧条。

1960 年-1962 年是中国人民生活最艰苦的时候。即使是建国前战争连绵的年代，也没有像这三年中国大陆大部分省份老百姓过着食不果腹的饥饿生活。除了少数省一级共产党的高干有特别的供应外。就连像我父母这样仅次于省领导级别的干部家庭也有食品短缺的时候。

我回忆录提到这段历史，1960 年我们家到了南京后，市面上一下子什么食品都买不到了。那几年普通老百姓由于饥饿引起的营养不良，南京街上很多人脸上显出浮肿。那是长时间饥饿的结果。街上也时常发生路人抢夺别人食品的事情。也经常发现路边有饿死的人。

我自己的亲身经历，刚到南京时，为了上学离开父母与姐姐一起在学校附近居住，在市政府普通干部食堂吃饭。当时市政府普通干部食堂的饭菜供应非常差，经常没有米饭和白面馒头，而是用米糠做的黑团团代替主食，没有荤菜，蔬菜是没有油水，难以下咽的包菜大叶，当时叫"飞机包菜"，是一种速成的蓝色大叶。有一段时间因为吃不饱，每天饿的不行。我在回忆录中有记载。现在过着幸福生活的人们不知道长期挨饿的滋味，那种头昏眼花浑身无力的滋味。

中国政府解决社会老百姓的经济困难，就是所有与民生有关的产品都发票供应，尤其是食品，而且供应数量极其有限。如一开始每个成年人每月凭票供应二两菜油、二两猪肉，一块豆腐，28 斤粮食。粮食中一半米面一半杂粮或者米糠，或者地瓜干，…等等。买粮食食用油凭每家一户的粮证，在街道指定的粮站买。少年儿童供应不到成年人的 70%。如果有人到外地出差，要在粮站把个人粮食定量换成本省粮票或全国通用粮票。那几年南京食品商店几乎没有东西可卖，即使有糕点，也要钱和粮票同时使用。

南京市在当时的中国城市中供应还算好的，像安徽的合肥供应更差。

中国发票证购买商品食品一直延续到毛泽东去世后，到八十年代才结束。社会主义计划经济变成了发票证经济。

即使这样，那时城市物资供应仍然养不活所有的城市人口。1962年中，中国政府开始下放城镇人口到农村，因为人口下放农村后，政府不再对下放人员提供生活物资供应。

中国各城市职工约有三分之一被解职。被解职工人全家被下放到农村。中国各城市有几千万工人家庭下放农村。中国微弱的工商业一时关停并转，工业生产更搞不下去了。

那个时期，中国对外界世界是关闭的，因为中共认为中国以外是敌对势力的国家。外部世界没有人知道中国发生的事情。中国国内新闻是封锁的，除了自己和周围人吃苦受难的生活外，中国老百姓也不了解社会其他地方发生了什么事情。

中国那时有没有情况例外的省份，有没有没有饿死农民的省份？应该有。如福建省。福建省在台湾海峡对面。当时福建省是敌对前沿的省份，1958年那里的解放军开始炮击国民党军队占居的金门岛。作为敌对前沿的省份没有高额征收粮食的任务。因此那里应该没有发生农村饿死农民的现象。

中国其他少数民族自治区和边境省份，那些没有高额征收粮食任务的自治区和省份也许没有出现大面积饿死人的现象。

第 17 章

探索中国早期社会主义经济失败的原因

1956 年到 1962 年中国经济失败历史是社会主义公有制经济的典型事例。反映了社会主义公有制计划经济所有弊病的特征。

中国经济的这段失败历史是毛泽东一手造成的。是毛泽东盲目相信马克思的"科学社会主义"和"唯物主义认识论"的结果。是毛泽东盲目自信，认为自己无所不能的结果。也是毛泽东创建的极权体制给予他本人提供了极权权力舞台的结果。

这段历史是毛泽东提出的一系列政治经济政策造成的失败历史。从"中国农业生产纲要"稻谷产量翻一倍提前五年实现的要求，工业钢铁产量 1958 年当年翻翻的指标，到人民公社化运动和大炼钢铁运动，到批判彭德怀反党右倾机会主义。每一步都使中国工农业生产偏离了实际。最终造成了中国城市工业大幅衰退，农村大面积饿死人。使中国经济走入绝境。

我后来反思这段历史，我认识到在大跃进、大炼钢铁、大办人民公社那几年，当时并不是普通工人农民跟着毛泽东头脑狂热，而是中共各级干部头脑发热。有人是真的相信毛泽东，毛泽东怎么说就相信他一定能办到。而更多的中共干部是迎合毛泽东迎合上级领导，对上级吹牛拍马。为的是希望自己得到上级的赏识，个人职务得到提拔。

回顾那段历史可以清楚看到：是毛泽东本人狂热的带头提出钢铁产量和稻米谷物产量翻番才引起中共干部们刮起吹嘘浮夸风气。1959 年 8 月的庐山会议毛泽东批判彭德怀反党右倾机会主义，等同于煽动中共各级干部继续虚报工农业生产产量。等同于阻碍中共干部中还有良心的人对不正之风的纠正。中共政府稻谷粮食征收部门高额征收指标，强行征收办法直接造成 1959 年底中国各地农村农民失去口粮。导致 1960 年春天的大饥荒。这些发生的情况都与毛泽东的独裁政权有关！毛泽东是中国农村那几年饿死几千万农民的真正元凶！

这段历史很值得中国人民回顾，找出真相，分析原因。这对中国社会进步会有巨大帮助。

可惜的是中共迄今掩盖尘封这段历史真相，不公开当时的历史纪录和历史文件，不允许人们研究这段历史。以至于中国人民对社会主义没有正确认识，对毛泽东依然盲目崇拜。使得中国老百姓认识不清其人的真实面貌。以至于中共到今天仍然在坚持马克思主义，认为其是正确的理论。仍然看不清社会主义计划经济实质是阻碍社会经济发展。

造成这段悲剧历史的原因又是多方面的综合因素共同作用下的结果。我尝试找出其中几个最主要方面的原因。

1. 毛泽东本人的思想意识和作为无疑是最主要原因之一

首先是毛泽东对马克思主义盲目相信。不切实际地在中国推行社会主义计划经济和公有制经济体制。

毛泽东的计划经济又是其主观人为的幻想计划。因为他盲目提出不切实际的计划目标。

毛泽东盲目相信公有制的魔力。独创"人民公社"。是因为他迷信马克思的唯物主义。始终迷信"物质决定意识"。迷信公有制生产关系能够使人产生"先进的意识"。毛泽东一生坚持"人民公社"。即使人民公社导致中国农业经济萧条，但是他却仍然认为人民公社是"先进的生产关系"。直到他去世中国农村的人民公社一直存在。

毛泽东提出人民公社时没有认真研究公有制经济的利弊。明显表现出他认为人民公社好就一定好。是主观唯心主义的思维方式。苏联三十年代集体农庄的失败教训他也不知道。

其次是毛泽东在对工农业生产知识为零的情况下主持中国的工农业生产。

毛泽东其个人对现代工农业生产知识几乎是无知。毛泽东从小接受中国的旧式文化教育，学习的是"之乎者也"的中国古典文化，学习的是为了做官的"考状元中举人"的科举文化，一生从事革命斗争，没有机会学习现代工业化知识，也没有接触过西方工业化国家。而他本人又是一个固执自信的人。

如当毛泽东提出大炼钢铁，提出工业要"以钢为纲"时，他连钢铁有不同材质的基本知识都没有，以为高炉里流出来的铁水都是优质钢材。他不仅不知道机器制造需要各种优质钢材，也不知道需要各种生产技术。以为多炼几吨铁，工业化就实现了。

毛泽东提出中国工业"赶英超美"的口号时，他对英国和美国的工业发展历程一无所知。而当时的中国工业几乎是一片空白。他不了解工业门类繁多，包罗万象。毛泽东甚至连工业化的基本概念都没有。但是他盲目自信，自以为搞一个群众运动，就能把中国工业化搞上去。

毛泽东在这样的知识背景和意识背景下亲自主持领导中国的工农业生产，也听不进他人的意见，只能导致中国经济发生重大问题。

其三，中国革命战争的胜利，使毛泽东非常自以为是。认为自己无所不能。至高无上的地位使毛泽东本人听不进半点意见。不同意见的中共高层人物不断被他打成反党集团。致使他周围的人对他唯唯诺诺，不敢发表任何意见。

毛泽东这种个人至上、自以为是的表现，听不得别人半点意见的意识，恰恰说明他是个极端的个人利己主义者。

在毛泽东个人权力至上的意识下领导中国经济建设不出问题倒是不可能的。

其四，毛泽东用群众运动的方式搞经济建设是极其错误的做法。

一个社会的经济发展依靠社会各行各业的人们踏踏实实地专研各种技术踏踏实实地劳动才能取得。而不是靠一阵狂风暴雨般的群众运动。群众运动是革命斗争的一种形式。是群众发泄情绪的一种方式。群众运动有破坏性和不可控性。

发展社会经济建设不能靠群众运动。群众运动掩盖了许多不可知的，需要靠认真思考才能解决的矛盾。生产发展过程是一个解决不断出现问题的过程。

国家治理也不能搞群众运动，只能靠法治。以法治解决各种社会问题。才能达到社会的和谐稳定。

而毛泽东对以上问题没有正确的认知。

2. 这段悲剧历史充分显示马克思的社会主义计划经济和公有制生产方式的弊病

我的文章在批判马克思主义的部分提到了社会主义计划经济无法计划。提到了公有制生产方式的种种弊病。这段悲剧历史中都得到印证。

如毛泽东制定钢铁生产计划的盲目性。又如公有制生产方式是权力生产方式，谁权大谁说了算。毛泽东权最大，因此他主导了这段历史。再如公有制经济产生巨大浪费，我们在大炼钢铁和人民公社吃大锅饭等历史事实中得到印证。

我在文章中提到社会主义公有制经济滋生腐败。在那段悲剧历史中发生的是权力腐败。因为毛泽东有权，因此毛泽东可以随意罢免彭德怀，可以随意指责彭德怀反党。其实所谓反党就是反对他个人。毛泽东把他个人视为党。中共干部为了得到毛泽东赏识，下级干部为了得到上级赏识，可以不择手段吹牛拍马，欺上瞒下，用各种手段得到高升，得到权力。这些都是权力腐败。

权力腐败是公有制经济的弊病。

权力腐败也是中央集权体制本身的弊病。中共从毛泽东时代至今从来没有把权力腐败作为腐败来反对。这是为什么现今中国的腐败案件层出不穷的原因。迄今中共最高统治者紧紧抱住权力不放，中共的反腐败不反权力腐败。因此中共也无法消除经济腐败。

3. 这段悲剧历史显示出是中国中央集权统治体制的缺陷

毛泽东建立的中央集权的统治体系，在一个接一个的政治经济运动中，在中共内部的高压的政治气氛下，毛泽东之下的各级干部没有人敢说出当时的真实情况。因此中共体制无法纠正上层政策的错误。也无法使下面的真实情况反映到上层。

1960 年春天开始中国农村发生大面积饿死人的情况，几乎层层中共领导干部对实情都隐瞒不报，这些人怕引火烧身，怕丢掉自己的乌纱帽。因此直到 1961 年年中，毛泽东本人才知道农村饿死人的情况，这已经有一年半的时间。这时中国的经济已经崩溃，农村饿死人，城市人口也吃不上饭了。中国经济发生了大问题，下级想瞒也瞒不住了。

毛泽东本人是否知道全部实情，迄今是个迷。他本人也不愿意听这些负面消息。中国有没有机构专门统计饿死多少人？这也是个迷。中共迄今没有公布当年的内部文件。所以中国当时到底饿死多少人，迄今外界无法知道。

我回忆录中提到当时的情况，毛泽东 1961 年春天还在问江苏省委书记江渭清等人："人民公社办大食堂好不好"？而那时江渭清已经在半年前就处理了江苏宝应县饿死几万人的事件。

事实说明连江渭清这样毛泽东称其为敢说真话的人，都没有敢向毛泽东报告江苏饿死人的情况。中共党内更没有人敢向毛泽东反映实情。江苏只有个别县饿死人，而像安徽、河南、四川、甘肃…等等许多省大面积饿死几百万人，那些省的情况没有人敢向毛泽东报告。

1961 年年中后，毛泽东一定知道了中国农村大面积饿死人的情况。因为后来调到江苏工作的原甘肃省委书记张仲良是那个时候被免职的，免职的原因是甘肃省农村饿死了几百万人。而只有毛泽东才有权力免职省委书记。除了甘肃省的张仲良以外，那个时期还有几位省委书记因为饿死人被免职。

连续几年的大饥荒，农村饿死人，中国工农业经济崩溃，毛泽东是最后知情的那个人。而毛泽东又是最应该最早知道的那个人。当时中国只有毛泽东，才是唯一有权力处理问题的那个人。

毛泽东一年半后才知道实情，充分暴露了中共政权体制的缺陷。遗憾的是中共迄今没有认真研究其政权体制的缺陷。

当时的中共政权体制也缺乏社会重大事件应急救援机制。农村大面积饿死人却没有救灾救济措施。国家和许多省在农村饿死人后没有人进行救灾。任凭灾难蔓延。

国家那时也缺乏救灾粮。据说 1959 年底中国政府多征收的稻米谷物，已经作为抵债物抵给了当时的苏联，作为工业 156 个项目的还款。国家国库空虚，也说明国家管理混乱。

毛泽东统治下的一个农业大国却没有粮食救灾，现在回顾过去，那段历史悲剧的发生是十分荒谬的。

当时的中国是一个封闭的国度，国内所有的消息世界上其它国家都不知道。大量饿死人国外不知道，因此也没有任何国家来帮助中国的饥民。即使国外知道中国发生了大饥荒，毛泽东也不会承认，也一定会拒绝他国的援助。因为国外是敌对势力范围。

4. 中共的独裁统治体制是造成这段历史悲剧的根本原因之一

回顾这段悲剧历史，只要提一个问题，人们就可以看清事物的本质：如果当时中国是民主政权体制，中国农村会出现连续两年大面积饿死人的事件吗？

第 18 章

1962 年春—1966 年春的中国历史显示出

毛泽东处心积虑逃避中国悲剧历史的责任，

又无时不刻在把控自己的权力

中国农村出现大饥荒饿死人，城市工业大幅度倒退，作为中国掌权人的毛泽东无疑是第一责任人。

但是中国在 1962 年后的历史却没有出现毛泽东承担历史责任的画面。也没有出现毛泽东承认大炼钢铁运动和人民公社运动搞错了的任何讲话。真实的历史体现出的是毛泽东推卸了历史责任。但是没有半点认识到错误的迹象。他仍然在推行社会主义公有制计划经济，仍然在坚持实施人民公社。毛泽东显示出的是他没有任何错误，他仍然牢牢地抓住他在中共的决策大权不放！

毛泽东在掌权方面的智慧是无人可比的。他有种种保全自己权力的办法。在处理中国出现农村大饥荒饿死人和城市工业大衰退的重大历史悲剧事件时，毛泽东想到的第一个办法是开一个所谓"统一思想"的中共干部大会来逃避他自己的责任。

1962 年一月中共召开的 7000 人干部大会是毛泽东提议召开的。我们从毛泽东开大会的方法和内容上可以看出：毛泽东并不想找出中国出现饿死大量农民悲剧事件的原因，他只是想保全他的领导地位和在全党的威信。

我们也看到在他的策划下，他成功的通过中共 7000 人干部大会逃避了自己的责任。

那次大会是中共历史上唯一一次人数最多的大会。从中央到各省、各地市、到各县的中共第一书记都被要求参加。毛泽东破格要求县委书记们参加中共中央大会有其特别的盘算。那也是中共历史上唯一一次有全部县委书记参加的中共中央会议。

发生于1960年后农村饿死人的悲剧事件正是这些县委书记中的一部分人吹嘘出农业收成高亩产的神话而造成的。毛泽东没有追查那些饿死人县负责人的罪行，还让那些县的县委负责人参加中共中央大会，仅从这一点就可以分析出毛泽东的用意。而在中国参加中共最高层大会是一种个人荣誉。

大会开会程序的安排也别有用意。大会分三个阶段，第一阶段刘少奇作报告总结悲剧历史时期的经验教训。第二阶段各省分若干小组开会。毛泽东称之为发泄情绪的"出气会"。第三阶段刘少奇作大会总结发言。

在毛泽东的安排下，中共7000人干部大会由毛泽东本人主持，刘少奇代表中共中央作报告。

刘少奇1959年四月被毛泽东选任中国国家主席，是在他中共党主席的领导下，实际是成为了他的棋子。1959年7-8月的庐山会议是毛泽东亲自主持批判彭德怀右倾机会主义。后来中国农村发生大饥荒，与毛泽东批判彭德怀右倾机会主义有关。与刘少奇并无关联。

7000人干部大会毛泽东让刘少奇做报告，他巧妙的把造成悲剧历史的责任转移到刘少奇的报告中。而不是他本人做自我批评。

刘少奇的报告是经过毛泽东审阅的。报告肯定大跃进后所取得的"成绩"，而无视城市工业1960年后全面倒退，农村发生大饥荒的事实。报告肯定毛泽东的"正确"领导。报告中没有提毛泽东主持"农业发展纲要"稻米谷物产量翻翻所引发的问题，没有提"赶英超美"所引发的头脑发热的问题，不提"人民公社一大二公"的问题，不提庐山会议，不提农村大饥荒饿死人的现实状况。刘少奇的报告实际回避了引起悲剧历史产生的所有主要问题。回避了毛泽东的错误。

大会第二阶段分组会议。分组会议按照毛泽东的说法，是"批评和自我批评"的会议。是"出气"会议。也就是让参加会议的人，通过分组会议把不满发泄出来。而那些吹嘘高亩产造成历史悲剧的中共县级干部们怎么会有对毛泽东不满？分组会议只有再次对毛泽东吹捧。这是毛泽东爱听的发言。

真正对毛泽东有怨言，需要"出气"的是彭德怀等人。对于彭德怀，毛泽东专门指示不允许彭德怀在会议上发言。毛泽东主导着会议发言的方向，他不允许发生任何影响他在党内威信的发言。

大会第三阶段，大会总结阶段。周恩来邓小平等中共高层人物在会议上都作了检讨。悲剧历史的责任平摊到中共每个高层人物身上。毛泽东也敷衍地作了自我批评，说自己要负主要责任，因为自己是党中央主席。具体什么责任毛泽东则没有说。而是安排吹捧他的林彪发言。林彪说："过去的工作搞得好的时候，正是毛泽东思想不受干扰的时候。凡是毛主席的思想不受尊重，受干扰时，就会出毛病"。林彪话毕，毛泽东立即为林彪的发言鼓掌！并称赞林彪："说得好"！这么一来，毛泽东反而成为那个最没有责任的人了。中国发生了问题，是因为"没有听从毛主席的话"。

毛泽东把握舆论导向的手腕可谓炉火纯青！

在毛泽东一番操作下，中国经济出现的大问题的责任，悲剧历史饿死人的责任，反而成了中共其他高层人物没有按毛泽东思想办事而出的毛病！

大会前不久毛泽东已经把林彪提为中央副主席。毛泽东需要中共中央高层有个会吹捧他配合他的人。

当刘少奇在大会第三阶段总结发言时，刘少奇提到中国农村大饥荒饿死人是"三分天灾，七分人祸"时，毛泽东很反感"七分人祸"的提法，他认为有引导人追究个人责任的倾向。因此他反对"七分人祸"的提法。最终中共高层归结为那段悲剧历史是"三年自然灾害"造成的。毛泽东成功的把大饥荒饿死人的责任推到了老天爷的自然灾害那里。

中共从此统一口径称那段历史为"三年自然灾害的困难时期"。农村大面积饿死人事件不准再提。毛泽东也被宣传成在三年困难时期带头过着简朴的生活的模范。是老百姓的榜样。

大会前后中共党内依然是毛泽东一人说了算。只是出了问题，他想到让其他人背锅负责任，让老天爷自然界一起背锅负责任。

毛泽东对他主导的中共 7000 人大会的结果基本满意。他通过大会成功逃脱了自己的责任。稳定了他在中共党内说一不二的权威。

毛泽东能够自如地操纵大会，控制中共成员的舆论，是因为中共的组织人事大权在他手中。他可以任意地提拔任何人，或者免除任何人的职务。因此中共的所有人对他俯首帖耳唯命是从。

中共这种组织体系保留到今天。中共的后续最高领导人同样可以让中共内部任何人听命于他。所以中共最高领导人是独裁者。他可以在中国做任何事情，哪怕是危害中国人民的事情，也不会得到谴责，只要他还坐在中共主席的位子上。

七千人大会后，毛泽东提出了中共中央今后的工作分一线二线。他本人居二线，退居幕后，让刘少奇主持一线工作。即，他在背后指挥，让刘少奇在台面上主持日常工作，面对各种事务。承担责任。

这是毛泽东想到的逃避责任的另一个办法。

但是也就是因为他退居幕后，他让刘少奇主持工作，造成刘少奇有了出风头的机会，提高了刘少奇在中共党内的威信，又引起他本人对刘少奇的不满。几件事累计下来，几年后他发动文化大革命搞掉刘少奇。重树他个人的绝对权威。

那几年发生了这样几件事情，逐步积累了毛泽东对刘少奇的不满。

第一件事情发生在中共 7000 人大会仅仅十几天后，毛泽东开始让刘少奇站在一线，由刘少奇主持中共中央政治局工作会议。

那次中央政治局工作会议在中南海西楼召开，又称为"西楼会议"。会议上，刘少奇已经清楚了解到中国农村大饥荒饿死人的严重后果。中国财政背负了巨额赤字。那时中国政府已经无法维持城市居民的最低生活需求了。刘少奇在西楼会议上谈到了中共 7000 人大会上对中国的经济困难讲的不够，不愿意揭露问题。刘少奇提出要有勇气面对事实。"不要怕把中国说成一团漆黑"。

刘少奇在西楼会议的讲话透露出他对中国农村大饥荒饿死人真实看法。

毛泽东没有参加西楼会议，对刘少奇的讲话非常反感。毛泽东随即到中国南方巡视，寻找驳斥刘少奇讲话的证据。

西楼会议实际是一次务实的中共高层会议。在刘少奇主持下，会议提出了解决中国经济困难的若干办法。其中包括减少城市人口，下放部分城市工人去农村。尽力保证城市人口的最低生活需要。

这就是中国 1962 年春天后，城市开始下放工人去农村的原因。

西楼会议后，中国下放了三分之一的城市工人到农村。而那时在江苏省，我父亲担任江苏省劳动局长。我父亲是安排一百多万江苏下放工人去农村落户的具体执行者。他的工作也引起部分江苏下放工人对他的仇恨。造成后来文革期间有下放工人回南京要杀死我父亲。如果不是得到别人的帮助，我父亲文革期间差一点死于这些人之手。

第二件事情发生在西楼会议几个月后，毛泽东从南方各地巡视回北京后。

毛泽东对刘少奇在西楼会议的讲话始终心怀芥蒂。据记载当年七月，毛泽东从南方回来后，在毛泽东住处的游泳池边，与刘少奇发生了一次争执。毛泽东告诉刘少奇，他去南方巡视，发现经济状况没有刘少奇说的那么糟糕。他谴责刘少奇在西楼会议上"站不稳阵脚"，"说得一片黑暗"，"三面红旗也倒了，（农民的）地也分了"。刘少奇则反击说："饿死这么多人，历史要写上你我的！人相食，要上书的！"。

毛与刘的争执说明他们两人都知道中国农村大饥荒饿死人已经发生到人吃人的地步。刘少奇明显认为要重视这个问题，要承担责任，要有解决问题的办法。而毛泽东明显要掩盖问题，要粉饰太平。要维护他的威信。

刘少奇的话引起毛泽东对他的极度不满。毛泽东后来对人说他从那以后就准备要换掉刘少奇。"要换人做了"。

第三件事情，有关刘少奇向全党发行其文章"论共产党员修养"的小册子，引起了毛泽东对他的反感。

"论共产党员修养"是 1939 年刘少奇在延安时写的一篇文章。论述党员要有素质，对自己要谨言慎行等等。1962 年刘少奇主持一线工作后，重新修改发行。那时中共内部只发行毛泽东选集。刘少奇发行他的小册子显然刺激到毛泽东。

在毛泽东眼里，刘少奇发行他的书是对毛泽东本人不敬。刘少奇有宣扬他自己的企图。而不是宣传毛泽东的伟大。

几年后的文革，毛泽东夫人江青批判刘少奇的小册子是"修正主义文章"。是一本"黑修养"。江青的话往往反映毛泽东的真实想法。

第四件事情，毛泽东对刘少奇在"四清运动"中大出风头非常不满。最后促使毛泽东产生了把刘少奇搞下台的想法。

"四清运动"，又称"社会主义教育运动"，是中国共产党从 1962 年下半年到 1965 年开展三年的中心工作，是毛泽东应对悲惨历史事件的后续手段。

中国农村发生大规模饥荒后，一些地方解散了人民公社，农民不再集体劳动，而是实行了各自单干。实行了分了人民公社的土地，由农民"包产到户"。让农民单干是让农民个人自力更生、自救的一种方式。农村农民的"包产到户"曾得到毛泽东的口头同意。据记载，1961 年中期，安徽省委书记曾希圣在安徽农村饿死人后，到北京拜见毛泽东，就"包产到户"一事希望得到毛泽东的同意。他告诉毛泽东，农民"包产到户"可以帮助农村恢复农业生产。毛泽东听后没有反对，口头上也同意让曾希圣"试一试"。

中共七千人会议后，毛泽东在中共党内稳住了权威。他开始对农村解散人民公社，推行"包产到户"感到不满。因为人民公社是毛泽东亲自提出的公有制生产形式，是毛泽东一手创立的。否定人民公社，就等于否定毛泽东。

1962 年 9 月，毛泽东亲自主持召开中共八届十中全会，提出在中国农村发起"四清运动"。"四清"的内容是"清理政治，清理经济，清理组织，清理思想"。四清运动的对象是针对农村生产大队干部。要清理农村基层干部中存在的以上四个方面的问题。其实际意思是农村中发生大饥荒是因为农村基层干部账目不清，贪污了大家的粮食，要把这些坏人清理出来。

我分析，毛泽东发起四清运动有两个考虑：一是是要消除农民对中共政权的怨恨。农村大规模饿死人。农民遭受的灾难是谁造成的？农民自己会有想法。四清运动针对的是生产大队、生产队的干部，这样，在灾荒年代，农民的怨恨就转移到这些农村基层干部身上。二是通过四清运动的整顿，在农村全面恢复人民公社。因为人民公社是他毛泽东倡导的，与他的威信有关。

毛泽东坚持在中国农村恢复人民公社，说明他不承认自己在中国大饥荒和经济大萧条中犯了任何错误！同时通过"四清运动"，把农村大面积饥荒的责任推给了无辜的农村基层干部。

毛泽东已经声明自己退居二线，因此他让刘少奇主持"四清运动"。

刘少奇主持"四清运动"很卖力。不仅自己投入全部精力指导四清运动，不断开会部署运动，带队到各省视察。还让他老婆王光美到河北省农村某人民公社桃源大队亲自蹲点，搞出一个四清运动的模范样本-"桃源经验"。让各省学习，在全中国推广。

一时间刘少奇在中共党内大出风头。刘少奇的威望有超过毛泽东的势头。明显又一次引起毛泽东对刘少奇的不满。

1964 年下半年，四清运动中风头正茂的刘少奇多次批评江苏省委书记江渭清在四清中推行他夫人王光美的"桃源经验"不力。让江渭清做检讨。刘少奇对江渭清的谴责也暴露出刘少奇本人在掌权时的盛气凌人的霸道作风。

此时毛泽东却突然抓住刘少奇批评江渭清的机会，出面批评刘少奇而支持江渭清。毛泽东说江渭清没有错，是刘少奇错了。毛泽东明显不满意刘少奇宣扬"桃源经验"，毛泽东反感刘少奇在突出他自己老婆的做法。毛泽东批评刘少奇凸显毛泽东的权威。

这件事情暴露出在中共高层内部并没有是非标准。是非曲直都是表面文章，凸显的是个人权威。谁权力大谁就是正确的一方。刘少奇的权力大于江渭清，就可以任意批评江渭清。而毛泽东权力最大，刘少奇压制江渭清就成为毛泽东批判刘少奇的借口。

1965 年一月，毛泽东亲自主持召开中共中央会议，将"四清运动"确定为"社会主义教育运动"。发布了"23 条"的运动指导方针。

毛泽东主持发布"23 条"是在宣布刘少奇在"四清运动"中犯了错误。

"23 条"中，毛泽东着重提到无产阶级与资产阶级的斗争。这是毛泽东常用的手法。毛泽东常以无产阶级自居，把他的对手暗示成资产阶级，

"23 条"第一次提到"走资派"的概念。提到"这次（四清）运动的重点，是整党内那些走资本主义道路的当权派"。"走资派下层有，上层直至中央都有"。毛泽东已经把"社会主义教育运动"的批判矛头从对准底层农村干部转向了中共高层人物。

毛泽东暗示已经很明显了，矛头指向了刘少奇。只是刘少没有意识到毛泽东要对他下手了，或者他知道毛泽东的用意，只是装着不知道。

回顾毛泽东对阶级斗争的提法，我们看到，他所提到的无产阶级与资产阶级的斗争其实都只是他个人权力斗争的代用名词。我们在接下来发生的文革运动会看的更清楚。

1965 年接下来的时间，刘少奇多次向毛泽东做检讨。对刘少奇的检讨毛泽东并不为所动。有段时间毛泽东隐居在湖南韶山的一个叫"滴水洞"的秘密地点。他在酝酿发动文革运动，在考虑如何"换人做了"。而那时刘少奇还不清楚毛泽东会怎样对付他。

刘少奇向毛泽东检讨后，毛泽东也对"社会主义教育运动"失去兴趣。毛泽东和刘少奇都不再对"四清运动"作任何指示了。四清

运动就这样默默无声的不再被中共媒体提及了。

在毛泽东酝酿"23 条"的那段时间，中共高层还发生一个偶然的事情。当时作为中共军委秘书长、国防部副部长的罗瑞卿在军中搞大比武。有一次他请毛泽东、刘少奇、彭真（当时的北京市委书记）等人观看大比武演习。毛泽东未到时，主席台上刘少奇、罗瑞卿、彭真等人凑在一起谈笑风生，被迟到的毛泽东注意到，（有当时的纪录片），引起毛泽东对刘少奇与罗瑞卿、彭真等人亲密关系的疑心。

后来文革的历史人们看到，文革运动的第一步是毛泽东打倒"彭罗陆杨"反党集团。其中被打倒的彭真、罗瑞卿可能是从那时起被毛泽东惦记在心。

在中国城市，1964 年后还发生了将大批工厂从沿海城市搬迁到中国西部山区。西部山区又叫三线地区。三线地区又有大三线和小三线之分。贵州、重庆、陕西的山区是大三线地区，安徽省大别山是小三线地区。上海南京等城市的许多工厂，尤其是军工厂搬到了大小三线地区。

搬迁工厂到三线地区是毛泽东的主意。毛泽东称搬工厂去三线是"备战备荒为人民"，是为了战争的准备。实际是为了减少沿海大城市人口的吃饭问题。中国农村大饥荒后，毛泽东意识到中国城市粮食短缺的严重性，毛泽东提出了城市经济是解决"吃饭经济"的问题。他几次主持中国经济问题会议，提出了搬迁中国工厂到大小三线山区的主意。

大批工厂搬到山区和中国西部地区，又一次说明毛泽东对工业生产的无知。工厂建在沿海城市是因为交通方便，各种原材料就地取材节约成本。工厂搬到偏远山区，原料长途运输成本增加。后来搬到三线的工厂有的关闭，有的又搬离了山区。

那时中国的工厂生产是收支两条线。生产出的产品上交国家商业部门，收到的利润扣除生产成本后全部上交国家财政部门。工厂的开支和员工工资由上级财政拨付。因此工厂不计成本。浪费现象十分严重。

　　工厂和工厂的人员都是国家公有制体系中的一部分。工厂搬迁也在国家的计划开支中。

　　当时搬迁的工厂以军用装备工厂为主，确实有备战的考虑。毛泽东一生以备战的思维考虑中国的经济发展。这与他与西方民主国家为敌有关。

　　在毛泽东时代，工业生产如此混乱，不计成本浪费严重。另一方面国家国门紧闭，与西方工业化国家为敌，中国的经济怎么能发展起来？

　　那个时期，国际上，毛泽东领导的中国除了与所有西方民主国家为敌外，与苏联东欧社会主义阵营也开始敌对了。因为苏共领导人赫鲁晓夫批评毛泽东搞人民公社，搞个人崇拜等等是错误做法。

　　对于中国的人民公社，赫鲁晓夫说，中共的人民公社办错了。是重蹈了苏联三十年代办集体农庄的错误。

　　毛泽东不能容忍任何人批评他的人民公社办错了。那会影响到他的权力稳定。因此中共与苏共决裂。

　　为了反击苏共对中共的批评，毛泽东领导中共批判苏共搞"修正主义"。在毛泽东的安排下，中共前后发表了九篇批判苏共修正主义的文章。从那以后，中国与苏联一度成为势不两立的敌对国家。

　　毛泽东领导的中国那时几乎与全世界为敌了。

　　当时东欧唯一的，与中国还是朋友的国家是阿尔巴尼亚。阿尔巴尼亚是一个小国，只有二三百万人口。在该国劳动党主席恩维尔.霍查的领导下，与苏联有分歧。因为恩维尔.霍查也像斯大林一样搞个人崇拜，不赞同苏联批判斯大林搞个人崇拜。毛泽东对阿尔巴尼亚和恩维尔.霍查大为赞赏，称之为"欧洲社会主义明灯"！在中国经济非常困难的状况下，仍然给予阿尔巴尼亚很多援助。据记载中共前后给予阿尔巴尼亚近百亿人民币的援助。可见毛泽东并不把中国人民的生活困难当一回事。对于援助阿尔巴尼亚，毛泽东说："中国家底大，扫扫仓库就够了"。

　　当时中共给予阿尔巴尼亚来华访问团高规格接待，毛泽东派遣总理周恩来前后三次访问阿尔巴尼亚。

我回忆录里也记载了我父亲在 1966 年春天作为中国工会代表团团长，率领中国工会代表团访问了阿尔巴尼亚。

当中国几乎与全世界为敌的情况下，毛泽东把中国与世界社会隔离开来。中国经济怎么可能有发展的空间？

分析这段 1962 年至 1966 年初的中国历史，我们看到那段时间中国依然在毛泽东的独裁控制下。毛泽东对中国经济出现的大问题，中国农村饿死人的大事件并不在意。他在意的是他个人的权威。他所想到的处理中国农村饿死人办法是逃避他个人的责任。他坚持人民公社，坚持社会主义计划经济只是为了维护他个人的权威。因为那是他提倡的。至于中国实际经济情况如何他并不在乎。他并不关心普通民众的生存和死活。

毛泽东在这段历史时期，他让刘少奇出面行使权力，以及他剥夺刘少奇的实际权力，都是以他个人的权力和威望为出发点。都是为维护他个人的权力。

这段历史还让我们看到，毛泽东会充分利用吹捧他的人抬高自己的威性。他利用林彪吹捧自己，其实是他安排的。他不允许任何人不臣服于他。他怀疑他身边的所有人。

林彪在这段时间揣摩透了毛泽东，利用其在军中的职权大肆吹捧毛泽东。称其为伟大领袖、伟大导师、伟大统帅、伟大舵手，并且编写毛泽东语录小红书。军队中人手一册。林彪的吹捧深得毛泽东的欢心。

中国发生悲剧历史后，毛泽东所有行为的核心是不允许任何人动摇他的至高无上的权力。

那个时期，毛泽东坚持的人民公社到底带给中国农民怎样的生活？我有亲身的经历看到中国农村的实际情况。

在我的回忆录中提到，1965 年末我和十几位同学去南京附近农村访问。那是离南京 40 公里的江宁县陆郎人民公社。我们骑自行车去给贫苦农民送些衣服被子。那天天气寒冷，气温摄氏零下 10 度左右，我们在某农户家看到，男主人穿着破烂的单衣单裤，在低矮的茅草屋中给我们开门，而他的老婆小孩挤在床上，赤身露体盖着一条到处露着棉絮的破被子。一家人只有一条破裤子，大家轮流出门时穿。

那一家人挤在床上，赤身裸体盖着一床破了不能再破的被子的情景，我永远不会忘记！而当时我们去的那个生产队（村庄），几乎家家情况都是如此。我们带去的衣服被子不够农民分。

那时陆郎人民公社已经成立 7 年。而且地处江南水乡。农民竟如此贫困。现在想起来都感到不可思议。而中共最高领袖毛泽东仍然坚持认为"人民公社好"。

那时南京城郊的农民生活略微好一点。受益于城郊允许农民经营自留地，允许农民到城里售卖自留地的农产品和家禽水产。才使得城郊农民生活有些改善。才使得南京的副食品供应有些改善。大饥荒后，老百姓能够活下来是最重要的。中国中下层政府都在想办法解决社会实际生活困难。那时中国中下层政府没有完全听从中共高层的指挥。

到 1965 年南京的市场供应好了一些。后来回顾，可能由于中共上层毛泽东与刘少奇的斗争，中共上层放松了对下层的控制。中下层政府放任农民的自由个体经济发展而起到的作用。

我后来的经历也让我看到，在中国社会主义计划经济时代，那些有所抵制中共上层社会主义计划经济安排的地区，那些自行行事的地区，社会经济发展的反而好！

第 19 章

分析毛泽东发动文革运动的真实意图。

1966 年 5 月—1969 年 5 月文革前三年历史给出的启示

1966 年 5 月起，中国开始了延续十年的社会动荡。这是一场人为造成的社会动荡，是古今中外没有出现过的，由最高统治者亲自发动的搅乱社会次序的动荡。

这就是毛泽东在中国大陆发动的文化大革命运动。这是他深思熟虑后发起的一场政治运动。整个中国都在他个人操控下运转。为了打倒他心目中的目标人物而不惜造成整个国家的混乱局面，至少有三年时间全国各地所有大学、中学停课。至少一年时间部分大城市的大部分工厂生产停工，各级地方政府瘫痪。几乎所有的各个层面的中共负责官员被煽动起来的民众批斗。大学里有成就的老师教授校长和成批的中学老师校长被批斗，有人被批斗至死，有人自杀。社会处于无政府状态。文革运动延续了十年，直到他去世。

现在回顾那段历史，应该把十年文革运动分为两个阶段，前三年和后七年。因为这两个阶段呈现出毛泽东的斗争目标不同。前三年是毛泽东有预谋的搞掉刘少奇的斗争。而后七年是毛泽东又有了新的斗争目标。他的新目标是他的疑心的产物，他不断地认定他身边的人要抢他的班夺他的权。

我个人是通过文革运动前三年的亲身经历，逐步认清毛泽东搞文革运动的真实意图的。

文革运动卅始时，那时我已经十六岁，初中毕业，（相当于美国高中一年级），年轻充满幻想，正在准备进入高中继续学习。但是文革运动中断了我的学业。中断了全中国所有学生的学业。

1966 年 5 月 16 日中共中央发出开展"无产阶级文化大革命"的通知。该通知通过中共各级党委迅速传达到底层社会。历史上称为"5.16 通知"。

我的回忆录里记载着当时我所在学校传达"5.16 通知"的场面。

我还记得当听到"5.16 通知"中提到："教育界、新聞界、文藝界、出版界等文化领域的領導權都不在無產階級手裡"；從中央到各省市自治區有一批"混進黨裡、政府裡、軍隊裡和各種文化界的資產階級代表人物""例如赫魯曉夫那樣的人物，他們正睡在我們的身旁"的内容时，那段文字让我是非常吃惊，感到不像是周围现实生活中发生的事情。当时我的理解是中国文化届出问题了。

"5.16 通知"明确了中共中央成立中央文革领导小组领导文革运动。

"5.16 通知"点名批判"彭罗陆杨""反党集团"阴谋反党活动。"彭罗陆杨"指当时的北京市委书记彭真、中共中央军委秘书长罗瑞卿、中共中央宣传部长陆定一、中央办公厅主任杨尚昆。这些人是反党集团让我感到很迷惑，这些人不都是从红军时期就跟着毛泽东吗？这些人并不是文化届的人啊，都是中国的高层政治人物。

我当时并没有清楚意识到，文革运动实际是毛泽东发动的一场全面的政治清洗运动。当时我还年轻，思维的深度不够。

"5.16 通知"前，我们学校的政治课已经在学习上海文汇报刊登的姚文元的文章"评新编历史剧海瑞罢官"。批判"海瑞罢官"是一株大毒草。该剧宣扬明朝官员海瑞顶撞皇帝。批判过程中传达毛泽东对该剧的评论："皇帝罢了海瑞的官，我罢了彭德怀的官"。毛泽东指出"海瑞罢官"的要害是一部为彭德怀翻案的戏。

我当时并没有深层次认识到毛泽东为什么对"彭德怀事件"耿耿于怀。当时有一首题名为"送战友"的歌曲也不准唱了。毛泽东夫人江青说那首歌曲是为彭德怀翻案的歌曲。

"5.16 通知"传达后，学校停课开始组织批判"彭罗陆杨"反党集团的阴谋反党活动。当时我们年轻学生并不知道中共上层的斗争。也不清楚毛泽东预谋的大规模的政治清洗运动已经开始了。当然当时所有的中国人，所有的毛泽东以下的中国官员都不清楚文革运动的真实含义！

当时谁也不知道，"5.16 通知"发布后，毛泽东已经隐居在他湖南老家韶山的一个叫"滴水洞"的地方，正在密谋下一步行动。

5 月底，人民日报发出社论"横扫一切牛鬼蛇神"，引导学生们把批判矛头转向社会上的"牛鬼蛇神"和学校的老师校长。学校里那些有学术成就的老师被作为"反动学术权威"批判。学生们用大字报书写批判文章，贴在校园的宣传栏中，供大家观看。

不久传来北京大学学生贴了第一张批评校长陆平的大字报，中央文革领导小组组长陈伯达、江青等人专程到北京大学支持学生的大字报。南京的中学大学纷纷效仿，一时间批判老师校长成为各个学校的风潮。不久发展到殴打老师，剪老师头发，甚至有的老师校长被学生捆绑起来带上高帽游街示众！各地学校校园大乱。

有的大学和中学发生了老师自杀的现象就是那段时间发生的事情。我所在的中学一位老师被学生批斗时打死了。

为了控制学校发生的混乱局面，当时的国家主席刘少奇要求中央和各省政府向重点大学派出工作组。维护校园内的次序。各地政府立即向当地重点大学派出工作组。随后中央文革领导小组反对政府派出工作组的做法，称之为"资产阶级反动路线的反扑"。此时的毛泽东还在隐居。

我的回忆录中提到，我父亲作为江苏省委派出的工作组副组长进驻南京大学。那时我父亲是江苏省文革领导小组副组长。组长是省委副书记彭冲。与中央文革领导小组不同的是，中央文革领导小组是领导文革运动的革命派，而江苏省文革领导小组后来被批判为江苏省的"走资派"。

文革运动的发展出乎所有人的预料。当年 8 月初毛泽东回到北京，亲自主持召开中共八届十一中全会，要求中央政府和各省政府撤回派往各大学的工作组。指出刘少奇派工作组犯了"路线错误"。刘少奇对于派驻工作组一事作出检讨。全会通过"开展无产阶级文化大革命"的决议。并改组中共中央政治局。

毛泽东的政治大秘书、中央文革领导小组组长陈伯达成为中央政治局常委。地位仅次于毛泽东、刘少奇、林彪、周恩来、陶铸之后。成为中共第六号人物。

我那时并不清楚毛泽东将用中央文革领导小组取代中央政治局的工作。

毛泽东的一系列动作说明他对文革运动是有预谋的操控。

毛泽东在全会上发表"炮打司令部-我的第一张大字报"。毛泽东的大字报赞扬北大学生批评校长的大字报。指出党内从中央到地方的领导站在资产阶级立场向无产阶级专政，镇压文化大革命运动。

毛泽东的大字报表明了他要清洗一批中共官员。那些站在"资产阶级"立场上的官员。后来我明白了所谓站在资产阶级立场上的官员就是不吹捧他的那些人。

毛泽东的大字报提到中共党内："1962 年的右倾和 1964 年的形左而实右的错误倾向"。毛泽东这段话在暗示刘少奇在 1962 年主持一线工作时和 1964 年四清运动中都犯了错误。毛泽东以暗示的方式将文革运动的斗争矛头指向刘少奇。

中共中央"全会"的决议立即向全党全国公布。毛泽东的炮打司令部的大字报向全党全国人民点明了文革运动的方向：把矛头指向中共各级领导干部，在中共最高层的斗争对象是刘少奇。

毛泽东发表"炮打司令部"文章后，随即于 8 月 18 日在北京天安门城楼接见学生和红卫兵代表。他要煽动年轻人的狂热来达到他的目的！

那一天中央文革领导小组召集了几十万来自全国各地的学生聚集在天安门城楼下的广场上。

北京的红卫兵代表被毛泽东接见。南京大学的红色造反兵团代表文风来，我们学校的学生李天燕也被中央文革小组办事人员推荐上天安门城楼接受毛泽东的接见。

被接见的学生代表、红卫兵代表后来都成为各地的造反派头头。

毛泽东此举掀起了文革运动一波新高潮。从那时起到1966年底，短短几个月，毛泽东八次在天安门城楼接见红卫兵。掀起一波又一波的文革运动高潮。

红卫兵是那时北京中学大学中自发成立的学生组织。红卫兵的意思是："捍卫毛泽东思想的红色卫兵"。

自从毛泽东第一次接见红卫兵后，全国各地涌现出几千万红卫兵。我们学校成立了各种名称的红卫兵组织。

在中央文革的号召下，八月份以后，各地中学红卫兵冲出校园到社会上"破四旧"。一切"封资修"的东西都是四旧，都必须扫除。那些过去的资本家的家被抄家了。任何带有封建色彩的建筑、牌坊、庙宇被砸了，庙里的和尚被赶走了。中央文革又发出大串联的号召，鼓动学生到各地串联，煽风点火进一步掀起文革风潮。中学生们纷纷响应号召到各地串联，一时间全国各地满大街都是外地学生。

大学生比中学生高明一些，更懂得毛泽东所指的运动大方向，开始到社会上各单位各工厂串联，联合工人成立社会上的各种造反兵团，冲击各级政府机关。不久后，几乎所有单位的共产党领导，政府部门的头目，中共各级政府领导都被当作走资派进行批判。中共各级政府随即瘫痪。

毛泽东则说到："七、八、九三个月，…，形势大好，不是小好。整个形势比以往任何时候都好。形势大好的重要标志是人民群众充分发动起来了"。

我回忆录中纪录我们同学中成立红卫兵的回忆。我本人也于9月下旬第一次来到北京，于10月1日国庆节当天在天安门城楼下参加游行。当我们的游行队伍一时挤在城楼下不走，观看站在城楼上的毛泽东时，见到毛泽东满面春风，不断向我们招手。周恩来在他身边殷勤地招呼游行队伍向前走。而刘少奇则站在毛泽东左侧默默无言。刘少奇那时还不知道几个月后他将被造反派批斗，两年后他将惨死于毛泽东的迫害中。

1967 年一月刘少奇在其住处被中南海红色造反兵团批斗。该造反兵团由地处中南海内的中共中央机关干部组成，受毛泽东的秘书戚本禹指挥。此时戚本禹已经成为中共中央办公厅主任，中央文革领导小组成员，成为毛泽东的得力助手。自从刘少奇被批斗后，刘少奇就失去自由，被中央文革的审查小组关在一个秘密地方审查。刘少奇的夫人王光美也被江青组织的造反派揪到北京大学批斗。

1967 年 2 月中共军队的一批老元帅开会反对文革运动批斗领导干部的做法。后被中央文革领导小组称之为"二月逆流"。随即这批老元帅被造反派分别批斗。其中陈毅是被各个造反派批斗场次最多的一个。

1967 年起被各个造反派组织批斗的还有邓小平、陶铸、…，等等一大批中共高层领导人物。这些中共高层人物被批斗都是在毛泽东夫人江青直接参与下或者由她指使进行的。江青的作为往往代表毛泽东的想法。

值得一提的是，现今中共最高领导人习近平的父亲习仲勋在 1967 年被陕西的造反派多次批斗、戴高帽子游街。后被长期关押。那时习仲勋已经是老反党分子了。因为 1962 年习仲勋就受到毛泽东刘少奇的审查和批判。习近平应该对他父亲的遭遇铭记在心。

而那时在江苏南京，省政府和市政府都已经瘫痪。南京红色造反兵团头头文风来，就是那个被毛泽东接见过的文风来。他指挥造反派分别占领了省市政府各个部门的办公室。收缴了政府各部门的公章。政府干部们都被赶出了办公室。连公安局、公安分局的警察们也被造反派赶走了。公安局的枪支弹药被造反派抢光了。

原省市领导和各部门各单位的领导都被当着走资派被造反派批斗。江苏省唯一没有被批斗的领导人物是省委书记江渭清。他被毛泽东接去北京保护起来。

江渭清被毛泽东视为是跟随他的人。所以受到保护。江渭清被保护也说明毛泽东有明确的斗争目标。

　　各种造反派组织纷纷成立。省委省政府干部也成立了省级机关造反派组织。省委市委领导们的住家被各个造反派组织频频抄家。

　　我回忆录记载了我们家那时被一次次抄家的经历。记载了彭冲一家人住到我们家来的经历。因为彭冲家不仅被抄家，而且连住房也被造反派占据了。我父亲和彭冲一起经历了一次次被造反派批斗。我父亲还差一点被 1962 年的下放工人用船沉入长江！

　　南京社会上形成两大造反派组织，由文风来领导的红色造反兵团，和由曾邦元领导的"八二七造反兵团"。文和曾两人原先都是南京大学的年轻老师。两大造反派组织在南京大部分工厂都有他们的造反派分部。

　　南京处于无政府状态。两大造反派组织占领了大部分工厂。大部分工厂处于停工状态。两大造反派组织之间的武斗频繁发生。

　　在无政府状态下，南京社会上出现了各种流氓帮派。流氓帮派占领各自地盘。打架天天发生。还有带枪的外地武装造反派队伍来南京骚扰。南京市民们就在这种混乱的状态下心惊胆战的生活。

　　1967 年夏天文风来又带领红总造反派冲击南京军区，抄了司令员许世友的家。许世友吓得躲到安徽省大别山的军营里去了。文风来敢于抄许世友的家是他响应中央文革小组揪军内一小撮走资派的号召。

　　中国各大城市都乱了，许多城市造反派之间的武斗比南京更厉害，如重庆市几个兵工厂的造反派用工厂生产的炮隔着嘉陵江相互轰击。又如武汉市发生了有军人参与的，有百万工人参加的两派造反派大规模武斗。

　　据记载毛泽东在武汉市武斗前听说武汉形势大好很兴奋，八月份下旬亲自赶到武汉视察，遇上工人两派大规模武斗，又有军队卷入。毛泽东怀疑武汉军区司令员陈再道对他不忠心，吓得连夜乘飞机离开了。那段时间毛泽东为了防止意外几乎不乘飞机。但是那天夜里他为了尽快离开武汉破例乘飞机走了。

　　武汉的两派造反派武斗造成社会形势大乱，本质上是毛泽东一次次发动群众而煽动起来的。是他的助手们-中央文革领导小组成员们煽动起来的。两派造反派和武汉军区都声称是为了捍卫毛泽东而与对方战斗。而对立的造反派们捍卫的那个人-毛泽东却被他们吓跑了。

武汉因造反派武斗大乱，又有军队参与，让毛泽东不安。毛泽东认为军队不能乱。军队是毛泽东政权的立足基石。1967 年下半年在周恩来的建议下，他逮捕了"王力、关峰、戚本禹"等三人。把武汉武斗大乱的责任追诉到这三人身上。罪名是企图搞乱军队。而"王关戚"三人是中央文革小组成员。这三人代表中央文革领导小组先去了武汉，却成了造成武汉乱军的替罪羊。尤其是戚本禹，他遵从毛泽东的旨意建立中南海造反派批斗刘少奇和其他中共大人物，得到毛泽东的赏识而被重用，随即又作为武汉武斗事件的替罪羊被毛泽东关进监狱。

各地大乱，毛泽东随即动用军队对各地实行军管。不久后毛泽东又提出了各地成立由军队干部、造反派和原地方干部的三结合革命委员会，重新建立政权机构。毛泽东清楚各大城市处于无政府状态下的不妥。但是他对刘少奇邓小平陶铸等人的批判和审查并没有停止。

1968 年是中国各省各大城市成立革命委员会的年头。由周恩来亲自主持各省革命委员会的成立事宜。江苏省由南京军区司令员许世友、原省委副书记彭冲组成省革命委员会的主要负责人。造反派成员文风来、曾邦元等成为省革委会常委。我父亲作为原地方干部成员成为了省革委会常委。

我的回忆录记载了江苏省革委会成立前后的情况。最让我记忆犹新的是，在革委会成立前的那段日子里，白天让我看到，造反派开大会批斗彭冲和我父亲。晚上造反派头目文风来又亲自送彭冲和我父亲回家，一起吃饭，拉拢他们两人。表现的亲密无间。另一派造反派头目曾邦元也是如此。当时造反派头目的表演让我瞠目结舌，让我看到他们的真正用心和目的。

1968 年下半年批判刘少奇邓小平的运动已经到了尾声。刘少奇邓小平已经被中央文革领导小组羁押审查。大学中学也停课两年多了。社会上大部分工厂停工。即使不停工，生产也不正常。中央文革领导小组发起学生上山下乡运动。分配学生去农村"插队"。所谓"插队"，就是让学生到农村生产队当农民。于是几千万中学生被分配到全国各地农村。

我回忆录中纪录了我送姐姐周海安去苏北淮安县黄码人民公社插队的经历。我亲眼目睹淮安黄码人民公社的农民社员穷的一贫如洗。用人拉犁耕田。农民每天劳动挣到的工分相当于 8 分钱，连一斤稻谷都买不起。而当时农村一斤大米是 15 分钱，一斤猪肉是 73 分钱。农民的所得几乎无法维持生活。那时农村还是人民公社集体生产方式。毛泽东依然坚持中国农村的人民公社。毛泽东本人只顾自己的权力斗争。他并不关心农民大众的生活状况。

几千万中学生下农村插队是因为中国经过几年的文革运动折腾，中国经济崩溃，城市里已经没有办法安排几千万中学毕业生就业了。城市里也无法持续养活大量无工作的城市人口。中学生大学生下放农村成为毛泽东搞文革运动的牺牲品。

而当时毛泽东和中央文革领导小组鼓励学生上山下乡的宣传口号是"广阔天地大有作为"，"接受贫下中农的再教育"。

1969 年四月中共九大在毛泽东主持下召开。刘少奇邓小平被彻底打倒，刘少奇的罪名是混进党内的叛徒、内奸、工贼。半年后被迫害至死。邓小平的罪名是党内最大的走资派，被送去江西某工厂劳动改造。党内曾经的第四号人物陶铸也被打倒，不久后去世。

中共九大毛泽东再一次独揽大权成为最高统帅，成为中共中央主席、中央军委主席。他把一直吹捧他的林彪提升为副统帅，他的接班人。九大后中共口号改为："毛主席万岁，林副主席身体永远健康"。尽管林彪身体虚弱多病，甚至林彪自己都不认可其身体健康！

毛泽东的大秘书中央文革领导小组组长陈伯达，由于文革运动中为毛泽东立下大功，九大后成为中共中央政治局常委中的第四号人物，其地位仅次于毛泽东、林彪、周恩来。

　　九大后，中共中央文革领导小组退出历史舞台。中央文革领导小组重要成员江青、张春桥、姚文元进入中共中央政治局，成为中共的领导人物。

　　我回忆录中提到的南京军区司令员许世友，由于文革中向毛泽东磕头表忠心，也成为中共中央政治局委员。

　　到 1969 年中共九大公布刘少奇邓小平被打倒，我才明白毛泽东发动文革运动的真正目的。才明白毛泽东的文革运动是一场政治大清洗运动。是一场巩固他至高无上权力的政治运动！

　　我也弄清楚，毛泽东一开始批判"彭罗陆杨"只是为了打倒刘少奇邓小平的前奏。毛泽东给"彭罗陆杨"四人定罪"进行地下阴谋反党活动"。是毛泽东怀疑他们四人与刘少奇勾结在一起。前文提到，毛泽东曾经注意到 1964 年底大比武的观礼台上彭真、罗瑞卿与刘少奇的亲密交谈。

　　我也理解了，"五一六"通知后，毛泽东成立中央文革领导小组的用意。成立该小组可以取代中共中央政治局，他可以通过中央文革领导小组废除刘少奇、邓小平等人的权力，对文革运动实施直接掌控。这是毛泽东极其有计谋的一步。

　　毛泽东选择他的大秘书陈伯达和夫人江青掌控中央文革领导小组，是为了他本人可以完全掌控文革运动的斗争方向。江青等人的讲话和作为实际都代表毛泽东本人的意图。

　　毛泽东江青挑选御用文人张春桥、姚文元等成为中央文革小组成员，发表政治文章，影响着中国政治大局。

　　我理解了毛泽东在炮打司令部的大字报中提到 1962 年和 1964 年所谓"右倾"的含义。那是他念念不忘刘少奇对他的不敬！也反映他从来没有认为他做错了什么。反映他从来没有准备对中国农村大饥荒饿死人负责。反映他从来没有反思人民公社的问题，没有反思社会主义计划经济的问题。反映出他只关心他个人的权力和威望。

　　我认识到毛泽东 1962 年召开 7000 人大会，1964 年他支持江渭清，1966 年发动文革运动，其根本用意都是为了维护他个人的权力！

　　我进一步发现：毛泽东的阶级斗争与马克思的无产阶级与资产阶级的阶级斗争概念完全不同。毛泽东的阶级斗争概念是各种人际关系的斗争，是争权夺利的斗争，是他想打倒谁就打倒谁的斗争。

　　毛泽东所定义的资产阶级、走资派等等是指那些在中共党内还能讲真话的人。如那些认为彭德怀并没有错误的人，那些认为毛泽东应该对六十年代初的大饥荒饿死人负责的人。而毛泽东定义的无产阶级则是他本人，以及那些吹捧他的人。

　　而现实中毛泽东个人的生活更像一个资产阶级人物。我回忆录中提到：毛泽东在中国各大城市有若干行宫。那些行宫花费了大量金钱修建。我的回忆录中还提到：文革中毛泽东把年轻大美女陈惠民留在他身边侍寝几年。除了陈惠民外还有孟锦云等其他几位年轻姑娘与他生活在一起。如果按照中共的说法，毛泽东本人其实是过着腐朽的资产阶级生活方式。

　　另外据记载毛泽东个人有稿费存款三十多万元人民币。那是中共有关部门编辑的"毛泽东选集"的销售款。毛泽东占为个人所有。毛泽东是当时中共党内唯一有巨额存款的人。中共当时几千万党员无人有大额存款。人人均一无所有。毛泽东声称中共党内的其他人是资产阶级，而他是无产阶级不是显得很荒谬吗？！

　　文革运动中毛泽东不断宣扬的继续革命理论实质内容是要不断清洗那些不吹捧他的人，不断清除对他的权力有威胁的人。

　　毛泽东花费了三年时间清除了他怀疑对他不敬的人。而中国大陆的小学生中学生大学生荒废了三年的学业。全国所有学校停课三年。在三年混乱的历史局面中，大批中国优秀的知识分子遭到迫害。文革运动中迫害致死的人，自杀的人不计其数。几千万中学生最终被赶到农村。城市大部分工厂至少停工一年，各城市工人大规模武斗。社会混乱，政府瘫痪。中国经济造成巨大损失！而造成这一切的责任人毛泽东迄今无人追究其历史责任。迄今中共内部无人去清算这一段时间的历史。中共内部也没有人总结造成这一历史悲剧的原因。

　　在这段乱世中，我个人还有值得一提的其他收获。乱世让我有机会看到社会中各种人性的真实一面。其中两点印象尤为深刻：

一是我深感社会中任何人都有"私心"。让我认识到社会人性的"自私"普遍存在。在社会中任何事件发生时每个人首先考虑的是其个人利益。文革运动造成的社会混乱充分暴露了人性。我发现不管什么人，无论他的地位高低，无论他讲的道理如何高尚，在个人利益面前，其个人利益是其第一选择。毛泽东绞尽脑汁策划文革运动，一步步实行打倒刘少奇的计划，在他灵魂深处是他个人对其权力的追逐和维护。他的所谓的革命理论只不过是他对其个人私心的掩护。文革中造反派们参加造反为的是其个人出人头地，为的是发泄个人心中对他人的不满。

我个人在文革中，我回忆录中记载了几件印象深刻的事情。我发现当事情涉及到每个人的个人利益时，所有我熟悉的人都以其个人利益作为首选。即使是我所尊敬的人也不例外。人的自私与其地位和学识无关。

第二，当社会处于无政府状态，当社会缺乏治理机构时，人们就会为了各种各自的利益而肆无忌惮地争斗。社会上会出现帮派，社会充斥着犯罪，打架斗殴成为常态。人性中的罪恶元素就会被激发。这些都是人性中"自私"的膨胀造成的。因此，我深深地感到，人类社会需要社会治理，需要社会秩序！需要法治的规范和约束。社会需要一套法治的治理体系，需要一支执法队伍来维护社会生活的正常秩序。

第 20 章

毛泽东最后的年代让我们看到什么？

回顾 1969 年—1976 年中国发生的历史事件

1969 年 4 月中共九大上毛泽东重新被吹捧为神。林彪被他选为他的副手，成为了他的接班人。林彪是靠吹捧毛泽东成为了中共的第二号人物。也是因为林彪成为中共党内第二号人物，林彪随即成为毛泽东最提防的人。

1969 年是中苏关系极其紧张对立的一年。那一年春天，在中国东部边界，苏联远东发生了中苏边防军之间的"珍宝岛战役"。中苏关系陷入敌对状况。一度传出苏联要对中国发起核战争打击。世界上两个最大的社会主义国家，五十年代曾经的同志加兄弟的两个国家，六十年代末成为了不共戴天的死敌。

借助中国与苏联的敌对形势，1969 年十月林彪发出"林副主席第一号号令"。向全国全军发出备战通知。一时间中国国内形势紧张，国内军民处于备战状况。

毛泽东事先不知道林彪的备战号令。毛泽东对林彪的作为立即产生怀疑。备战一贯是毛泽东采取的巩固他权力的手段。林彪在没有得到毛泽东的同意下发出备战号令是什么居心？

林彪的"一号备战号令"离九大闭幕仅仅半年时间。林彪刚刚成为中共党内第二号人物。林彪的作为让毛泽东对他开始防备。

1970 年 8 月毛泽东在江西省庐山主持召开中共九届二中全会。又称第三次庐山会议。最初的会议内容是讨论修改中国的宪法，其中涉及讨论设立中国国家主席的事宜。

会议由林彪作大会报告。林彪作了吹捧毛泽东是"天才"的报告。林彪根据他以往的经验，他觉得毛泽东喜欢听吹捧。

林彪在 1966 年文革开始时，就吹捧毛泽东为"天才"。林彪曾经说："毛主席的话一句顶一万句"。林彪靠吹捧毛泽东而得到毛泽东的青睐。毛泽东利用林彪的吹捧，把自己抬高到神一样的地位。

因此在林彪的报告中，林彪继续吹捧毛泽东是："世界几百年，中国几千年才出现一个的天才"。林彪的报告中建议中国宪法重新设立国家主席。林彪在暗示推举毛泽东继续担任国家主席。自从打倒刘少奇后，中国国家主席位置一直空缺着。

在林彪报告的第二天，陈伯达发表讲话，支持林彪的"天才"论的发言。陈伯达也想吹捧毛泽东。因为他也认为吹捧毛泽东可以得到毛泽东的欢心。陈伯达还收集了很多历史名人称赞"天才"的资料。并指责中共党内有人反对称毛泽东是"天才"。

但是，令林彪和陈伯达没有预料到的是，全会上他们对毛泽东的吹捧却引来毛泽东的暴怒！

此时林彪和陈伯达不知道的是，防备着林彪的毛泽东又怀疑林彪有野心。因为林彪没有事先与毛泽东商量中国宪法设立国家主席一事。毛泽东曾经表示中国不再设立国家主席。此时毛泽东怀疑林彪建议重新设立国家主席，是林彪自己想当国家主席。

因此毛泽东也反感陈伯达，反感陈伯达作了支持林彪"天才论"的发言。

按理说毛泽东很了解陈伯达，因为陈伯达做了他三十多年的秘书。毛泽东应该知道陈伯达吹捧他是想得到他的欢心。

毛泽东在接下来的会议上，突然矛头对准陈伯达，发表了"我的一点意见"的讲话。严厉谴责陈伯达有关"天才"的言论是对其搞突然袭击，是阴谋家野心家。毛泽东指责陈伯达的发言是："采取突然袭击，煽风点火，唯恐天下不乱，大有炸平庐山，停止地球转动之势"！

明明毛泽东怀疑林彪有野心，为什么毛泽东批判的是陈伯达而不是林彪？这就是毛泽东的行事风格。批判陈伯达是敲山震虎，警告林彪。也许因为林彪刚刚被他选为中共副主席、接班人，他那时还不能把怀疑林彪是野心家的话说出来，因此毛泽东选择牺牲他的忠实信徒陈伯达。

可怜的陈伯达，为了讨好毛泽东，跟着林彪吹捧毛泽东，却被毛泽东当成了他对付林彪的替罪羊。

陈伯达，这位毛泽东的大秘书、文革前三年的中央文革领导小组组长，曾经负责编辑"毛泽东选集"的主要成员，文革运动中毛泽东的政治打手，九大后的中共第四号人物，积极跟随毛泽东，而在毛泽东为了警告林彪时被毛泽东抛弃了。

毛泽东在接下来的会议上发起"批陈整风运动"。

"批陈整风运动"开始后，陈伯达就被关进北京秦城监狱。从中共第四号人物瞬间变成了罪犯。

此事看出：毛泽东对他个人的权力和权威保持高度警觉。

而批陈整风运动深深震撼到林彪。毛泽东批判陈伯达使林彪预感自己的前途不妙。据说在庐山会议上，当毛泽东对陈伯达大发雷霆时，林彪在一旁吓得魂不守舍！

林彪对毛泽东非常了解，他的后半生一直在揣摩毛泽东，这也是为什么他一直在吹捧毛泽东。但是九届二中全会上对毛泽东的吹捧，却引起毛泽东的暴怒，是林彪始料不及的。

庐山会议后，毛泽东已经在考虑如何除掉林彪。几个月后毛泽东在接见外宾时说到，他对"四个伟大"很反感。毛泽东指示中央办公厅，将他反对"四个伟大"的讲话，印成文件下发全党全国。

"四个伟大"是林彪吹捧毛泽东而提出的口号。林彪在 1966 年就提出毛泽东是"伟大领袖、伟大导师、伟大统帅、伟大舵手"。

文革中，中共报刊杂志每天都在宣传"四个伟大"，造反派大会小会天天都在呼喊"四个伟大"的口号。毛泽东一直听得很舒服，而此时却说对此他很反感，毛泽东说自己"不伟大"。毛泽东的话使林彪感到不知所措。

1971 年中，毛泽东开始巡游南方，找各地中共负责人谈话，反复问各地领导人："中央出了修正主义，你们怎么办？"，"有人看到我年纪老了，快上天了，他们急于想当主席，要分裂党，急于夺权"，"林彪那个讲话，没有同我商量，也没有给我看"，"我看他们的地下活动，突然袭击是有组织、有计划、有纲领的。纲领就是'天才'和要当国家主席。"

毛泽东的南巡讲话把斗争矛头直接指向林彪。

毛泽东还要求中共中央办公厅把他的南巡讲话印成文件，发给全党全军。毛泽东就是要让林彪知道他要对他采取行动了。

林彪在毛泽东如此高压之下，于 1971 年 9 月 13 日凌晨乘飞机出逃国外。据说是要逃往苏联。半途飞机出事，致使林彪摔死在蒙古国。而此时毛泽东刚刚乘专列火车回到北京。

林彪选择逃亡苏联也很耐人寻味。因为一年半前他发出的"林副主席一号号令"，要求全中国备战，就是为了防止苏联的侵略。而他逃亡方向又选择的是苏联，说明他的"一号号令"的确另有含义。

这位毛泽东钦定的接班人，靠吹捧毛泽东起家，又因为吹捧过头，引起毛泽东怀疑他篡权，而被毛泽东轻易地清除了。

接下来毛泽东并没有收手，而是成立了审查林彪专案组，清除了所有的所谓的林彪余党黄永胜、吴法宪、李作鹏……等等军队首领和一大批军队干部。并且在中国开展了规模宏大的"批林批孔"运动。

批判林彪，带上批判孔夫子，让人感到十分荒谬。起因于林彪卧室墙上有孔夫子的字幅："克己复礼，为此为大"。因此两千年前的中国文坛圣人孔夫子也被毛泽东批判上了！有点滑稽！

那几年，中国上层的毛泽东一门心思在想办法打倒林彪。对中国底层社会的事务没有干预太多。1969 年后，中国各级的革命委员会普遍建立起来了。中国通过前三年的文革运动，已经导致中国城市混乱不堪，百业荒废。中共上层要求各地省市革命委员会恢复工厂生产，学校开学。提出了"抓革命促生产""复课闹革命"等口号。

而实际情况是工厂的厂长们被作为走资派打倒了，工厂工程师被作为反动技术权威被批判了。工厂由工人造反派组成的革命委员会领导，因此工厂生产那时普遍处于混乱状态。

在教育领域，那时各地学校里的大部分老师校长都被打倒了，有相当一批老师与学生一样被下放去了农村。学校由附近工厂派出的工人宣传队接管，或者由军队派出的军管组管理。因此学校实际还是处于停课状态。复课闹革命只是让少数留校学生和大量新招收进学校的新生回到学校。每天早上的广播体操变成了跳忠字舞，向毛泽东表忠心。文化课学习变成政治学习

我的回忆录回忆了我当时从学校分配去煤矿工作的经历。

我看到作为当时江苏省革委会主任的许世友"抓生产"只办一件事："大力开发江南煤田"！我目睹了许世友是如何盲目指挥的荒唐行为，在几乎没有煤的南京附近"计划"开采出煤来。因为他向毛泽东保证过南京有煤。因此南京招募了几万人，浪费了若干亿人民币资金，动用了一部分军队工程兵部队一起挖煤。挖那个不存在的煤。结果是除了浪费毫无收获。

江苏省经济管理如此混乱，其他省也许也一样。这就是文革运动的"革命路线"给中国社会经济带来的影响。

当时的中国对外关系方面却发生了一件大事。1969 年中苏"珍宝岛战役"后，中苏关系处于敌对状态。毛泽东有意寻找对抗苏联的办法。

1971 年毛泽东通过中美两国乒乓球队的接触，向美国政府传递了建立中美联系的信息。

此时的美国方面，当时的美国总统尼克松也在寻找对付以苏联为首的社会主义阵营的突破口。美国方面接获中国的信息后，时任国家安全顾问的基辛格秘密前往中国与中国总理周恩来会面，实现了1972 年尼克松总统访华。

毛泽东、周恩来与尼克松、基辛格握手言和。两个国家，社会主义中国与资本主义美国因为共同的对付苏联的利益而走到一起。结束了自从新中国成立后，二十多年的两国隔绝敌对状态。

中美言和也说明毛泽东等中共领导人反对美国，反对资本主义，

实际上是中共为了维护中共政权的一套政治手段。也反映毛泽东等中共领导人对资本主义并不了解。毛泽东等人没有经历过资本主义社会，对现代民主社会没有认知。

在思想领域毛泽东把不吹捧他的人都归纳为资产阶级和修正主义。也说明他对资本主义的无知。

毛泽东与美国总统尼克松会面也许是那个年代他做的少数正确的事情。对后来历史发生中美建交有一定的帮助。

1973 年中，中共召开十大。中共十大召开是为了处理林彪的后续问题。毛泽东突然提议年轻的上海造反派王洪文为中共中央副主席。有年轻人当他的副手、接班人，他的权位不会有人觊觎了。此时他已经八十一岁了，还在想办法保住自己的权位。

十大后，毛泽东又突然恢复了邓小平的工作，让其担任国务院副总理，主持国家的日常事务工作，因为此时周恩来总理癌症病重，没有人管理国家的日常事务工作了。

毛泽东重新启用邓小平，是因为邓小平多次给毛泽东写信作自我检讨。可能毛泽东认为邓小平已经臣服于他了。

毛泽东恢复邓小平的工作，也说明之前他批判邓小平为中国最大走资派形同儿戏。毛泽东想打倒谁就打倒谁，想用谁他随时又可以启用谁。完全凭他个人的想法意志办事。

1973 年中国的教育界发生这样一件事值得一提：那年六月底，中国大学在停课了七年后恢复了高考。从下农村插队的中学生中招收新生。被农民推举上大学的辽宁插队中学生张铁生考试时交了白卷，一道题也不会做。当时写了一封信，表示在农村辛苦劳动五年，早已忘记了中学所学的知识。

有人把张铁生的信发表在中共内部刊物"大参考"上。毛泽东看到此信后，对张铁生交白卷表示支持。毛泽东说："我历来反对用一张考卷，就判定一个青年是否有真才实学的考试办法"。毛泽东的话就是圣旨。大学立即取消入学考试。张铁生成为"交白卷英雄"被保送进了大学。从那以后到毛泽东去世，中国大学新生由农村和城市的基层革命委员会保送入学，不用考试。因此当时大学对招收的学生没有了文化知识的要求。那时大学有水平的老师教授几乎都在文革中被打倒，也没有足够的师资教学。因此那时的大学生几乎是混日子混文凭。

从 1966 年算起到 1973 年，文革运动让中国所有大学停课七年。1973 年后大学用革命委员会保送的方法恢复招生仍然影响大学教学质量数年时间。直到 1977 年在邓小平主导下中国大学恢复高考招生，中国大学的教学才重新恢复正常。

顺便提一句，后来的中共大领导习近平，因为文革运动没有上过中学，仅仅小学毕业，又在农村体力劳动了七年。1975 年由农村保送进了北京清华大学化工系。习近平是没有学过任何化学课程的小学生，他在大学四年时间的学习成绩会怎样，读者自己脑补了。习近平毕业后开后门进了中央军委办公厅当秘书，他后来的工作与他的学业无关。

1973 年底，毛泽东对中国军队进行了一次"八大司令员调动"。是当时中国政治上的一件大事。所谓"八大司令员调动"，就是把司令员们相互对调到另一个军区担任相同职务。

当时中国人民解放军在全国分为十大军区。每个军区的部队驻扎在相应的几个省份。如南京军区的部队驻扎在江苏省、安徽省、浙江省、福建省和上海市。因此军区司令员的权力很大。

文革运动后，军区司令员、副司令员又兼任各省的革命委员会主任。如南京军区司令员许世友兼任江苏省革委会主任，统管了江苏省所有当地政府的事务。因此权力更大。

林彪事件后，毛泽东对军队产生严重不信任。除了他认为林彪等一帮军队干部背叛他外，他对各大军区司令员在当地的胡作非为也有所耳闻。如南京军区司令员许世友在兼任江苏省革委会主任期间，私下发起的"清查 5.16 反革命"运动。毛泽东对该运动就不清楚。因此毛泽东对许世友已经产生怀疑。

当时江苏省和南京市有二十多万人被当成"5.16 反革命"分子

而清查，几万人被逮捕关押。有几千人受不了非人的折磨而自杀。

我回忆录中提到我父亲被许世友关押了 3 年半时间。关押我父亲没有任何理由，只是因为许世友要逼供我父亲说出彭冲也是"5.16反革命"组织成员。以便他清洗彭冲。

许世友学着毛泽东清洗他身边的人，弄出一个莫须有的"5.16反革命集团"，加以清洗。许世友除了想搞掉彭冲，他也趁机将造反派头头文风来迫害至死。因为文风来文革中抄了他的家。许世友是一个睚眦必报的人。

毛泽东对许世友迫害文风来有所耳闻。文风来是毛泽东接见过的造反派。毛泽东也在关注文风来。毛泽东并不相信文风来是反对他的人。许世友在文革中向毛泽东磕头下跪，被毛泽东认为是他的人。但是毛泽东也不喜欢他的人背着他私下作任何事情。于是毛泽东将这些司令员们相互调动到其它军区担任司令员。限制了这些司令员们的部分权力。而没有追查这些司令员在当地胡作非为的责任。被调动后的司令员不再兼任地方革委会的职务。

许世友离开南京军区，去了广州军区任司令员。江苏省的清查"5.16反革命"运动就此结束。

江苏省在许世友掌权下搞了几年清查"5.16反革命运动"。而毛泽东很长一段时间都不知情。说明毛泽东主要关注他身边对他权力有威胁的人，对中国社会层面发生的事情他并不在意。

1976 年 1 月 8 日总理周恩来病逝。此时担任副总理的邓小平主持国务院工作。

周恩来病逝带来了一场风波。周恩来火化时，北京城万民空巷，民众纷纷集聚在长安街两旁，为周恩来的灵柩车队送行。

不久四月五号清明节，是中国纪念亡灵的传统节日。民众又自发聚集在天安门广场的人民英雄纪念碑旁悼念周恩来。不少民众写了悼念的诗词，贴在了人民英雄纪念碑周围的栏杆上。全国各地都有纪念周恩来的各种活动。

民众对周恩来的悼念引起毛泽东和其夫人江青的不满，随即宣布 4 月 5 日去天安门写诗词悼念周恩来的活动为"四五天安门反革命事件"。凡是写了悼念诗词的民众，被作为反革命分子而逮捕。

全国各地随即开展了追查"四五天安门反革命事件"参与人的运动。各地革命委员会开始逮捕写过诗词的民众。

追查"四五天安门反革命事件"运动再一次让民众看清楚毛泽东口中的反革命是什么含义。

不久多疑的毛泽东再次将邓小平打倒。任命晚一辈的华国锋为总理，代替邓小平主持国务院工作。

华国锋同时被任命为中共中央第一副主席。地位仅次于毛泽东他本人。此时毛泽东的身体每况日下，也许毛泽东预感他来日无多，他需要一个他认为是忠于他的人，在他去世后仍然会维护他的声誉。

也许毛泽东担心他的夫人江青在他去世后斗不过邓小平。也许他担心邓小平在他身后会否定文革运动。总之邓小平被作为走资派再次被毛泽东打倒。

邓小平的罪名是"右倾翻案"。尽管邓小平一直在向毛泽东做检讨，表示忠心，没有做过任何违背毛泽东意愿的事情。而毛泽东将邓小平恢复生产认定为"右倾翻案"，可能连他自己都认为不妥。虽然罪名牵强附会，但是全国仍然开展批判邓小平的"右倾翻案风"运动。中国部分城市又有造反派借机批判邓小平开始冲击当地政府机构。批斗当地的革命委员会官员。社会一度又乱了起来。

此时毛泽东夫人江青强行推行清查"反革命诗词"运动和"反击右倾翻案风"运动。又提出"批林批孔批周公"运动。周公即周恩来。周恩来去世后被江青批判，也反映出毛泽东对周恩来的态度。

那一年七月底，中国唐山地区发生了 7.8 级大地震，地震中死伤了几十万人，唐山市夷为平地。地震波及京津唐大面积地区。全国老百姓人心惶惶，连远在一千多公里外的江苏省民众都搭起防震棚。在如此自然灾害的情况下，毛泽东夫人江青坚持开展"反击右倾翻案风"运动，江青此时有句名言："不管东震西震，不能影响批邓！"

1976 年 9 月 9 日，毛泽东在江青闹哄哄的"批周公""批邓"

运动中走到了生命的尽头。此时中国社会的经济已经摇摇欲坠了。

文革运动后七年凸显出毛泽东为了维护他个人权力已经到了荒谬的地步。他怀疑他身边所有人在觊觎他的权力。他已经把中国看成是他个人的物品，他像一个独裁的皇帝一样清除了他身边所有他认为对他权力有威胁的人。临死还抱住权力不放。

毛泽东最后的年代证明了他是一个极端的个人主义者。文革运动中他所做的一切都是为了维护他个人的权力。

历史让我看清楚：毛泽东的继续革命的理论，他的无产阶级与资产阶级的斗争理论等等都是他为其权力斗争而找到的借口。因为他的斗争对象是他的同志，是与他同为一个集团的人。是与他站在同一立场的人。

文革运动的历史也让我清楚地看到，文革运动中发生的一切大事件都是毛泽东主导的。因为毛泽东是文革运动的"舵手"！是那个掌控一切的人。

我认为文革运动很值得中国人民深入研究。这会有益于中国的社会进步。

研究文革运动首先要研究文革的起因。应该追溯到 1956 年的"中国农业发展纲要 40 条"。追溯到 1958 年的大跃进运动。追溯到 1959 年庐山会议毛泽东错误地对彭德怀的批判。应该研究是什么原因导致大跃进运动，人民公社运动的失败。研究六十年代初中国三年大饥荒，饿死大批农民的真正原因。研究 1962 年中共 7000 人大会的发起原因。研究四清运动的来由。顺着这一思路才能找到毛泽东发动文革运动的动因。才能看清文革运动十年所发生的奇奇怪怪的事情的原因。

如果人们再深入想一想，文革运动的根本起因还在于中共的中央集权的独裁体制。这样一个极权体制给毛泽东一个舞台，让其有充分的权力发起文革运动，导致中国社会十年的动乱。

中国国内由于种种政治原因没有人敢于认真总结毛泽东时代的这段历史。但是历史总会有后人去总结的。

第 21 章

建国后毛泽东执政 27 年有那些值得回顾的重要问题

建国后到毛泽东去世，中国一直在毛泽东的独裁统治下。毛泽东所推行的政策主宰着中国的政治和经济。

这段历史可以清晰的分为几段不同重点的历史发展时段。1956 年前是中共建立政权巩固政权的时期。1956 年至 1959 年是中共在毛泽东主导下尝试社会主义公有制计划经济的历史。1960 年至 1962 年的中国悲惨年代是对毛泽东推行社会主义公有制经济失败的印证。1962 年至 1965 年，是毛泽东在社会主义经济失败后企图逃避责任，以及维护其权力的历史。1966 年至 1976 年是毛泽东为了其个人权力而发动文革运动的历史。那段历史毛泽东清洗了他身边的几乎所有原中共高层人物。

以上这些历史阶段我都以历史事实作了回顾和总结。

毛泽东时代的历史带给中国人民有哪些值得重点回顾的问题，我尝试归纳如下，个别问题可能与前面文章中有重复：

1. 建国后中国社会的发展方向错了

建国后的中国，中国各阶层的民众盼望建立一个自由民主的国家。一个包容的社会。一个迅速发展中国经济的工业化社会。

但是中共没有建立一个各阶层包容的社会，没有建立一个自由民主的社会。中国没有选择私有制市场经济形式的工业化经济发展道路。而是建立了一个一党专政的集权统治的政权。建立了一个由少数人控制的社会。选择了社会主义公有制形式的生产方式。

中国建国后从一开始社会的发展方向就错了！

二战后，是世界各国向工业化社会发展的最佳时期，是建设现代民主社会的最佳时期。

中国一开始就错过了最好的经济发展途径和最好的社会发展的时期。

这与毛泽东思想意识中建设什么样的国家有关。与中国共产党的思想意识有关。与中共一党专政有关。

当然中共如果不建立一个一党专政的国家政权就不成为共产党了。中共的国家政权由共产党的性质所决定。

客观上建国时中国社会处于极其贫困的状态，中国社会没有经历过工业革命时期。民众中民主意识薄弱。贫穷的社会、民主意识薄弱的社会容易被强权政治所控制。

新中国政权又是毛泽东率领解放军通过战争而夺取的。强大的武装力量夺取的政权形成军事专政的权力结构是最容易的。毛泽东作为解放军的统帅成为中央集权体制的领导者是容易产生的结果。而形成民主政体倒是不容易的事情。况且毛泽东本人也没有民主的意识。

2. 马克思主义的阶级斗争和无产阶级专政理论对中国政权建立有重要影响

一个现代民主国家维护社会公平和正义靠的是民主基础上的法治体制。

而马克思主义的国家治理宣扬的是通过阶级斗争实施无产阶级专政。

在马克思主义影响下，中共运用马克思主义理论，在中国农村进行了土地改革运动，人为的划分了农民的阶级成份。让一部分人压迫另外一部分人。在城市开展镇压反革命运动，工商业社会主义改造运动。实行了一部分人对另一部分人专政。

中国从此在一个较长的历史时期，失去了社会和睦。虽然中共只是镇压了社会中少部分人，但是大部分人民同样失去了自由、公平和民主。因为每个人都随时可能成为那种被镇压的少数人。中国社会成为在中共统治下的不民主、不平等的社会。

导致中国走向歧途的主要原因之一，是马克思的阶级斗争理论对中共的影响。毛泽东为首的中共领导人对阶级斗争乐于运用。而且毛泽东发展了阶级斗争理论，把一切人际斗争都视为阶级斗争。

从建国初期，到文革运动结束，毛泽东持续以阶级斗争为纲领发动他主导的一次又一次运动。实际上他是利用人们之间的相互斗争来控制中国社会。毛泽东指挥着人们之间的斗争，他以他的权力控制全局。而斗争的各方臣服于他，对他顶礼膜拜！

现实社会中，阶级斗争只能造成社会的分裂，造成一部分人仇视另一部分人。阶级斗争会影响社会的和谐和经济发展。在实现现代工业化经济的过程中，必须反对阶级斗争。用社会法制体制来消除各阶层人民之间的矛盾。阶级斗争只能会破坏现代化工业生产。破坏民主公平的社会。

要建设富裕的社会经济，中共在毛泽东时代没有认识到和谐社会才能发展好社会生产。

毛泽东没有认识到社会必须靠法制体制治理。而不是实行无产阶级专政。

3. 毛泽东建立了一个封建的中央集权的统治体制，一个独裁的铁腕政权

建立中国政权除了有马克思主义的无产阶级专政理论的影响，毛泽东头脑中的封建帝王意识占据了主导地位。

毛泽东建立的中国中央集权政权体系的架构与中国清朝的官宦体系架构类似。是一种从上而下的，上一极统治下一级的统治体系。该统治体系的结构比清朝封建官僚体系更严密。因此对老百姓的控制更严密。

在建立政权的过程中，毛泽东像封建皇帝一样采用铁腕手段镇

压反对者。中国建国初期的镇压反革命运动，毛泽东自比秦始皇屠杀知识分子，说自己比秦始皇更厉害，屠杀了更多的知识分子。

毛泽东镇压反革命的铁腕手段实际上是在中国社会清除了民主的意识。接着进行的反右派运动，老百姓连说真话的权力也没有了。

毛泽东是以封建君主的铁腕手段统治中国社会。从那以后中国老百姓在铁腕政权的统治下只能俯首帖耳的顺从中共的统治而活着。

毛泽东建立的这种封建极权统治的政权延续到今天。中共对老百姓的言论控制也延续到今天。严重阻碍中国社会走上现代民主化的道路。

这种极权统治体制是造成中国不民主的根源。这种极权统治体制阻碍中国社会向现代民主社会发展。

4. 毛泽东的独裁统治是造成中国一系列历史悲剧事件的主要原因之一

中国从 1956 年巩固新中国政权后，1958 年所发生的社会主义建设大跃进、大炼钢铁、人民公社运动，都是毛泽东一手主导的。由于他听不得任何人对他主导的事务的批评，1959 年他批判了反映问题的彭德怀，把彭德怀等人打成反党集团。毛泽东此举压制了一切可能纠正错误的人和机会，导致 1960 年后中国农村三年的大饥荒、饿死人，城市百业凋零的人间悲剧，造成不可挽回的局面。

1966 年后毛泽东发起文革运动。在他为了其权力而清除刘少奇、林彪等等他身边人的过程中，造成中国各级政府瘫痪，大批干部被批斗，学校停课，大批精英知识分子遭受迫害，工厂停工，百业凋零，几千万学生和老师下放农村落户，…等等延续十年的社会动乱。追溯原因都源于毛泽东的独裁统治。

毛泽东的独裁统治是造成中国一系列历史悲剧事件的主要原因。

5. 毛泽东的独裁统治来源于其极端个人主义意识

毛泽东独裁统治的所作所为与他的极端个人主义的意识有关。以至于毛泽东的后半生如此恋权，至死抓住个人权力不放，像皇帝一样独揽大权。毛泽东所做的一切以维护他个人的权力权威为目的。

为了个人权力毛泽东对其战友同志无情打击，将其身边的老一辈同志战友不惜迫害致死。毛泽东泯灭人性的做法也是其极端个人主义的体现。

毛泽东个人也无任何社会道德观念可言，生活糜烂。人们所知道他晚年身边有几个年轻女人供他享乐。起码我认识其中的陈惠民，是与我们家有密切关系的人。毛泽东任意玩弄女人，这与他所宣扬的共产党的道德观念背道而驰。也说明他根本不相信他本人所宣扬的那一套革命道理。他是一个极端利己主义者。

一个社会在一个极端个人主义者的统治下，不仅没有民主可言，也不可能有利于社会大众利益。因为极端个人主义者，在其个人统治期间，其作为只会有利于其个人利益，而罔顾社会大众的利益。

6. 毛泽东建立的中共极权统治体系是毛泽东实施其个人独裁的基础

毛泽东建立的中共极权统治体系使得毛泽东可以为所欲为地实施其个人独裁统治。因为这个体系赋予毛泽东无限权力。毛泽东掌控中共组织人事大权，中共所有重要人物都由他任命。毛泽东掌控中共军事大权，只有他才能调动军队和警卫部队、安全部队。毛泽东动动嘴就可以立即把任何人送进监狱。

中央极权的宝塔型统治体系使毛泽东个人可以通过这种体系像皇帝一样发号施令，可以通过体系内的组织手段，清除他不满意的任何人，从而建立起他个人的帝国。为所欲为地统治中国这个庞大的国家。

对中国社会，中共极权的政权体系形成人治的司法体系。该人治的司法体系可以任意镇压社会上任何不同声音的人。各级中共领导人都可以把不同意见的人或者民众以反革命的罪名，关进监狱或从肉体上消灭。

毛泽东创办的中共极权统治体系是毛泽东独裁统治的平台。

7. 上级任命下级的中共组织人事体系是造成毛泽东时代中国历史悲剧的另一个主要原因

中国农村 1960 年春天开始的大饥荒的直接原因是中共政府稻谷粮食征收部门强制征收了农村生产队农民的全部粮食造成的。而强制征收农民粮食又是因为中共县级官员吹嘘当地谷物粮食高亩产导致的。

中共县级政府官员为什么虚报稻米谷物高亩产？是因为这些官员企图迎合他们上级领导的意图。而他们的上级又想取得毛泽东的欢心。中共官员队伍中有一批像毛泽东那样好大喜功的干部。

在中共庞大的宝塔型的官员体系中，吹牛拍马的成员往往容易得到上级的重用。久而久之，在中共政府中形成风气。这种吹牛拍马风气的根源是最高领导人毛泽东欣赏吹捧他的人。

中共政府中吹牛拍马的官员已经泯灭了人性，这些官员对上吹捧献媚，对下级人员，对老百姓则是残酷无情的压迫打击。这些官员的目的就是赢得上级的青睐，使自己得到提拔。而对下极对老百姓的无情压迫则表现的像毛泽东一样凸显自己的权力和威信。这些人在中共党内大有人在。这些人都是极端个人主义者。

文革运动期间毛泽东周围充斥着这样的人，如林彪、陈伯达、戚本禹等等一大批对毛泽东吹牛拍马的人。这些人利用文革运动，为了博得毛泽东的好感，无情攻击中共其他干部，成为毛泽东的打手。这些人每人都有自己的个人目的。最后又被毛泽东一一抛弃，一一打倒。毛泽东只有他自己的个人目的。

中共的组织人事体系造就了一批为个人目的奋斗的人。一些像毛泽东一样的人，为了个人的权力欺上瞒下胡作非为。如像江苏省革委会主任许世友，文革中为了取得毛泽东对他的好感，他对毛泽东磕头下跪，摇尾乞怜。而对他的同事和下属，则像毛泽东一样发起清查"5.16 反革命"运动。逮捕他的下属，清洗他的同事，迫害那些他不喜欢的人。

中共党组织是一个大而复杂的组织体系。组织人事体系中由上而下的人事任命体系造就了各种为了升官发财而吹牛拍马欺上瞒下的人。这些人追求的是个人利益。这些人是造成历史悲剧的直接责任人。

8. 马克思的社会主义公有制经济模式阻碍社会经济发展

从 1956 年中共发布"中国农业发展纲要"，到 1958 年大炼钢铁运动，人民公社运动"，中共遵循的是马克思的社会主义公有制经济模式。这种经济模式造成了那个时期中国工农业经济的失败。中国那段时期的经济失败不仅证明社会主义公有制计划经济的弊端，也证明了公有制的人民公社体制的缺陷。

可惜毛泽东拒绝承认那段时间社会主义公有制计划经济的失败。更不愿意总结那段时间中国经济失败的原因。而是采用粉饰太平的方法、逃避责任的方法掩盖那段历史。致使在他活着的时候中共始终坚持社会主义公有制经济模式。马克思的社会主义公有制经济模式是造成那段时间中国经济发展不起来的另一个主要原因。

毛泽东执政时期中国社会主义公有制经济实践的失败历史，也反过来证明了马克思的社会主义理论是错误的。

9. 国家关闭自守与西方工业化国家为敌不可能发展现代工业化经济

毛泽东时代中国经济建设是关闭自守的。中国的国门是紧闭的，与外界是隔断的，与世界没有交流。国门关闭的原因是中共的政权与世界其他主要国家长期处于敌对的状态。

建国后中共与美国日本等西方国家一直处于敌对状态。五十年代发生韩战，中共把美国视为头号敌人。在中共的宣传中，美国是帝国主义国家，对其他国家进行武力侵略。1972 年尼克松访华，中共缓和了与美国的敌对关系，但是没有从本质上认为美国不是敌人。中美缓和紧张关系是毛泽东的策略，毛泽东始终认为敌人的敌人可以加以利用。

毛泽东时代中共与世界工业革命后代表社会进步的西方民主国家为敌，关闭国门，中国怎么可能建成工业化国家？

中共与其邻国苏联，1960 年前是朋友，1960 年后成为敌人，六十年代末已经成为不共戴天的仇敌。社会主义阵营中与苏联站在一边的越南，也从朋友变成敌人。

台湾海峡对岸的国民党政权一直是毛泽东企图消灭的敌人。1958 年中共还发起了金门岛炮战。毛泽东生前一直准备武装夺取台湾。

中共与大部分其他周边国家，如印度等，也一直处于敌对状态。

因此在毛泽东执政时期，中国老百姓听到的是，中国国境线以外都是敌对势力，要防范境外敌对势力对中国的侵犯。中国是在面对国外敌对势力实行国门关闭。

关闭自守使中共干部们和社会上的民众无人知晓外部世界的情况，也失去了获取其他国家工农业生产知识的来源。民众连现代工业化的知识都没有，怎么有可能建设现代工业化社会？

社会上的民众处于一种愚昧无知的状态中，在中共的政治口号下进行经济建设，如井底之蛙，看不到前景。

尤其是在文革运动期间，在关闭的中国社会，毛泽东控制的中央文革小组，开动宣传机器，舆论一边倒。每天在宣传毛泽东的伟大，而进行经济建设却成为了资产阶级反革命路线的产物。

毛泽东利用极权体制，轻易地实行中国全面的关闭，导致那个年代中国落后于全世界的经济发展。

10. 毛泽东时代中共的宣传是愚民教育，控制了社会思潮，影响了中国社会民众的正常思考能力，降低了中国社会民众的智商

毛泽东时代中共一党控制和宣传实际是全面的愚民政策。土改运动，镇压反革命运动，反右派运动，不仅镇压了一大批人，其中大部分是无辜的人，包含有头脑的知识分子，更主要的是控制了中国社会民众的思想。中共宣传马克思主义的阶级斗争理论，使得中国社会民众产生"仇恨思维"，对被定为地主富农和反革命分子的人产生仇恨。毛泽东六十年代发动的文革运动，同样用阶级斗争来引导民众的思想，使得中共大批官员和一大批社会有识人士遭到莫名其妙的迫害。

在长期的中共宣传下，在中共把马克思主义理论写进中小学和大学的教科书中的情况下，带来中国社会的思维认知偏差。

马克思的阶级斗争是一种煽动"仇恨思维"的学术，是将社会人性"自我"利己思维中对他人的仇恨煽动起来，激发民众平白无故地去仇恨那些与自己并不相认识的人。

中共长期的阶级斗争宣传教育引导中国部分民众仇恨富人。部分思维简单的民众认为自己的贫穷是别人的剥削带来的。也使部分民众认为中国社会的落后是西方工业化国家造成的。长期的马克思主义教育使民众仇恨资本家的意识深深烙印在他们的思维中。

迄今中国有相当一部分民众无法理解中国在毛泽东时代社会经济落后是中国社会主义公有制的原因。无法理解公有制经济阻碍社会经济的发展。不认同私有经济是促进经济发展的最佳方式

迄今中国仍然有很多人无法理解资本家是智力劳动者，是社会财富的创造者。

仇恨思维影响到中国社会民众的正常思维认知。阻碍了相当一

部分中国民众的智力发展。

仇恨思维拉低了中国民众的智商，带来对财富，对富有人群的社会偏见。仇富思维在中国社会很普遍。也带来对西方民主国家的偏见。无缘无故仇恨美国等西方民主国家。

在毛泽东执政期间，中共关闭国门，封锁一切外部世界的消息。中共宣传部门对引导社会思潮起到重要作用。

毛泽东时代中共统治带来的另外一个社会现象是，毛泽东的极权统治和中共政权的封建等级制，使得中国社会民众形成攀权附势的趋势。谁权大谁官位高，谁的话就是圣旨。低层人不得反驳。这也带来社会的愚昧。

最高领袖毛泽东说："只有社会主义才能救中国"。民众就只能相信，社会不能有其他的声音。中国民众普遍失去正常辨别是非的能力。

谎言的重复就是真理。在中共的反复宣传下，当时中国大部分民众已经认为共产主义能够实现，中共所做的一切都是正确的。虽然中国老百姓生活艰难，却误以为自己过着幸福生活。误以为世界其他国家、美国欧洲的老百姓受着资本家的残酷压迫，过着悲惨的生活。

尽管六十年代初中国经济崩溃，民不聊生，但是老百姓完全不知道生活困难的原因来自何处！尤其是在文革运动中，中共宣传功能发挥的淋漓尽致，民众跟着毛泽东的指挥棒起舞。毛泽东利用宣传舆论工具控制着全党全国人民。

毛泽东时代的愚民教育依然影响到今天的中国，中共的极权统治和政治宣传工具依然控制着中国社会。如在中共的宣传下，中国民众对西方社会的认知依然敌对，中国内部民众无法辨别是非，无法对中国以外的社会有一个正确的评价。

中共阻断外部世界的媒体和网络在中国传播。在国内只有中共审查过的媒体才可以发声，这就引导民众偏离了正确认知。如当前的俄乌战争，明明是俄国在普京主导下向乌克兰发动战争，是侵略行为，是普京沙俄帝国思想的体现，却得到中国很多民众的支持。这是因为中国民众受中共宣传的影响，得到的信息不对称，而对俄乌战争的是非产生错误偏差。

在中共的长期宣传下，中国社会充满了对人类社会错误的认知。

11. 用运动的方式进行社会治理和经济建设是一种错误的社会行为方式

毛泽东时代充满了各种政治运动。毛泽东惯于用政治运动的方式推行其政策。搞经济建设同样用发动群众运动来进行。

用群众运动的方式推行国家政策是与法治的国家治理相违背的方式。

法治的方法规定社会行为，制定每个人遵守的社会规则，是现代民主社会国家的社会治理方法。建立社会法律。通过法律体系维护社会人的行为规范。宪法的基础是公平公正对待社会上的每个人、每件事。民众发生违法行为受到公正的处罚。

人们按照宪法规则进行社会活动，和经济活动。社会有规可循，稳步发展。

而用运动的方式进行政治治理和经济建设，是一种任意的人治行为，将社会规则搁置在一边，或者根本无视法律作用，以主观意志推动某一事件发展。人与人之间在运动中处于不公平的地位。运动中往往一种现象掩盖另一种现象，运动中出现错误也得不到纠正。

政治运动在治理社会问题时，往往是一部分人压迫另一部份人。社会失去公平公正。经济运动在经济建设中，只能带来生产混乱，造成种种问题。

12. 毛泽东时代那段历史证明国家不能任由某个人长期执政

毛泽东自建国后，一直执政到他去世，历经 27 年。建国初十年的政治经济上政策错误不断，造成中国社会极度不平等，社会经济发展上产生严重问题。后十七年时间，特别是文革运动又把中国社会带入全面混乱。

中国社会经济失败得不到改正。10 年文革运动造成社会倒退无法避免，是由于毛泽东长期执政的结果。是毛泽东长期霸占着中共最高权力位置造成的。如果中国当时有国家领导人任期轮换制，会避免毛泽东长期执政的许多错误。如十年文革动乱也许不会发生。

后续的领导人通常不会重蹈前任的错误。如果中国当时有领导人更替机制，中国社会也不至于受到如此摧残。或许有人会纠正毛泽东的政策错误。

毛泽东个人长期执政是中共执政体系的主要弊端。其个人所犯的错误得不到纠正。

中国要进入现代化工业社会，最起码要有中共领导人个人任期时间限制，而且每届任期时间不能过长。任期制是一种对执政领导人纠错的机制。

当然民主的定期民选政府负责人是最好的社会机制。普选出的政府负责人才能代表民意，才能执政为民众服务。如果普选出的政府负责人不能忠于为民服务的职守，民众有权选出新的政府负责人。

民选的政府才是人民的政府。才是可以进行社会纠错的政府。

以上我从 12 个方面阐述了我对毛泽东执政时代主要问题的认知。中共政府在那个时期所犯的错误远远不止以上这些。需要有专门的历史学者加以研究。

第五部分

分析总结邓小平如何取得中共最高权力、以及后邓小平时期中国经济高速增长的根本原因

第 22 章

后毛泽东时代，华国锋的短期执政为邓小平上台提供了机会。1976 年 10 月—1978 年 12 月

毛泽东身后华国锋执政时期，我称之为后毛泽东时代，是因为毛泽东对华国锋的执政有着巨大影响。

1976 年 10 月 6 日，在毛泽东去世不到一个月，当时主持中共中央工作的中共第一副主席华国锋联手老元帅叶剑英、中办主任汪东兴等二人，一举将毛泽东夫人江青等人逮捕，关进监狱。

与江青同时被逮捕的有毛泽东文革运动中的御用文人张春桥、姚文元，毛泽东亲手提拔的中共年轻的副主席、来自上海的造反派王洪文等。以上这些人都是毛泽东去世前的中共中央政治局常委，这四人在当时的中共中央政治局常委中占多数，是当时掌握中共大权的人。是所谓毛泽东革命路线上的人。被逮捕的这四个人被戏称为"四人帮"。

华国锋联合叶剑英、汪东兴逮捕江青等人是一场成功的政变。因为江青等四人在当时中共中央政治局常委中占多数，后来被关押 18 年后释放的姚文元透露，毛泽东生前曾经留遗嘱：他死后江青担任国家主席。华国锋趁江青没有掌权之前逮捕了江青。

华国锋能够成功发动政变，原因简单：江青等人没有军权。中共的军权当时在叶剑英手中，警卫部队掌握在汪东兴手中。也是因为江青自恃是毛泽东夫人，可能江青认为别人不敢动她。江青大意了！

华国锋在毛泽东去世短短几天后立即逮捕四人帮显然是他为了保住他的权力。四人帮占中共中央政治局常委中的多数，随时可以把他搞下台。

　　毛泽东生前提拔华国锋，是因为他身边的老一辈中共领导人都被他打倒了。毛泽东显然惧怕他死后有人会推翻他主导的文革运动。他显然担心他去世后他努力的一切遭到清算。毛泽东寄希望于华国锋能忠于他，能与他夫人江青共事，一同保护他的名望。这是毛泽东生前最后一次谋算。

　　毛泽东生前没有预料到，他所信赖的华国锋，会立即把他夫人江青等四人逮捕。华国锋逮捕四人帮显然违反毛泽东的遗愿。

　　华国锋逮捕四人帮说明了毛泽东生前权力再大也管不了他身后的事。

　　四人帮被抓捕，得到全中国上上下下的拥护，所有在文革运动中受过打击的人，都有这样的感觉：那就是毛泽东十年来的政治迫害运动终于结束了。大家都有一种重新解放的感觉。四人帮被抓捕得到广泛的拥护，也说明毛泽东搞文革运动，受到中国绝大多数人的反对。人们把对文革运动的不满发泄到四人帮身上。

　　历史让我们看到，谋算中的华国锋虽然政变成功，却也不敢清算毛泽东，不敢涉及讨论毛泽东发起文革运动的错误。为了保住他自己的权力地位，此时华国锋开始了自相矛盾的行为：一方面组织审判"四人帮"，另一方面主持建立"毛泽东纪念堂"，树立华国锋忠于毛泽东的形象。

　　华国锋为了巩固其执政，他选择了维护毛泽东的权威。因此在他的安排下，中共随即公开审判"四人帮"。把毛泽东在文革中的所作所为推卸到四人帮身上，说成是江青等人策划的阴谋。华国锋似乎忘记了毛泽东是文革运动的"舵手"。华国锋故意忘记了从打倒"彭罗陆杨"开始，从毛泽东发表"我的第一张打字报"开始，毛泽东无时不刻在掌控整个文革运动的进程。华国锋故意忽视了江青等人的活动都是在听从毛泽东的指挥。

　　华国锋保住了毛泽东的威信。华国锋以为他保住了毛泽东的威信就保住了他自己的执政地位，实际上他没有预料到后来发生的事情。

　　华国锋为了表达其忠于毛泽东，1977 年二月他发表了"两个凡事"的讲话。华国锋说："凡是毛主席作出的决策，我们都坚决维护，凡是毛主席的指示，我们都始终不渝地遵循"。并把他的讲话在中共的报刊上发表。

　　而另一方面，1977 年 4 月份华国锋重新启用被毛泽东两次打倒的邓小平。并赋予其重要职务：国务院副总理，解放军总参谋长。华国锋的实际行为与他声称的"两个凡是"完全不一致。

　　此时华国锋还解放了一批被毛泽东打倒的中共老干部。重新启用了其中一些老干部。

　　1977 年 7 月，在中共十届三中全会上，华国锋接受了叶剑英的建议，让邓小平担任中共中央军委副主席。邓小平名正言顺地得到控制中国军队的大权。

　　华国锋把中共的军权交给了邓小平。不经意间也把自己的前途交给了邓小平。为邓小平后来扳倒他提供了机会。

　　可以看出华国锋不是一个对其个人权力老谋深算的人。在维护个人权力方面像一只雏鸟，在权力斗争的天空把自己的软肋暴露给了窥视其权力的人。

　　在华国锋重新启用的一批干部中，有两个人值得提及：一个是原共青团中央书记胡耀邦，由于敢讲真话惹怒毛泽东，文革中被毛泽东打倒。华国锋重新任命胡耀邦为中共中央党校副校长，另一个是赵紫阳，原四川省委书记，华国锋提拔他为中共中央政治局候补委员。这两人与邓小平关系密切，在后来邓小平扳倒华国锋的会议上发挥了重要作用。

　　在 8 月的中共十一大上，华国锋宣布文革运动结束。结束了毛泽东推行的文革运动政策。

　　十一大后，华国锋撤销了毛泽东建立的"革命委员会"权力机构。恢复了中共各级党委和中国各级政府。重新将中共党与政府的权力分开。恢复了中国各级党委和政府中大部分原先干部的工作，使干部们重新回到工作岗位。

　　华国锋做了不少对恢复社会正常运转有利的事情。当然也是对稳固中共政权有利的事情。

　　中共各级党委和政府恢复后，中共老干部们重新掌握权力，原革命委员会中的军队干部全部回到军队，原革委会中的造反派成员遭到清洗。中共各级党委和政府追究造反派在文革运动中犯下的打砸抢罪行，将造反派头头们关进监狱。

　　如江苏省撤销了省革命委员会，恢复了中共江苏省委和省政府。那时许家屯接替彭冲担任了江苏省委书记，我父亲成为省委副书记。原省革委会常委中的造反派曾邦元等人被关进监狱。

　　华国锋执政后，全国各地各级政府恢复城市的工业生产，恢复了城市社会的正常生活。农村中农民按土地包产到户，农民们实行了单干。人民公社名存实亡。

　　中国那时的经济状况得到了改善，农副产品的供应丰富起来。

　　1978 年作为当时中共第二号人物的邓小平着重抓了教育领域的整顿。尤其是大学重新恢复高考。改变了毛泽东在 1973 年废除高考，保送工农兵学员上大学的方式。大学教学开始恢复正常。

　　邓小平在全国教育领域的整顿得到华国锋的支持。

　　我个人对这段历史记忆犹新，因为我也有幸在那时考入大学学习。算下来文革耽误了我超过十二年继续学习的时间。十多年来我阅历了人间冷暖，经历了人间大学。

　　华国锋执政时还做了各种有益于中国社会的事情，这里不一一道来。

　　以上都是华国锋在毛泽东去世后不久所做的。华国锋的行为实际上是否定毛泽东的文革运动。也否定了他自己所说的"两个凡是"。

　　华国锋是毛泽东去世前被毛泽东突然提拔起来的。相比于毛泽东邓小平等建国后的中共老一辈领导人，华国锋属于晚一辈的中共领导人。华国锋显露出对毛泽东邓小平等老一辈中共领导人的畏惧心理。他不是一个强势的中共领导人。

　　邓小平并没有感谢华国锋恢复他的工作，对华国锋实际否定毛泽东的文革运动的做法也没有表示出任何赞赏。邓小平掌握中国军队大权之后，随即产生了扳倒华国锋的决心。

　　华国锋的"两个凡是"，对邓小平来说是不可接受的。"两个凡是"阻碍了对毛泽东执政年代历史错误的纠正，阻碍了对受到毛泽东错误打击的中共老干部的平反。如果华国锋按照他自己的两个凡是行事，邓小平也不能被恢复工作。邓小平抓住了华国锋的失误，从"两个凡是"的说法入手，开始了他的有计划的扳倒华国锋的行动。

　　1978 年春，南京大学的胡福明老师发表了一篇文章："实践是检验真理的唯一标准"。

　　五月中，胡耀邦将该文章刊登在中央党校的刊物上，不久又刊登在光明日报上。

　　邓小平大加称赞这篇文章，于 7 月在军队的高层会议上宣扬"实践是检验真理的唯一标准"这一观念。不久全国范围内开始对"真理标准"的讨论。"实践是检验真理的唯一标准"成了邓小平思想。从那时候起邓小平开始了他扳倒华国锋的谋划。

　　邓小平的谋划需要有人配合他，他需要有人在中共的最高层会议上发表批驳华国锋"两个凡是"的讲话，发表推举邓小平成为中共最高领导人的建议。邓小平首先想到的配合他的人是彭冲。彭冲当时已经被华国锋提拔为中共中央政治局委员，在中央政治局处理日常事务。

　　彭冲在毛泽东去世后得到华国锋重用，从江苏调上海处理上海的四人帮余党。后被华国锋调入中共中央，处理中共的日常事务工作。彭冲本人对华国锋显然是尊重的。

　　1978 年 8 月下旬，邓小平访问朝鲜，邀请彭冲一同访问。在访问朝鲜途中私下与彭冲谈话，让他在中共最高层会议上配合他，出面批驳华国锋"两个凡是"的错误。而彭冲当时没有立即表态为邓小平发言，也许是出于他对华国锋的尊重。因此失去了邓小平对他的信任。

　　但是彭冲回北京后保持了沉默，也没有向华国锋泄漏邓小平找他谈话的内容。

　　以上情节在我回忆录中有更详细的描述。

　　华国锋对邓小平私下针对他的活动茫然无知，还在忙于他的日常工作。那时他在推进中国建设"四个现代化"的方案。华国锋对权力政治斗争不敏感。

　　1978 年 11 月华国锋主持召开中共中央工作会议。会议的议题是讨论中国的经济工作，推进中国实现"四个现代化"的进程。四个现代化指工业、农业、科技、国防现代化。

　　此时中共最高领导层是：华国锋担任中共中央主席，军委主席，邓小平担任中共中央副主席、军委副主席。陈云、叶剑英担任中共中央副主席。

　　此时邓小平是中共党内第二号人物。陈云、叶剑英是支持邓小平的中共元老级人物。

　　中央工作会议召开后，胡耀邦、赵紫阳在会议上突然发表了批驳华国锋"两个凡是"的讲话。中共元老级副主席陈云发表了讲话。他严厉批判华国锋没有对 1959 年毛泽东制造的彭德怀冤案平反，没有对纪念周恩来的"四五天安门事件"作出平反。陈云还列举了若干其他毛泽东造成的冤假错案。严厉指出华国锋的"两个凡是"阻碍了对毛泽东错误的纠正。陈云批评华国锋的建设四个现代化的提法幼稚不现实。陈云沉长的讲话得到参加会议人员的共鸣。纷纷发言表示支持。

　　华国锋没有预料到，他所主持的会议突然变成了批评他的会议。他没有任何思想准备，没有任何应对策略。在众多重量级人物的批评下，华国锋承受不了巨大压力。华国锋做了自我检讨，承认了他的"两个凡是"的错误。承认了他没有为彭德怀、陶铸，等等毛泽东造成的冤假错案平反。没有对"四五天安门事件"平反。是他工作的失误。

　　邓小平掌握了会议的主动权，在邓小平的主导下，华国锋最终同意逐步退出中共领导岗位。

中央工作会议结束不久，12 月，邓小平建议立即召开中共十一届三中全会。在三中全会上，华国锋向中共全体中央委员作了检讨。三中全会明确了中共中央由邓小平领导，华国锋逐步退出领导岗位。从此邓小平成为了中共党内一号人物！

邓小平在十一届三中全会否定了毛泽东的"以阶级斗争为纲"和"无产阶级专政下的继续革命理论"。开始了他的治理中国的政策。可以说邓小平时代从那一刻开始了。

中共十一届三中全会成为邓小平和平政变上台的会议。从此邓小平成为了中共政坛幕后的一号人物，在中国开创了邓小平新时代。一个划时代的邓小平时代。

我的认为：邓小平从 1978 年 6 月份就开始了他扳倒华国锋的谋划。邓小平六月在军内宣传"实践是检验真理的唯一标准" 时就开始作扳倒华国锋的舆论准备。八月份邓小平邀请彭冲与他一起访问朝鲜，是让他与彭冲的谈话能够在绝密环境中进行。胡耀邦、赵紫阳、陈云在中央工作会议上突然发言批评华国锋，显然也是邓小平事先精心策划好的对华国锋的突然袭击。邓小平成功的实现了他的夺权上台！

邓小平能够轻松让华国锋下台，还因为中共内部几乎所有人都认为毛泽东的文革运动是错误的。邓小平顺应了大环境，顺应了中共党内对毛泽东不满的思潮。

邓小平的政变是一次和平的进程，华国锋实际权力丧失后，他的职务被逐步取消。1980 年 9 月，华国锋不再兼任国务院总理职务。1981 年 6 月，在党的十一届六中全会上，华国锋辞去中共中央主席、中央军委主席职务，1982 年六月后华国锋彻底退休，回家休息。

协助邓小平上台的胡耀邦、赵紫阳、陈云不久相续分别担任了中共中央总书记、国务院总理和中央纪律委员会书记。当然幕后老板是邓小平。

邓小平也没有为难彭冲，只是让他退出了中共中央政治局，担任了人大常委会副主任的挂名职务。

华国锋的执政是暂短的，是毛泽东时代转向邓小平时代的一个中转过渡时期。

我对这个过渡时期的看法是：华国锋保住了毛泽东在中共党内的声望。把人人都意识到的毛泽东的文革的错误转嫁给了四人帮。

华国锋把打倒刘少奇邓小平，清除林彪等等毛泽东的错误都归纳成四人帮的罪行，实际上是说不通的。四人帮在中共内部相对刘少奇邓小平林彪等人来说都是小人物，他们没有权力能打倒那些大人物。能打倒那些中共大人物的只有毛泽东本人。

文革运动整个过程是清晰的，前三年是毛泽东用群众运动的方法打倒刘少奇邓小平等人，后七年是清除林彪以及一批军队干部，以及让邓小平第二次下台。而毛泽东所做的一切都基于维护他个人的权力。

由于华国锋的掩饰，中国失去了一次总结建国后历史错误的机会。华国锋没有智慧，也没有胆量去思考涉及马克思主义的问题和毛泽东所犯错误的问题。

邓小平通过十一届三中全会将华国锋赶下台。但是邓小平在对待毛泽东的态度上，没有全面否定。他只是提出对毛泽东所打倒干部的平反。邓小平也没有对中国那段历史进行总结。邓小平也没有对社会主义道路是否存在问题进行分析，没有对毛泽东的错误分析原因。

华国锋和邓小平都在维护中共政权的合法性和权威，都在掩盖毛泽东的错误，为的是维护中共的政权，为的是维护自己的权力和地位。

不言而喻，维护毛泽东的权威，是为了保住中共的执政大权。批判了毛泽东，中共执政的地位也将不保。

为什么今天的我可以总结分析出毛泽东时代的错误，而当时的中国深受其害的人，反而没有能认识到这些呢？

因为在那个年代，中国对外关闭，把西方工业化社会视为敌人，中共人士对西方国家抱有敌对的心态。中国国内对外部世界的新闻封锁，使中共干部缺少对西方民主社会的认知。没有正确的认知怎么能够辨别毛泽东时代的错误？

还有一点是，建国后的镇压反革命运动，反右派运动和文革运动早已经将不同认知的人消灭了镇压了。

中共内部思想保守，无法正确分析自身的错误，是多年宣传中共自身伟大的产物，是中共长期以来镇压了所有不同意见人士的产物。是中共多年封锁新闻、闭关自守的产物。是中共长期在马克思主义思想禁锢下的产物。

今天的中国也有类似的情况，我在本文中的观点中国国内也会有不少人会不赞同，因为他们从小受到的是共产党的教育。他们在中国所得到的信息不对称，他们缺乏对现代西方工业化社会的认知，缺乏对民主社会的认知。

第 23 章

改变毛泽东的执政方式，寻找中国经济发展出路，

邓小平时代第一个十年改革开放回顾

——1979 年至 1989 年

  邓小平通过 1978 年 12 月底的中共十一届三中全会成为了中共的第一号人物。邓小平在会议上发表了"解放思想，实事求是，团结一致向前看"的讲话。其讲话突出的重点是中国的经济发展是中共今后的工作方向。

  邓小平掌握权力后，改变了毛泽东的执政方式。邓小平的做法与毛泽东紧紧抓住个人权力的做法完全不一样。他所做的是调整中共的权力结构。用一种权力制度的方式形成中国最高层的稳定政权形式。邓小平时代的特点是，他始终没有站在前台担任中国政府的任何职务，而是在幕后指挥。他却是中共政权的实际掌权人。

  邓小平通过和平政变让华国锋失去权力后，他本人担任中共中央军事委员会主席，将中国的军队牢牢掌握在他的手中。所以他并不担心华国锋会有不愿意放弃权力的想法。他安排华国锋逐步离开中共和国家政府领导岗位。使政权过渡平稳。

  随着华国锋退出国家权力中心，邓小平启用胡耀邦担任中共中央总书记，启用赵紫阳担任国务院总理。形成了"邓胡赵"三人分工的三驾马车形式的权力结构，邓小平幕后稳定中国政治经济大局，胡耀邦负责中共党内的一切事务，赵紫阳管理政府的一切事务。党政分开，各行其责。邓小平自己不再干预胡耀邦和赵紫阳的日常具体工作。

邓小平形成了他独特的稳定的的最高政权形式。邓小平充分发挥了中共其他领导成员的领导作用。邓小平改变了毛泽东党政一把抓，个人独抱权力的独裁局面。邓小平的领导方式与毛泽东完全个人独裁的方式有明显区别。

1980 年二月，邓小平主持召开中共十一届五中全会为刘少奇彻底平反。刘少奇的平反等同于实际全面否定了毛泽东的文革运动和中共的九大。但是为了中共的政权，邓小平并没有对毛泽东追究任何责任，而是像华国锋一样，把毛泽东文革中的错误推到了"四人帮"和林彪身上。林彪与"四人帮"一道被继续批判。对于林彪出逃事件和受林彪事件牵连的军队干部，邓小平延续了毛泽东时期的结论。关押在监狱里的因林彪事件所牵连的军队干部被继续服刑。

邓小平成为中共一号人物后，在治理国家方面他强调依法治国，注重完善国家法律的作用。他启用专业法律人员制定法律。并形成制定法律必须通过全国人大常委会批准的程序。但是由于法律是在中共中央领导下制订和实施，法律保留了中共的特权，因此是不公平不完整的治理国家的法律。也留下法律可以被中共最高领导人个人修改的漏洞。

邓小平吸取毛泽东个人长期执政带来的种种弊病，通过制定国家法律，废除了中国国家领导人任期终身制。在国家法律中规定了国家领导人的任期制。规定国家主席任期每届五年，任期不超过两届。并制定了中国的退休制度。其中规定 68 岁以上的领导人不再当选国家主席。

1982 年中共十二大上，邓小平废除中共中央主席职务，由中共中央总书记取而代之。他主导成立了中共中央顾问委员会。他本人担任中顾委主任。中顾委行使监督中共党和政府的各项工作。确立了他本人从幕后监督党和国家政府运转的权力方式。

中共十二大后，中国政府重新设立国家主席职位。邓小平本人遵守领导人任期制改革，因其年事已高没有担任国家主席。八十年代中国的国家主席分别是李先念和杨尚昆。由于真正掌权的邓小平不是国家主席，因此当时的国家主席成为了名誉职务。国家主席不干预中共党内的日常事务和政府国务院的工作。加上邓小平终止了毛泽东的"阶级斗争和继续革命"的党内斗争做法，八十年代大部分时期是中共党内和睦、政权稳定的时期。

邓小平改变的中国政权结构和依法治国，同样贯彻于中国的各级政府。如江苏省委与省政府那时职权分开各行其责。省长的权力大了。省委不再插手省政府的日常事务。江苏省同样成立了省顾问委员会，那时我父亲担任了省顾委副主任，监督省委和省政府的工作。后来邓小平撤销中顾委后，江苏省也撤销了省顾委。

在中央层面，中共党组织在胡耀邦总书记的领导下，着重平反了毛泽东时期的各种冤假错案。胡耀邦几乎平反了所有历次政治运动中被打倒的中共干部和知识分子，给他们恢复工作，补发工资，重新安排工作。去世的人被恢复名誉。如被毛泽东建国早期打倒的高岗，饶漱石，五十年代末受彭德怀反党集团牵连的人，文革中被打倒的各类人士和受刘少奇牵连的人士。胡耀邦还要求各级党委对广大的被打成反党分子、右派分子、反革命分子…等等各种人士中的冤假错案平反。但是除了"四人帮"和林彪事件所牵连的军队干部和文革后被关押的造反派之外。

胡耀邦从事实上否定了毛泽东的历次政治运动。但是胡耀邦没有提及任何毛泽东的错误，也在维护毛泽东的声誉。

胡耀邦维护毛泽东的声誉为的是维护中共的政权。

国家经济工作由国务院总理赵紫阳负责。赵紫阳遵从邓小平的"改革开放"的思路。推进中国的经济发展。那时中国经济发展还是在社会主义计划经济公有制体系的模式下进行。当时除了所试行的经济特区外，中国大陆所有的改革是在国家公有制体系内部进行。

由于中共内部对毛泽东时代的历史错误没有进行过总结分析，由于马克思主义是中共的鼻祖，中共内部无人敢于对马克思主义的对错进行讨论。因此在 1979 年至 1989 年的十年时间里，中国的公有制体系虽然在形式上进行了改革，但是社会主义计划经济模式没有变。也因为中共干部们接受了长期的马克思主义教育，头脑里固定的马克思主义思维方式一时无法消失。也因为中国没有经历过工业革命，中共干部们那时对资本主义处于无知状态，仍然带着马克思主义的有色眼镜看待私有经济。因此八十年代的改革开放没有触及改变公有制体系。

历史让我们看到，邓小平的改革开放发展经济，是为了巩固中共的执政。因为1979年邓小平上台不久就提出了"坚持四项基本原则"，即：必须坚持社会主义道路；必须坚持人民民主专政；必须坚持共产党的领导；必须坚持马列主义、毛泽东思想。

"坚持四项基本原则"的核心是维护中共的中央集权的统治政权在经济改革中不受影响。

为了发展经济，邓小平提出了"摸着石头过河"的思路。他用"不管白猫黑猫抓住老鼠就是好猫"的说法来比喻只要经济搞上去什么办法都可以尝试。邓小平时代的改革就是在这样的思路下开始的。

邓小平一边提出"坚持四项基本原则"，一边靠"摸着石头过河"的方法，开始了中国的改革开放发展经济。

那么那段时间，邓小平以及胡耀邦赵紫阳等中共领导成员和其他干部们在改革开放的思路下，摸着石头过河，做了那些引起中国社会变化的大事呢？

1. 化敌为友改变与美国为首的西方世界的关系

邓小平上台后的第一件事是改善与美国的关系。

邓小平在中共十一届三中全会获取权力几天后，1979年一月初中美建交。一月底邓小平就奔赴美国访问。

这是中共最高领导人第一次出访美国，也是第一次出访西方国家。这是一次破冰之旅。

长久以来，中共从马克思主义的思想意识形态出发，一直视美国为敌人。1972年美国总统尼克松访华，毛泽东为了对抗苏联，开始与美国交往。但是在思想意识领域没有改变视美国为敌人。邓小平执政后的访美，性质上是与美国化敌为友，不再视美国为敌人。

邓小平说："凡是和美国搞好关系的国家都富起来了"。邓小平是个现实主义者，他不坚持意识形态上对抗美国。他想与美国交朋友，让中国富起来。

邓小平访美回国后，即发动了对越南的战争。越南当时在社会主义阵营中选择站在苏联一边。中国对越不宣而战，其目的不仅是为了解救中国支持的柬埔寨政权，也是为了向美国表明：中国在美苏对抗中，站在美国一边。邓小平向美国人递了"投名状"。

就我个人认为，邓小平发动对越战争是不应该的。仅仅为了他个人的政治目的，就死伤了中越两国几十万无辜的年轻军人。是邓小平一生中的最不可原谅的错误之一。中越战争延续多年，带来中越两国相当长的时间内不友好。中共后来也没有对中越战争的对错进行总结。

如今的国际政治，任何主动发动对他国的战争都是错误的！都必须遭到世界各国的谴责！

在 1979 年前后，在邓小平的主导下，中国与日本签订了中日友好条约。中国也不再视战后的日本为敌人。中国与日本的经贸文化交流活动热烈起来。中日友好是那段时期两国交往的主旋律。

对于存在于中日之间的问题，邓小平采用搁置起来的方法处理。为中国经济发展争取到最好的国际环境。如邓小平处理中日关系时说："比如钓鱼岛问题、大陆架问题。这样的问题，现在不要牵进去，可以摆在一边，以后从容地讨论，我们这一代找不到办法，下一代、再下一代会找到办法解决。"

邓小平的处理中日关系的方法得到日方的认同。双方注重于友好交往。

邓小平非常清楚与美国日本等西方国家做朋友，密切交往，是中国现代化经济发展的先决条件。

八十年代中期前后，中国与美国、日本民间建立起密切的交往。

如南京市与美国圣路易斯市，与日本名古屋都建立了友好城市。南京市长和南京市政府和民间的代表团一次次访问美国、日本和欧洲。

那时的中国人民没有仇恨日本人、美国人，而是认为日本人美国人欧洲人都是中国人民的友好朋友。

2. 与台湾结束敌对状态

在毛泽东时代中国大陆与台湾一直处于敌对状态。毛泽东始终坚持要武力解放台湾。

1982 年，中共提出了实现两岸和平统一的九条建议，其中包括结束敌对行为，两岸通邮通商，两岸交流，台湾资本到大陆投资，…等等。

邓小平又以其大智慧，化解两岸的敌对关系为和平共处关系。

邓小平提出的一国两制的观念，否定了毛泽东对台湾的敌对观念。

从那以后大陆台湾的关系逐步友好起来。台湾的商人蜂拥至大陆投资。台湾商人在大陆赚的盆满钵满。大陆经济引进了台湾的私有制市场经济。大陆经济在台商的投资下得到实惠。

大陆人民与台湾人民的交往也非常密切。

3. 改善了与苏联的关系

与西方的和解，带动苏联改变对中国的态度。1982 年苏联当局一反常态，放弃与中国武装对立，开始拉拢中国，向中国示好，与中国恢复正常关系。

中国改变了对西方国家的态度，苏联反而来拉拢靠近，这是一个值得深思的现象！

这一现象反映邓小平靠拢美国的对外政策，是深思熟虑的一步，有利于中国的经济发展。

从那以后，中国处于与各国和解，与各国交流，发展工业化经济最好的时期。

4. 建立中国经济特区，试行资本主义私有制市场经济

邓小平对外关系的重点是打开国门，提出了对外开放的政策。

邓小平成为中共第一号人物后，提出了中国成立若干经济特区的政策。在中国沿海城市建立了十个以上的经济特区，建立出口贸易加工区。

尤其是与香港接壤的深圳特区，采用了独特的特区政策，成为最成功的经济特区。深圳的成功在于中共在深圳实行了私有制市场经济的政策。深圳与国内的公有制经济体系隔断，设立了海关隔离独立区域。在隔离区内实行外商投资工业企业的低关税和低所得税政策。给予外商投资企业低于 15%企业所得税和投资前几年的免税政策。因此吸引了大量港台企业和外商企业前往投资。也允许国内的企业和个人前往深圳投资做生意。享受同样的政策。深圳因此从一个小渔村迅速发展成为一个现代化大都市。

5. 在全国范围内实行政企分开的改革

八十年代政府和企业分割是中共公有制体系一次大的改革。

毛泽东时代政府和社会的企业都在一个大的同一的公有制体系内。邓小平最初的改革把政府与企业分割开来。把中国的公有制体系分成两部分。国家政府部分和独立的企业部分。但是改革并不彻底，政府部分依然包含了各种科研事业单位，文化教育单位等等。

国家政府部分包括了国家各级政府、军队、各种政府下属的事业单位。这部分形成一个国家财政负担的公有制体系。

企业部分，独立的工商企业自负盈亏，成为社会上独立的公有制单位。

政企分割后，中国各级政府行使社会主义计划经济的指导，工商企业在社会中按政府的计划指导独立经营。

如中国的民航业在那个年代从政府体制内分离出来。中国民航曾经属于中国政府的下属单位。由空军代为管理。从政府分离后，成

为公有制的航空公司，逐步成为独立经营的单位。又逐步分成国航、东航等航空企业。

但是铁路运输部门当时没有从国家公有制体系中分离出来。仍然是国家公有制体系中的一部分，铁路运输各部门仍然属于铁道部下属单位。

政企改革后，中国政府发布了一系列改革措施：

如工业企业实行利改税改革。企业不再像过去那样收支两条线。企业不再利润全部上交政府财政，不再开支由上级政府有关部门拨付。改为企业独立经营核算。按比例上交企业利得税。企业的盈利扣除税收后归企业所有。

又如，扩大工商企业经营自主权。工业企业可以按政府计划生产计划内的产品，也可以超额生产计划外的产品。计划内的产品销售价格按国家计划指导价格。超额生产的计划外产品可以向上浮动销售价格。

工业企业的物资材料实行两条线供应，计划内的物资材料按计划价格从指定单位得到供应。计划外工厂需要的额外物资材料按浮动价格自行采购，供应工厂的超额生产。

工业企业实行劳动工资改革，企业工人实行计件工资加奖金或者成绩效益工资加奖金。劳动与生产挂钩。多劳多得，调动工人的劳动积极性。

八十年代政企改革有一系列措施，这里不一一例举。

需要提及的是，政企分开后，企业的领导干部仍然属于国家政府干部队伍中的一员，随时可以调入政府部门工作。但是企业领导干部的工资由自负盈亏的企业承担。企业下层干部和工人则从国家公有制体系中分割，他们的工资由企业独立承担。企业有权自行招聘或者解雇工人。企业的下层干部和工人不再属于国家公有制体系内成员。

政企分开后，国家财政大大减少了财务负担。企业在独立经营下增强了活力。

政企分开后，中国城市工业经济得到一定的发展。虽然依然是社会主义公有制计划经济。

在银行业务方面，中国政府增加银行对工业企业的贷款。

1982 年中国成立国家投资银行，支持政府的各项投资项目。投资的钱是中央财政拨付的。

在国家投资银行以外，那时中国银行业只有工商银行，建设银行、农业银行、中国银行等四家银行。银行的业务基本都是为政府和企业单位服务的。政府和企业单位从银行领现金给干部和工人发工资。普通人很少有人在银行开户，普通人工资很少，也没有余钱到银行存款。老百姓汇款是到邮局办理。现金汇给外地的对方

也应该提及当时政企分离的改革并不彻底，中共各级组织和政府部门习惯于插手各个企业的事务。如工厂被政府上级管理部门管理。政府的其他部门，中共党组织的各个部门，也都根据自己的业务范围，插手管理工厂。比如党的组织部门负责工厂厂长的干部考察、和任命审批。党的宣传部门安排工厂的政治宣传活动，政府的工会策划工厂的工人活动、…。政府的各个部门都对工厂提出其部门的工作要求。

工厂被所有政府部门和中共党组织插手管理着。工厂厂长首先要应付所有上级管理部门的管理。而工厂生产却放到了次要的位置上。中共党组织和政府部门对工厂的管理实质上是对工厂生产的干扰。是中国公有制工业经济无法避免的弊病。

6. 改革开放促进中国工业经济的进步

在邓小平大力发展经济的政策推动下，八十年代中国各地的各级政府领导人注重当地的经济发展。政府干部们脑洞大开，提出各种发展工业项目的思路。中国各地新建了大量的国有和集体所有制工业企业。

如我所在南京市，就新成立了电视机厂、洗衣机厂，热水器厂，石油化工厂，…等等一批各种各样的工厂。有国有企业，有集体所有制企业。南京市政府的计划经济委员会下设了十三个主管各个工厂

的工业局。

市经济委员会的主任和各个工业局局长们开动脑筋争取国家的投资来组建新的工厂。

我的回忆录里，记录了我参与争取国家轻工部投资大型啤酒厂项目的经历。我与南京市轻工局的同事一起为南京争取到了一个国家投资的大型啤酒厂项目。

那时国家还鼓励所有工业企业进行生产设备改造，鼓励企业推出新产品，鼓励工厂购买新设备。每年国家经济委员会拨付专项资金和外汇额度用于工厂进口西方国家的先进生产设备。这是毛泽东时代从未发生过的事情。

当时我所主管的南京市经济委员会技术处是负责分配南京市技术改造资金和外汇额度的部门。每年我们处能够收到国家拨付的一千多万美元换汇额度和几亿元人民币的无息贷款计划资金。由我们处按计划分配给南京市所需资金的工厂用于购买国外先进生产设备。

引进设备的热潮也促使工厂的厂长和技术骨干们纷纷研究国外同行的先进技术和设备。厂长和工厂技术骨干因此也有机会去西方国家的工厂参观和采购设备。拓宽了他们的眼界，带来了中国工厂的技术进步。

工厂厂长们去国外参观交流，也促使了中国工厂的对外加工产品的出口业务。八十年代中国各地开始建立各行业的外贸进出口公司，促进了工业企业外贸出口业务。

7. 中国农村八十年代的进步和乡镇工业的出现

八十年代初中国撤销了人民公社，恢复乡镇政府，农民重新回到自然村生活。与解放初期不同的是，建国时农民分到了私有的土地，不久农民分到的土地归了国有，农民在人民公社集体劳动。八十年代是农民分了人民公社的国有土地，土地划分成小块，由农村的每户个体农民承包。土地名义上仍然是国家的土地。但是由农民个体承包经营。个体承包的土地成为农民的半私有财产。

成为土地个体承包人的农民，不仅耕种土地，还积极发展多种经营，养猪养羊，养家禽，养鱼，..等等各种农业生产。农村的经济比毛泽东时代好了很多。城市得到了相应的农副产品的供应。

改革后中国政府允许农民以集体的名义发展乡镇工业。从那以后农民有机会成为乡镇工业的职工。

乡镇工业发展迅速，成为中国城市工业的补充。开始与城市公有制工业企业争夺市场和原材料。带来了新的气象，也带来了新的问题。有的乡镇企业后来发展成为大中型的企业集团。

由于城市农村的经济发展，八十年代各地城市取消了凭票证供应粮食和商品。城市和乡村人民的生活得到了较大的改善。

我从以上七个方面归纳了邓小平时代第一个十年，"邓胡赵"政权为中国的经济发展和社会进步所作出的努力，和所取得的成就。可以说这段时间与毛泽东时代相比，中国社会在政治上和经济发展上都取得了巨大进步。起吗中国老百姓的生活在这十年里是建国后最好的一段时光。

但是在邓小平的"四个坚持"的原则下，中国经济发展没有根本性的突破。因为邓小平时代第一个十年的改革开放，从中国经济整体上来说，是在社会主义公有制计划经济的大框架中进行的。是属于公有制生产方式不变的一种改革。

在社会人性普遍存在"自我""自私"的基础之上，社会主义公有制经济不可能带来社会经济发展的突破。当时的中国并没有找到经济发展的出路。而是出现了诸多的问题。

例如，在追逐经济发展的同时，社会出现各种通过非法行为赚取金钱的方式。

深圳特区特殊的经济环境和地理位置，促使深圳的私有制市场经济发展，也使深圳成为当时最大的走私口岸。不法商贩通过深圳走私紧俏原材料和紧俏商品。如大量的内地工厂紧缺原材料从深圳走私进来。走私贩从中赚取巨大利润。如南京市电视机厂当时所需要的彩色显像管，很大一部分是从走私贩那里购买的走私货。这些日本显像管由走私贩从香港走私到深圳，再从深圳走私贩运到南京。

这是私有经济对国有企业的一种掠夺。而在改革开放政策的掩盖下，没有法律制裁这种不法行为。

福建沿岸城市也成为服装走私集散地。内地服装生产工厂那时还没有发展起来，来自台湾的新潮的服装，通过海上走私到福建。再从福建批发到内地。内地的服装销售个体户一下子多了起来。

又如，国有工厂原材料供应实施计划内计划外两条线供应。同一种材料有两种不同的价格，计划内的低价格和计划外浮动的高价格。不同的价格造就了一批投机倒把赚取差价的个体商贩。这些商贩通过行贿得到低价的计划内原材料，再高价倒卖给需要原材料的国有工厂或者乡镇企业。

八十年代后期，中央各个有权部门大办贸易企业也是当时的一股潮流。如当时的军队、国家安全部都办了私有性质的贸易企业，这些以个人赚取为目的企业利用军队和安全部的特殊权力倒卖紧俏原材料，从事倒卖投机生意赚取巨额利润。有少数特殊企业敢于从深圳或者从海上直接走私进口汽车等各种紧俏商品，以不法手段赚取大量金钱。其行为可以称之为无法无天。

改革开放带来的大量社会问题说明了中国公有制经济不适应社会经济的发展。也说明中共政权的社会法治极不健全。经济运行无法律规范，社会出现的问题无法律治理手段。社会问题的出现也与中共中央集权的政权有关。有权单位可以为所欲为。邓小平的改革开放也没有触碰中共集权的统治政权。邓小平"摸着石头过河"的经济发展模式模糊了发展经济与不法行为之间的界限。

到了 1987 年前后，由于中国经济对外交流的增加，国外优质商品开始逐步通过正规渠道和走私涌入中国国内市场。如日本的彩色电视机，全自动洗衣机涌入中国。中国工厂生产的黑白电视机和半自动洗衣机不再受欢迎。原先国内单一的以供应为主体的社会主义市场受到外国商品的冲击，导致的结果是某些产品落后的工厂开始经营困难，工厂破产开始发生。比如那时南京市的自行车厂、缝纫机厂那时已经经营不下去，相续破产。

这也是改革开放后带来了中国的市场竞争，中国社会主义公有制经济模式下的工厂适应不了市场竞争而出现的破产潮。

工厂破产对坚持社会主义道路的中国政府是一个全新的问题，那时政府也无法适应工厂破产带来的社会问题。

种种社会问题的积累导致了社会矛盾的增加。尤其是中国政府官员利用手中权力进行倒卖活动赚取金钱引起社会民众的极大不满。引发了1989年春天学生的民主抗议活动。学生的主要诉求是惩治官员贪腐。胡耀邦在当年四月去世。学生纪念胡耀邦也是学生发起民主运动的原因之一。因为胡耀邦曾经支持学生的诉求而被迫下台。邓小平批判胡耀邦支持学生诉求是放任"资产阶级自由化"。

最终邓小平以铁腕手段，调动军队进城镇压了在北京天安门广场静坐示威的学生，造成了震惊世界的"六四"天安门事件！。而赵紫阳因为反对邓小平调动军队镇压学生运动被邓小平解除职务，软禁起来。

一度主持中国政坛进行改革开放的"邓胡赵"政权模式终止于"六四"事件。

邓小平掌权后的十年相比于毛泽东时代，是中国社会取得巨大进步的时代。这十年的中国经济发展历史又暴露出社会主义公有制计划经济经不起资本主义市场经济的冲击。也暴露出中共一党专政必然会与社会民主思潮发生冲突。

八十年代对我个人来说，是我一生中经历最丰富的时期。我从大学毕业参加政府工作后，我的回忆录中记录了我在南京市计划经济委员会工作的经历。那段经历中我感悟最深的工作体会是：社会主义计划经济根本无法实施。在我担任南京市经委技术处处长那段时间里，在实施南京市技术改造工厂设备更新的计划中，我们处根本无法掌握全市几千家市属工厂和上万家区县属工厂的真实情况。下属工厂上报的计划中也充满了欺骗。因此计划是脱离实际的计划，是无法计划的计划。南京是这样，国家经济委员会编制整个国家的工业发展计划也同样是如此。我当时深感社会主义计划经济是一种脱离社会实际的闹剧。

另一个使我终身难忘的经历是，1985 年我参加了联合国在瑞典举办的工业企业质量管理学习班。那是我第一次出国，第一次观察到与社会主义中国不同的西方世界。在瑞典参观工业企业让我感受到当时的中国工业企业与西方国家的工业企业的巨大差距。让我思考为什么中国工厂与瑞典工厂有如此大的差距？让我开始思考社会主义公有制企业的问题。

在瑞典学习的三个月中，让我发现当时的中国是世界上经济最不发达的国家之一。在所有来自第三世界的二十多个学员中，我们三个中国学员的收入最低。当时我在南京市当处长的月收入是 110 元人民币，按当时汇率相当于 31 美元。我的收入在当时中国城市干部职工中算是中高收入。而当时瑞典失业工人的每月政府补助是 3300 克朗，相当于 660 美元。是我月工资的 20 倍以上。而当时普通瑞典工人的月收入是在 1 千美元以上，是我月工资的 30 倍以上。使我看到中国人的收入与西方世界老百姓收入的巨大差距。我也想到我的工资收入在中国依然能够生活是因为中国的低消费体系。

瑞典当时实行的是私有制市场经济下的高税收高福利政策。当时瑞典最低收入所得税是 45%，当时瑞典工人月工资约 1 万克朗，税后所得约 5500 克朗。而本国失业工人政府月补助 3300 克朗，再加上住房和其他生活补助，失业工人的生活与普通参加工作人的生活水平相差不大。这让我注意到瑞典本国有些人乐意闲散在家拿政府失业补贴而不去工作。而工厂的生产线上几乎都是国外来的打工者。我发现社会的人如果能够不劳而获地生活，人就失去劳动积极性，人就愿意躺平。从而让我悟出了社会人性中存在的懒惰成分。

瑞典的高税收高福利政策让我联想到很像中共宣传的共产主义社会按需分配的生活方式。这种现象使我产生好奇心。让我一直关注着瑞典的经济发展状态。后来我到美国后，我比较美国相对低于瑞典的税收和福利政策，发现美国社会比瑞典社会有高得多的社会活力。美国人充满了劳动积极性和创造性。使美国的经济发展一直处于世界的最高端。而瑞典却频频发生工厂破产的消息。我意识到，即使在私有制市场经济的社会经济模式下，国家的税收和福利政策也有一个"度"的问题。过高幅度的高税收高福利政策同样会阻碍社会经济的发展。

第 24 章

经济发展带来的社会进步必然会产生民主的诉求

——1989 年"六四"学生民主运动回顾

邓小平第一个十年社会经济得到改善，同时也暴露出中共有权力官员随着经济发展，滋生大量官倒腐败现象。中共的社会主义公有制并不能改变社会人性中普遍"自私"的思维意识，而是让"自私"官员有了捞取钱财的机会。

改革开放带来的中国社会进步解放了民众的思想，中国民众敢于讲话发表意见了。这与毛泽东时代人民思想被禁锢，民众不敢发表任何政治见解有明显的反差。民众思想活跃带来了民主的诉求，中共政权却不能适应。这就造成了社会民众与政府之间的冲突。

年轻学生是社会最敏感的群体，1989 年的"六四"学生运动是建国后第一次大规模的以民主为诉求的学生运动。

"6.4"事件二年多前，1986 年底，中国一些城市发生了学生民主运动。这是中国的改革开放带来民众思想解放的结果。思想敏感的大学生产生了要求民主的思潮。起因是位于安徽省合肥市的中国科学技术大学学生因不满合肥市西市区人大代表选举问题，抗议中共不遵守"新选举法"、违法干涉基层民主选举，联合合肥其他大学4,000 余名学生走上街头发起"要求进行民主选举"的游行。由此引发全国范围的第一次学潮。随后湖北、上海、江苏、浙江、黑龙江、北京等省市高校的数万名学生上街游行。

学潮引起中共党内上层发起思想领域的争执，那些长期没有发声的中共内部极左派人士开始质疑中国出现了资产阶级自由派思潮，影响到中共的政权稳定。极左派人士质疑学潮的出现，是因为中共总书记胡耀邦同情学生民主诉求的后果。

胡耀邦致力于为毛泽东时期受到政治迫害的人平反，早已引起中共内部极左派人士的不满。极左派人士是中共内部所谓的马克思主义正统派。这些人士抓住胡耀邦的支持言论自由的讲话为证据，向邓小平反映胡耀邦对学生运动的纵容，引起邓小平重提"坚持四个基本原则"。

历史让我们看到，巩固稳定中共政权是邓小平考虑问题的第一要素，无论怎样改革开放，也不能影响到中共的政权。邓小平对胡耀邦进行了严厉批评，胡耀邦被迫因 86 年底的学生运动，辞去中共中央总书记职务。

邓小平让赵紫阳接替胡耀邦担任中共总书记一职，自此曾经稳定的"邓胡赵"三驾马车的政权格局此时塌了一角。

胡耀邦因为学生运动被迫辞职，引起中国大学生对其的拥护和尊敬。

1989 年四月胡耀邦突然病逝，北京各大学学生为纪念胡耀邦聚集在天安门广场。聚集的学生由悼念胡耀邦转变成对中共政府抵制学生民主运动的不满，转变成对中国政府官员办公司倒卖物资贪污腐败行为的不满。学生们要求与中共领导人进行对话，提出诉求，要求中共解决中共官员倒卖物资贪污腐败的问题。

中共高层一开始没有人出面回应学生们的诉求。学生们开始在天安门广场日夜静坐示威。不久发展到绝食示威。全国各地的大学生和市民开始发起各种活动支持北京学生的静坐示威。后来当时的中国总理李鹏被迫接见学生代表，接见时不接受学生的诉求，与学生代表发生争执。

北京天安门广场学生的静坐示威惊动了邓小平。以稳固中共政权为第一要素的邓小平，调动军队驱赶清场在天安门广场静坐示威的学生。军队的坦克车和持枪的军人结队鸣枪驱赶学生，学生被迫撤退。不少学生死于军人的枪下。酿成震惊世界的中共镇压学生民主运动的"六四事件"。

赵紫阳因为不赞成邓小平调动军队，在"六四事件"中同情学生，被邓小平撤职，软禁关押起来。

自此"邓胡赵"三驾马车的中共政权结构模式终结。邓小平第一阶段的改革开放也因为"六四事件"而结束。

中共政治强人邓小平坚持认为他调动军队镇压学生是巩固中共政权的必要手段，是他必须做的事情。

"六四事件"中，北京和全国各地有百万人以上的民众同情和支持学生的民主运动。六月四号那天凌晨，在军队的清场行动中，在天安门广场和东西长安街，约有百名以上的学生和平民死于军队的枪下。有一千余名学生遭到逮捕。几十名学生领袖事件后逃亡海外。

"六四"事件说明了中共政权是接受不了任何民主诉求的独裁政权。

"六四事件"后，邓小平紧急选择江泽民担任中共中央总书记。他本人仍然担任中共中央军委主席。他仍然紧紧抓住中共的大权不放。

"六四事件"后，邓小平对中共党内进行了一年以上的清洗。凡是同情学生民主运动的中共官员，均冠以"资产阶级自由化"罪名加以清洗。中共口中所谓的"资产阶级自由化"，实际是对包容民主行为的一种说法。赵紫阳成为"资产阶级自由化"的代表人物而被撤职。因为他反对邓小平派军队镇压学生。因为他表现出对学生民主诉求的同情。与赵紫阳一起被清洗的还有一批人，有的被关进监狱，有的逃亡海外。我熟悉的原江苏省委书记、当时中共在香港的第一号人物许家屯，也因为与赵紫阳在六四事件中有牵连而逃亡美国。

因此很值得探讨 1989 年六四学生民主运动的成因，以及六四民主运动对中国社会进步的意义。

我认为"六四学生民主运动"不是偶然发生的。是十年的改革开放带来中国各方面的变化的综合因素相互影响的结果。

首先，改革开放十年中国经济确实得到了一定程度的发展。经济发展带来各地市场供应好转了。至少中国实行了二十多年的凭票证供应方法停止了。凭票买生活用品的时代过去了。社会上商品丰富。社会经济发展使民众的生活得到了改善。生活好转了的民众有了对社会公平正义的要求和期望。而此时社会却产生了很多不公平的现象。促使民众产生对政府解决不公平现象的要求。

一句话，民众生活好了就会有民主的要求。

其次，邓小平"不管白猫黑猫，抓住老鼠就是好猫"的说法，促进了经济发展，也混淆了发展经济与不法经商的界限。当时中国政府各部门都办起了公司。政府办公司有特权。尤其是军队办公司，国家安全部、公安部这些特权部门办公司，使一部分人迅速致富，引起社会公众的不满。

政府部门办的公司都是国有公司，却都是在为个人谋私利。经商倒卖物资，获取巨额利润中饱私囊。有的公司还走私商品，已经属于犯罪行为。民众和学生要求中央政府惩治贪污腐败的官员和终止犯罪行为是符合社会民众利益的正当诉求。

第三，改革开放到了 1987-1988 年，原来单一的社会主义公有制企业，由于其产品落后，经受不了商品市场竞争的冲击，开始出现破产倒闭的工厂。而政府对工厂倒闭束手无策，没有一套处理破产企业的社会机制。破产工厂的工人得不到社会帮助，生活困难。增加了社会失业工人对政府无能的不满。

第四，改革开放也解放了人们的思想。不仅学生们思想有了变化，中共领导干部的思想同样发生变化。如当时的总理赵紫阳曾经准备将深圳特区的自由开放的经济政策，扩大运用在海南岛。赵紫阳已经将海南岛提升为省级单位。他调深圳市委书记梁湘担任海南省长。并准备封岛，在海南岛进行资本主义市场经济的实验。当时在香港的许家屯，也发表了"重新学习资本主义"的讲话。

中共上层干部在改革开放的氛围下，在中国经济的发展过程中，也带来思想上的解放。促使有思想的人开始研究资本主义成功的经验。这也是为什么在"六四事件"中，赵紫阳与邓小平有完全不同的想法。

　　以上我罗列了改革开放带来了中国社会四个方面的变化。当然中国社会的变化远远不止这四个方面。中国社会的变化都对社会民众产生民主的意识发挥一定的作用。

　　综合以上分析，六四学生的民主诉求是改革开放后诸多社会变化共同作用而产生的结果。

　　"六四事件"中，学生的民主诉求能够得到社会民众的广泛支持代表了中国民众的民主觉醒。说明中国社会进步了。

　　我也注意到，六四学生的民主运动只是要求中共政权接受民主诉求，而不是要求改变中共政权。这说明中国社会民众那时对民主社会还处于陌生状态。即使敏感的学生那时也不知民主社会为何物。中国的民主仅仅处于萌芽状态。

　　即使处于民主萌芽状态的学生运动，也引起邓小平的恐惧，引起他毫不犹豫地以铁腕手段镇压学生运动。这也反映了邓小平在维护中共政权方面毫不动摇的立场。

　　邓小平在 1989 年"六四事件"中镇压学生运动，使我联想到1919 年那时中国的北洋军阀政府镇压"五四学生运动"的情景。当时的北洋政府是清朝遗留军阀的政府，是带有浓厚封建意识的政府。这也表明邓小平维护的中共政权是与北洋政府有相同之处，都是对民主运动充满恐惧，都是带有封建统治者意识的政府。

　　六四学生民主运动使我认识到，中国未来的民主社会是有希望实现的，当社会经济发展到一定程度的时候，当民众的民主意识觉醒的时候，中国社会是有可能成为现代民主社会的。

第 25 章

中国私有经济放开后出现工业经济迅速发展。

1990 年—1997 年邓小平的二次改革开放回顾

1989 年的六四天安门事件无疑使邓小平感受到了挫折。但是中国人民幸运的是，六四事件过去后，邓小平没有放弃改革开放，没有放弃发展中国经济。

邓小平没有放弃发展经济的政策，也许与 1991 年苏联的解体有关。

1991 年世界发生了重大事件，国际社会主义阵营的鼻祖，成立了七十多年的社会主义国家苏联解体了。苏共退出在俄国的执政，退出世界历史舞台。

苏联解体后，分解成俄国和乌克兰等 12 个东欧和亚洲国家。俄国成为非共产党国家，处于向民主社会的转型过程中。曾经强大的苏共领导的社会主义国家苏联消失了。曾经与西方世界对峙的苏联和东欧社会主义阵营从此消失了。

苏联的解体是由于苏联的社会主义经济遭受重挫。苏联长期的社会主义公有制经济使得苏联经济长期发展不起来，导致苏联民众生活困难，也导致了社会不稳定。

苏联解体也是由于当时的苏共总书记戈尔巴乔夫思想意识的转变，曾经奉行马克思主义的戈尔巴乔夫由于苏联的经济问题，滋生了社会民主主义思想，试图进行社会经济改革。他的改革引起苏共中央内部 1991 年 "8.19" 政变。政变导致戈尔巴乔夫放弃共产党执政，解散了苏共中央。不久他在多重政治压力下辞去苏联总统职务，导致苏联解散。

曾经与西方民主国家长期武力对抗的苏联，曾经把导弹运到古巴，以核武器威胁美国的苏联，曾经引起西方民主国家恐惧的苏联，突然自身解体了。对西方的威胁突然一时消失了。这对于世界来说是极其重大的事情。

对于苏联的解体，让我思考了两个值得深思的问题：

一是让我认识到：社会主义国家终归会消亡的。苏联的经历让世界看到了社会主义计划经济是一种无法稳步发展社会经济的生产模式。苏联的历史证明了，七十年的社会主义公有制计划经济没有带给苏联社会稳步的繁荣。尽管苏联幅员辽阔，资源丰富，但是苏联的社会主义公有制生产方式却使苏联经济失去发展的活力，导致民众生活在贫困之中，从而造成社会不稳定。

第二，苏联解体也让我看到，苏联是从内部瓦解的。苏联解体主要是由苏联内部的各种因素造成的。是因为其社会主义道路走不下去造成的。

而苏联在二战中表现是顽强的，战争中苏联军民打败了德国希特勒纳粹军队的疯狂进攻。二战后，苏联一度变得非常强大。苏联的二战经历让世界看到，外部严酷的战争可以让社会主义苏联变得强大。但是在全世界和平发展经济的时候，社会主义苏联却经济落后了，最终解体了。

苏联解体证明了这样一个事实：社会主义公有制经济在和平环境中一定失败！

可以推断：邓小平对苏联的瓦解感到震惊，他一定考虑到，中国的经济如果发展不起来，中共的政权也会像苏联一样垮台。因为邓小平说：中国"不搞改革开放，只有死路一条"。

1992 年 1 月底，邓小平到中国南方若干城市视察，发表了一系列讲话，重新鼓吹改革开放发展经济。被称为邓小平南巡讲话。

这次南巡，邓小平发表了他对如何发展中国经济最重要的观点："不争论"。不争论什么是社会主义什么是资本主义。邓小平说："改革开放迈不开步子，不敢闯，说来说去就是怕资本主义的东西多了，怕走资本主义道路。首先遇到的是意识形态上的障碍，最根本的是姓'社'还是姓'资'的问题"。邓小平说："不搞争论，是我的一个发明。不争论，是为了争取时间干。一争论就复杂了，把时间都争掉了，什么也干不成，不争论，大胆地试，大胆地闯。农村改革是如此，城市改革也应如此"。

邓小平的"不争论"，其实质含义是：只要发展经济，可以试行资本主义生产方式。

这就是邓小平二次改革开放的思路，在他的南巡讲话中，没有提"六四事件"，没有提"坚持四项基本原则"。没有提"批判资产阶级自由化"。而是重提发展中国经济，"不管白猫黑猫，抓住老鼠就是好猫"。

邓小平的不争论的说法实际上是抛弃了马克思主义对中共的思想束缚。

此时的邓小平还有另一个重要的特点是，邓小平老了，他不想过多干预中国的实际事务了。他放手了！他完全到幕后休息了。他对共产党的意识形态放手了。

中国第一次出现中共最高政权领导人"不管事"的局面。这让主持中国经济事务的中国总理朱镕基敢于开放中国私有经济。

"六四事件"后，邓小平选择江泽民担任中共总书记，让江泽民组阁中共政权班子。江泽民执政后，调他在上海的老搭档原上海市长朱镕基担任了国务院副总理。1993 年初朱镕基成为国务院第一副总理，全面主管中国经济。不久后朱镕基担任了中国总理。

当时的中共政权模式是，邓小平以中央顾问委员会主任一职，在幕后关注着江泽民朱镕基的执政，不发表对执政者的意见。这形成了那时中国经济发展的宽松环境。

江泽民当时遵循邓小平建立的党政分权的政权管理原则，形成了江泽民本人主管党务，朱镕基主管中国经济的格局。江泽民没有过多干预朱镕基处理中国经济事务。当然邓小平还在他们背后注视着他们。

当时中国经济出现了很大的问题，社会主义公有制经济搞不下去了。因为自从邓小平第一次改革开放后，大量国外商品涌入中国，中国大量中小公有制企业由于生产落后，纷纷破产。公有制经济到了必须彻底改革的地步。

此时管理中国经济的总理朱镕基提出了中国公有制企业试行私有转制的办法。试行公有企业由个人承包经营，和破产公有制企业转型成私有企业，…等等。并在中国逐步放开了私有经济，允许个人成立私有企业。

朱镕基主导中国经济政策后，一口气推出财税制度、金融体制、投资体制、企业制度、住房制度、物价体制六个方面的改革。其中最重要的是在各行各业放开私有经济的改革。

朱镕基是个务实派人物，并不是他认识到资本主义生产方式如何高明，而是他看到公有制经济确实搞不下去了。因为从当时朱镕基在各种场合的讲话中，没有提倡资本主义生产方式的讲话，而是解决中国经济实际问题的讲话。

从那以后，过去被看成是资本主义的私有企业不再限制了。私有企业一下子出现了很多。城市中大量国有企业转变成私有企业，或者转变成含有公有制私有制成份的股份制公司。乡镇工业中有很多集体企业在那个时期转变为私有企业。

私有企业迅速增加使得中国的私有制市场经济发展起来。

那时中国国家经济还是由大型公有制企业起主导作用，国家计划指导中国经济发展。私有制市场经济是公有制计划指导经济的共存经济。

在企业体制改革中，国家放宽私有工厂产品出口限制，所有私有工厂都可以自行出口其生产的产品。促使产品出口外向型企业发展起来。大量私有外向型出口企业参与国际市场的竞争。

在住房制度改革方面，国家住房分配制度被改变，允许居民自掏腰包购买住房，原因是国家没有财力建设住房来供应分配的住房。

货币购房改革后，允许私营企业参与房屋建设，自行建造房屋。

个人购买的房屋归个人所有。这从根本上改变了社会主义公有制住房制度。从此，中国个人开始拥有私有资产。私营房地产开发公司和私营建筑公司也迅速发展。

此后，私营房地产开发公司、私营建筑公司和私人住房成为中国经济的主要组成部分，中国社会主义公有制经济转变为半私有制市场经济。

在金融体制和投资体制改革方面，中国于 20 世纪 90 年代初在深圳和上海建立了股票交易市场。中国采用资本主义社会的金融制度来积累社会资本，并为工商企业投资提供资金。中国拥有了以私有成份为主体的股票上市公司。资本主义金融市场推动了中国经济向资本主义经济的快速发展。

朱镕基的金融体制改革也涉及中国的银行改革。银行被划分为专业的政策性银行和商业银行。专业的政策性银行承担政策性贷款和投资业务，商业银行服务于社会各方面。现代银行体系得以建立。人民币汇率和国内价格双轨制被废除，并与市场接轨。除四大国有银行外，允许设立包含民营成分的地方商业银行。外资银行也被允许持有中国国有银行一定比例的股份。

在财税体制改革方面，朱镕基提出实行中央与地方"分税制"，在生产和流通环节加征增值税。中央政府获得了大部分增值税收入，改善了中国的中央财政状况，增加了国家对经济领域的投入。地方财政增加土地使用权拍卖收入，促进各地房地产业快速发展。

中国政府在那段时间将深圳经济特区的政策扩大到了全国各地。深圳取消了与内地隔离的措施。中国各地城市开始建立起自己地区的经济开发区。在各城市经济开发区注册办理的各行业企业中，90%以上都是私有制企业。

特区的优惠政策也被各地的经济开发区采用。国家也降低了企业所得税税率，外商和国内企业一视同仁，同一个税率。

中国国内的经济面貌在那个时候发生巨大的变化，工业方面，一边是不断倒闭破产的公有制中小企业，一边是不断出现的各行各业的私有制企业和私有制科技开发公司。

城市面貌方面，中国各地城市像一个个大工地，到处都在拆迁，城市之间高速公路在建，城市中地铁在建，城市中新的楼房、新的公路在开工。

中国经济模式从那个时候开始了转变，中国真正的经济高速发展也是从那个时候起步。

在国际关系方面，中国与美国日本等西方国家关系密切。中国的各类人员，从中共的各级干部到企业的负责人都分批到西方国家参观，学习资本主义。各个城市都在主动地派出各类人员到美国学习。那个时候盛行各种赴美短期学习班。参观美国的企业，听取美国专家的短期授课。那个时期是中国人真正接触美国社会，了解美国社会的时期。

那个时期中美两国人民是十分友好的。中国人到美国来学习，使中国人有机会看到了美国的真实情况，引起了中国人对美国现代民主社会的向往。无形中也改变了中国社会人们对社会进步的认知。

那时我已经在美国，我的回忆录里记录了我在旧金山湾区多次接待江苏省干部访美学习班的经历。一批批江苏各个城市的干部和企业负责人来到旧金山湾区进行三个星期的短期学习培训。参观当地的大学和工厂农村，使中国中层干部真正了解美国，了解美国的资本主义发展历史，了解美国的民主社会。这部分人回到中国后，对推动中国的私有制市场经济发挥了很大的作用。

在与来美国学习的中共干部的接触中，我体会到，中共干部并非铁板一块，他们乐意接受新知识。他们以前不了解美国，不了解资本主义经济。来到美国后，重新认识了美国。他们认为美国的民主社会是真正的人民的社会，是中国今后发展的方向。他们希望中国今后走美国的发展道路，像美国一样成为一个民主的现代化国家。那段经历使我感到，中国与美国加强交流，能促进中国向民主社会转变。

那段时间中共对台湾基本上保持了邓小平主导的和平交往的关系。台商大量来到大陆做生意。但是也发生了江泽民让军队向台湾方向发射导弹，企图影响台湾大选的事情。

邓小平二次改革开放最重要成果是中国开始放开了私有经济。推动了资本主义私有制市场经济在中国迅速发展。虽然那时中国大型企业仍然以国有企业为主，但是私有企业和民众的私有资产逐步成为中国经济的主要成分。

第 26 章

资本主义生产方式带来中国经济起飞，中国式的工业革命时代，1998 年—2011 年 后邓小平时代

后邓小平时代是指邓小平去世后，江泽民继续执政的第二个任期，和胡锦涛两个任期的执政时期。我称之为后邓小平时代。

我之所以称这个历史时期为后邓小平时代，是因为江胡两人执政期间，基本按照邓小平 1992 年南巡讲话的思路，发展中国经济。以"不争论"为其主导思想，不争论是否是社会主义的做法，能发展中国经济的方法都可以采用。

在这十几年时间，是中国私有工业经济迅速发展的时期，是资本主义生产方式推动了中国工业经济的迅速发展。同时又是在中共的政权形式下迅速发展的私有经济。我称之为中国式的工业革命。

中国式的工业革命的特点是，中共政权对私有经济的发展是鼓励的，这段时间中共上层没有人坚持马克思的社会主义公有制理论，没有人用共产主义的意识形态来干扰私有经济的发展。

中共政权领导人企图把私有经济的发展与中共的社会发展目标揉合在一起。

江泽民遵循邓小平的"不争论"思路，为发展中国经济，提出了"三个代表"概念。具体内容为："中国共产党始终代表中国先进生产力的发展要求、始终代表中国先进文化的前进方向、始终代表中国最广大人民的根本利益"。

我在本文第十章中阐述了，由于社会人性普遍"自私"性的存在，社会主义公有经济阻碍了社会生产力的发展，只有私有经济环境才能最大的促进社会生产力的发展。

共产党的目标是消灭私有制，毛泽东时代中共的社会主义公有制阻碍了中国社会生产力的发展几十年。而江泽民却说中共始终代表中国先进生产力的发展要求，…。

江泽民的"三个代表"是与社会主义的发展历史不相符的。可以看出江泽民没有研究苏联为什么会解体的原因，没有弄清楚正是共产党的社会主义道路阻碍了生产力的发展。当然江泽民的"三个代表"明显的意思是维护共产党的执政，同时又不违背邓小平发展经济的思路。

江泽民的"三个代表"在中国的实际作用是放任资本主义生产方式的发展。没有使中共政权阻碍中国的工业革命。

到了胡锦涛执政时代，胡锦涛提出了"科学发展观""共建和谐社会"等等。与江泽民的"三个代表"有异曲同工之处，都是遵循邓小平发展经济的思路。特别是"和谐社会"的提法与毛泽东一生坚持的"阶级斗争为纲"的观念是完全背道而驰的。

江胡两任十几年时间，中共政权全力推进中国经济发展，改变了中共意思形态的提法。没有让马克思主义的社会主义学术干扰中国的经济发展。尽管胡锦涛后期提出了所谓的"理论自信"，实际上是对马克思主义理论不自信了。

朱镕基推行的私有经济在后邓小平时代一直占据中国经济发展的主要地位。那段历史逐步形成了中国特有的公有制经济与私有制经济并存的局面。并以资本主义生产方式主导中国的经济发展。中国的私有经济和公有企业都参与中国国内的市场竞争和参与国际的市场竞争。这才带来中国经济几十年的高速发展。

我们可以从诸多方面来看那个时期中国私有制市场经济发生的变化：

首先在那个时期，中国各地各级政府官员都在想方设法发展中国的经济。中国各级政府在那段时间不断推出发展经济的新政策。各个城市周围建立了多处经济开发区。大量的私营企业在各地经济开发区注册，生产合适市场，适应本地区的产品。

国际方面，中国保持了与西方国家友好相处的国际关系。中国的工业化是在学习西方资本主义国家的工业经济的基础上发展的。中国工业引进了西方国家的工业技术，和复制西方国家的工业生产方式。因此有了较快的发展速度。

中国政府以优惠政策吸引外商投资中国。中国经济是在吸收大量的外国资本投资和香港台湾资本的投资下发展起来的。那段时间，中国大陆继续保持与台湾和平交往的关系，虽然两岸之间时有不愉快的事件发生，但是两岸和平交往的大趋势没有变化。

在企业改制方面，中国各地有大量公有制企业继续向私有制企业转变。那些改制成功的企业，吸收外资和国内私人资本，或者通过股票市场融资等多种方法，迅速转变成新的盈利型私有企业。

各地的私营企业迅速发展，各个地区形成了当地独特的产品生产集中地。那个时期民营企业以生产出口服装和家用电器产品为主。如浙江省义乌小商品交易商城就是那个时候发展起来的。义乌商城里是百分之一百的私营企业。义乌商城后来发展成世界小商品供应基地。

深圳的外资企业，国内的私有科技公司，在那个时期迅速发展壮大。深圳发展成一个现代化的科技城市。华为、比亚迪、腾讯控股，…等等一批私有科技集团公司在那个时期形成和壮大。

手机、电脑、电视机、冰箱、洗衣机，空调，摩托车…，等等各种现代商品绝大部分都是由私营企业生产，都是在引进西方国家的核心先进技术和复制其生产方式下发展起来的。有的私营企业后来发展成大型股票上市公司，发展成国际企业巨头。

在内地，大型石油化工厂，炼油厂，大型建筑工程机械工厂，等等大型工厂，大部分还属于公有制企业。这些企业参与了国内市场竞争和国际市场竞争。参与在资本主义市场竞争中。

中国的农业机械工厂也是在那个时期发展起来，大部分农业机械工厂由亏损的国营企业转制成盈利的私营企业或者股票上市公司。农业机械工厂的发展推动了中国农村农业机械的使用。

在中国农业生产方面，在农民个人承包小块土地耕种的基础上，出现了农业机械化承包商和个人较大面积承包土地的农民粮食耕种承包大户。促进了中国农村农业机械化初始发展。

遗憾的是，由于中国的土地仍然属于国有土地和集体所有制土地，农业土地不能买卖，因此限制了农民向更大规模化耕种土地的现代化农业发展。农民粮食承包大户耕种的土地面积比起美国农民还属于小面积耕种。中国的土地公有制仍然阻碍中国农业现代化发展。

在中国部分地区，政府对非粮食耕种土地的山林和湖泊，或者沿海滩涂和水域，实行了 15-30 年左右土地使用权的拍卖或者承包经营。土地使用权获得者或者承包者在一段时间内成为土地或者水面的拥有者。这种半私有制的办法促进了中国农村的养殖业和水产业的发展。带动了农村的多种经营。水果种植、养鸡、养猪，水产养殖，沿海水产养殖，…等等都逐步形成大规模私营种植户或者养殖户。成为中国农业渔业发展的新形式。

由于农民的承包权不能自由买卖，限制了农业向更大规模化发展。

城市私营工业的发展，中国政府不再限制农民外出务工的政策，使得农村中大量农民进城务工，成为城市私营工厂的工人和私营建筑工程企业的主要施工人员。深圳地区和沿海城市的各类私营工厂和内地的私营建筑工程队雇佣了大量农民工。

城市居民住房方面，私营房地产公司继续飞速发展。中国大部分居民购买了私人住房。中国政府在国有土地政策方面作了重大改革。国有建设土地拍卖常态化。拍卖住宅土地使用权 70 年，公寓酒店和办公楼土地使用权 40 年。土地使用权拍卖后，所拍卖土地和土地上的住宅公寓等建筑物属于私人所有，可以自由买卖。

土地使用权拍卖实际成为土地公有制转变为私有制的方法。实际是变相的承认土地私有制的存在。

中国政府为了发展商品房买卖，学习西方国家，开放了国有银行向私人购房者贷款。中国政府控制的国有银行给了购房者优惠的房贷利率。使商品房销售一下子火爆起来。实际实现了国有资产向私有资产的转变。

中国越来越多的人拥有了自己的住房。越来越多的私营企业拥有了私有办公设施和办公场所。连一直由政府提供住宅的中共政府干部也逐步实行了由个人购房的政策。除了省级以上的高级干部仍然由政府提供公用住房。商品房买卖后，越来越多的人拥有私有资产，使得中国社会主义公有制的社会基础发生了变化。中国社会开始转变成含有相当私有成份的半私有制社会。

中国各地城市从那时起迅速扩展，高层办公大楼和住宅楼成片建立。中国各城市到处高楼林立。城市中建立快速公路，链接新城区。各大城市建立了多条地铁。城市间高速公路、高速铁路逐步建成网络。中国发生了翻天覆地的变化。

中国城市发生的翻天覆地的变化是建立在城镇房地产私有化和社会私有资产迅速增长的基础之上。

中国社会体制发生变化还体现在，中国股票证券市场发挥越来越大的作用。中国政府在九十年代初成立的深圳和上海证券交易市场，在后邓小平时代，大量股票上市公司产生。证券交易市场大大增加了工业企业投资资金的来源。项目投资方向也由市场需求来决定。工业项目投资不再由政府计划决定，而是根据市场需求决定。

股票市场积累的投资资金是私有资本。股票市场是典型的资本主义经济运作模式。

中国企业不仅可以申请在国内股票市场上市，也允许去国外股票市场上市融资。一批股东一夜之间成为亿万富豪。

中国股票证券市场不断发展后，大批民众参与股票买卖，有人成为了股票买卖专业户，股票买卖成为一种新的职业。有人赚了钱，也有人失去了所有的积蓄。有人在股票市场耗费了人生。

股票证券市场对中国社会私有化产生了巨大催化作用，股票交易重新分配了社会财富。造成民众贫富两极分化，引起人们对金钱的无限追逐。部分人们开始只信金钱，而不信其他。社会民众的思想意识发生变化。

如果从中共的马克思主义意识形态角度看，资本交易股票交易是一种剥削的手段，是资本主义的最本质的事物。因此，从这个角度看，后邓小平时代中国股票证券市场蓬勃发展，实际上是在扭转社会主义向资本主义过渡。

各个城市商品供应丰富，新的大型商城，大型连锁店、超市，大型农贸批发市场，大型建材批发市场，等等不断出现。这些大型商城几乎都是私营企业，或者是股票上市公司或者外商投资企业等。

餐饮服务行业发展迅速，大街小巷布满餐馆，麦当劳、肯塔基、等等美国快餐也在中国各地迅速发展。

社会富裕的生活带来社会文化发展 。丰富多彩的文化生活，如电影戏曲演唱会等等各类文艺活动也从来没有如此繁荣。绝大部分电影电视剧都是由私人集资拍摄的。美国日本等西方国家电影大批引进中国。

中国的旅游经济是从那个年代发展起来的。旅游业的发展与江泽民推动有关。江泽民本人也很喜欢拜访名胜古迹，于是产生了发展旅游经济的主意。旅游业作为一个产业迅速发展起来。中国各地名胜古迹和新建的旅游胜地从那时起充满了游客。大部分旅游业都是由私人经营的。

中国游客们不仅在国内旅游，也有一批富裕起来的人出国旅游。这与毛泽东时代关闭国门是完全不同的情景。那些去美国日本欧洲旅游的人，看到了西方国家真实的情况。对西方国家民主社会有了真实的了解。

中国资本主义经济模式下的经济发展，使得中国曾经的单一公有制社会主义计划经济结束了。中国经济形成以市场经济为主体，多种所有制形式并存的经济混合体。从而改变了中国政府的经济管理模式。中央政府的国家计划委员会和经济委员会，这个时期改名为"国家发展和改革委员会"。国家以下的各级政府管理经济的部门也都改名为"发改委"。国家以及各级政府的"发改委"通过发布政策指导中国市场经济发展。国家发改委也掌握相当一部分投资资金对国家重点国有项目进行扶持。

当然在中共的控制下，中国政府保留了一大批关乎于国家经济的重要企业。如铁路和高速铁路客运和货运企业、各大航空公司、远洋运输公司、电力公司、发电厂和核电站、大型石化企业、联锁加油站、所有军工企业、烟酒生产企业、国有的医院、酒店、…等等各种企业。那些原先在公有制体制中盈利的企业几乎都保留在公有制体制内。国家和各级政府成立了国资委管理各级的公有制企业。每个公有制企业同样是一个独立的参与市场竞争的单位。由于国有制企业属于国家政府的资产，受到国家政府的资金和政策支持。在中国式的市场竞争中处于优越的地位。

曾经的中央政府以及各级政府管理各行业工业企业的各个部、厅局都取消了。政府不再直接管理企业的业务。公有制计划经济的管理模式彻底消失。资本主义市场经济成为中国各类企业竞争生存的方式。

中国经济形成了独特的资本主义市场经济，市场竞争是公有制企业和私有制企业处于一起的市场竞争。又是公有制企业处于优越地位的不公平的市场竞争。这是后邓小平时代形成的中国特有的市场竞争体制。

总之后邓小平时代是中国私有经济迅猛发展的时代，是中国资本主义市场经济发展时期，

中国式工业革命是在西方国家工业化基础上发生的，是在大量社会主义公有制企业向私有制企业转型中发生的，是在独特的私有制与公有制并存的市场经济中发生的，是在中共政权下发生的。因此是带有浓厚的中国特色的工业革命。中国式工业革命带来了中国工业经济的高速发展，带来了中国社会的经济繁荣。

但是中共的中央集权制政权仍然存在于中国社会之上。仍然以中共一党专政的统治方法主导中国的经济发展和社会治理。仍然是一种人治的体制统治中国社会和主导中国经济发展。中共领导人个

人意志和个人思想仍然对中国社会的进步或者倒退产生巨大影响。

中国社会还没有转变为民主社会，还没有以法治体制来治理国家和发展经济。

本文前面提到，人类社会中人性的"自我"思维产生的"自私"观念是社会人性的普遍存在。因此私有经济才能最大促进社会生产力。同时也是因为社会人性"自私"观念的普遍存在，社会如果没有高于一切人的社会法治治理社会，人的"自私"思维产生的种种社会问题就不会得到有效的控制。

中共迄今没有认识到社会人性"自私"观念普遍存在是社会人性的自然属性。那些坚持马克思主义认识论的中共理论家一直认为用共产主义的"一心为公"的思想来要求中共成员，用中共党组织的纪律来约束其成员，就能够消除人性中的"自私"观念，就能够使中共官员变得很廉洁。

而现实中，后邓小平时代中国私有经济快速发展带给中共政权无法解决的各种社会问题。

其中最为严重的社会问题是中共政府官员的贪污腐败问题。中共官员的贪污腐败源于中共政权权力结构和官员提拔体系。中共官员的地位越高权力越大。位高权重的人物就会为一己私利行事，可以任意提拔下级官员，或者打压下级官员。这就形成了中共政权特有的权力腐败和经济腐败。

在中国私有化经济发展过程中，在金钱成为人们追逐的目标时，中共政府中有特权的官员，在普遍存在的个人私心的驱使下，经济腐败和权力腐败就不断以各种形式滋生发展起来。大量贪官污吏产生。贪官污吏中，有政府的官员、有国有企业的领导、有军队各级干部。只要有权力与金钱相联系的地方都有贪官出现。中共各级政府部门腐败案件层出不穷。

由于中国没有严格公平的法制体系，中共的"人治"统治方法不能根除这些贪污腐败行为。因为人治的权力大于法治，人治的法律不能全面惩罚贪污腐败官员，掌握绝对权力的官员就受不到中国法律的管辖。另外执法人员也在追求金钱，也在搞腐败执法。

中共政府和军队的人事任免权，那种由上级官员选择和任命下级官员的方法，成为贪污腐败行贿受贿的重灾区。一段时间后，有相当部分中共官员是靠行贿上级得到提拔。中共有无法统计数量的官员与腐败有牵连。中国军队中，从参军入伍，到一级一级的军官提拔，几乎都靠行贿得到升迁。行贿得到升迁的军官又靠受贿提拔他的下级军官。整个军队成为行贿受贿重灾区中的重灾区。

在中共"人治"的体系中，法律是有权的人制定的，人的权力可以干预法律的执行。因此中共的法律杜绝不了中共官员和军队内部贪污腐败现象。

社会上私有企业想要得到发展，就要行贿政府官员，因为中国政府插手管理企业的方方面面。从成立公司注册登记，到企业开展业务都需要得到政府相关部门的批准和监管。尤其是房地产公司、工程项目的每一步都要得到政府相关部门的审批。政府各部门的官员经常利用手中的监管权力刁难前来审批的企业人员，想方设法逼迫企业人员行贿。

中国社会没有严格全面的法制体系，私有制市场经济发展后，企业老板追逐金钱，什么赚钱生产什么产品。由于没有市场监管，假冒伪劣产品纷纷出现。深圳附近的一些地方，福建沿海一些地区成为假冒名牌商品的集散地。世界任何的名牌手表、名牌包、名牌服装，都有人敢仿造。中国制造业也因为仿造名牌出了名。

中国企业届没有法制观念，中国企业对专利保护没有认知，在自主创新的幌子下，无论公有企业还是私有企业仿制西方国家先进技术和产品成为风气。中国政府对于企业仿制西方国家先进技术和产品处于放任和默许态度。

为了赚钱，中国的食品行业掺假出了名，最为严重的造假行为发生在 2008 年的毒牛奶事件，一个牛奶公司在造假牛奶中掺入有毒物质三聚氰胺代替纯牛奶，造成几千名婴儿中毒，多名婴儿损坏肾脏。四名婴儿因饮用该牛奶死亡。事件发生后引起社会轰动。

　　为了赚钱，有个别广东沿海农村成为制造毒品的窝点。制毒贩毒也是在那个时期出现。

　　那个时期，进出口货物中的走私行为的大案要案不断发生。社会上卖淫嫖娼一度蔚成风气，深圳附近的东莞城成为有名的"性都"。中国各个城市大部分的旅馆都有小姐在卖淫。各个城市都有流氓帮派结成团伙。而社会上的不良风气与政府官员与帮派勾结牟利有关。政府官员成为帮派成员的保护伞。

　　中共政府对付社会上不良行为的手段是采用公安机关"严打"的办法。"严打"治安是一种"人治"手段，不能根除社会问题。一般情况下，"严打"一过，不良风气随即复发。而且有政府官员成为流氓帮派的靠山，在"严打"中有的帮派成员得到暗中保护。

　　在后邓小平时代，中共政权几乎放任中国社会问题不予处置。造成中国政府官员的贪污腐败和中国社会问题越来越严重。

　　那个时期大部分中共高层官员的家庭都有人在利用官员的权力做各种生意，或者直接捞取不义之财。每个高层官员家庭都赚的盆满钵满。这也许是中共高层放任社会问题不管的原因之一。

　　我的认为是，即使中共政府想解决中共官员的贪腐问题，实际也无法达到目的。因为中共政权本身权力大于法治的"人治"体制是中共政权无法改变的事实。中国只有转变成为现代民主法治的国家，中国私有经济发展带来的问题才能得到根本的解决。

　　后邓小平时代，中国社会发生的问题是社会的一个侧面。不能否认中国经济发展带来的社会进步是中国社会的主流。

　　从中国放开私营经济开始，中国工业经济以两位数的百分比连续增长了二三十年。中国的人均 GDP 从九十年代初的几百美元增长到后来的人均一万美元以上。这对于有 14 亿人口的中国，对于整个世界来说，都是奇迹般的历史事实。中国的工业革命改变着中国，改变着世界！

第 27 章

后邓小平时代中国式的工业革命形成一定的社会民主元素，形成对中共政权政治改革的要求

上一章我从邓小平二次改革开放后，中国所发生的历史事实中，阐明了是当时的朱镕基总理放开了私有经济才扭转了中国衰败的社会主义公有制经济。是中国实际实行了资本主义生产方式和市场竞争才带来了中国经济高速增长。

我称这个过程是中国式的工业革命。这个过程使中国人民富裕起来，也带来中国社会的种种问题。我在上一章有简单明了的描述。

我清晰看到，在中国式的工业革命过程中，中国的社会基础正在发生本质的变化，中国社会已经演变成一个半私有制的向富裕社会过渡的社会。中国社会的民主元素在中国社会演变过程中越来越多的呈现出来。

在社会经济发展方面，私有经济的发展成为中国经济发展的主要动力。资本主义市场竞争成为中国经济的发展模式。中国各行各业的工业企业得以发展都是在私有经济的推动下，通过市场竞争而获得的。只要有市场需求，就有新的企业产生。中国社会经济出现了新名词：市场有了新的赛道。在各行各业中，中国经济发展的新赛道不断出现，带来中国经济的繁荣。

资本主义市场竞争经济同时带来经济法治和社会法治的要求，只有在公平平等的法治下，社会经济才能得到规范稳定的发展。才能避免经济犯罪行为。法治是社会的民主元素。只有民主产生的法治才是公平公正的法治。

中国社会私有制经济也带来社会民主的要求。

与私有经济迅速发展同时发生的社会变革表现在中国社会几乎人人拥有私人资产。

建国后在毛泽东时代，毛泽东靠一次次政治运动维持中共的统治，中国人民在社会主义公有制经济中变得一无所有。中国式的工业革命后，中国社会的私有经济发展后，中国人民才重新拥有了私人财产。

民众拥有了私有财产，民众就有了保护私有财产的权利意识。社会就产生了人权的要求，也就是产生民主的要求。这是社会向民主社会发展的社会基础。

中国社会随着私有经济繁荣而进步，人民追求更好的生活，各行各业的人们积极从事各种生产活动，贸易活动。社会生产力大大提高。社会上人人拥有了私有资产。人们产生了对私有资产保护的要求。产生了对社会公平公正的要求，产生了对民主的要求。也产生了对整治不法行为的法治要求。…等等社会进步的要求。这就是中国式工业革命带来的对民主政治的要求。

但是中国仍然处于中共一党专政的政权之下，在中央集权的政权体制下，在中共领导人的个人"人治"独裁统治下，因此这种个人独裁的"人治"统治方式已经不适应中国工业化经济的继续发展。中国的工业化发展形成对中共政权政治改革的要求。

世界西方国家从最初的欧洲工业革命，到如今的现代民主社会经历了三百年左右的时间。西方国家的封建社会才演变成今天的现代民主国家。这是西方社会在资本主义生产方式下不断提高社会劳动生产力，一步一步积累社会财富，才发展到今天的社会水平。其中发生过两次世界大战，发生过各个国家不同的社会动荡。西方民主国家建设成今天的现代化民主社会的发展过程并不容易。

西方民主国家建设成现代民主社会主要是第二次世界大战后长期的和平环境，资本主义经济得到长足发展。社会财富不断积累才带来的社会进步。

这是人类社会进步的自然发展过程：社会生产力提高了，社会财富积累了，社会整体的生活水平提高了，教育水平提高了，社会民主政治就会逐步形成并逐步完善。

社会人民的民主要求的产生是随着人民生活水平的提高而产生的。这是社会"人性"决定的。

如今中国式的工业革命经历了二三十年时间。中国式的工业革命是在西方国家工业技术发展的基础上发生的，是学习西方国家的现代工业技术和科技技术，复制西方国家的工业生产方式而取得的。因此经历的时间比较短。

中国式的工业革命用了较短的时间创造了较多的社会财富。在这个过程中中国人民的生活水平大大改善，社会整体教育水平较快提高。逐步也产生民主政治的要求。

随着时间推移，随着中国工业化经济进一步发展，中国社会会发生政治体制的变革！向民主政治的方向变革！

我在中国的经历中，我发现中国社会精英们已经有人思考中共的政权体制是否适应私有制市场经济带来的社会冲击。已经有人意识到对中共政权政治改革的要求。

我发现，现实中的中共干部几乎没有人相信马克思主义了，他们都是以现实主义的态度加入中共队伍的。他们中确实有一部分社会精英是想为中国的经济发展社会进步出力。他们加入共产党是因为成为中共成员才有机会成为中国政府的官员，才有机会为中国社会服务。当然我也看到，在中共队伍中有相当多的人是在为其个人目的而奋斗。他们的个人目的就是成为人上人，做一个骑在人民头上作威作福的官僚，或者为获取更多的个人经济利益。

中国民间有这样一句有关官员腐败的预言："不反腐败中共政权会因为官员腐败垮台，彻底反腐败中共政权也会因为干部全面腐败而垮台"。中国已经有社会精英认识到，中共官员的腐败与中共的中央集权的权力体系有关。中国很多民众已经看清楚在中国经济的发展潮流中，中共政权是无法维持下去的。

一个民主的法治的民主政治体制是头脑清醒的中国人民所期盼的。

总之，中国式工业革命给中国社会带来了现实问题，中国社会面临着向那个方向发展的问题。是向西方民主社会方向发展，以民主法制体系治理国家，进行中共政权的政治改革。还是沿着中共政权的固有道路继续走下去，以"人治"的方法继续维护中共政权。中共政权能维持多久呢？

胡锦涛执政末期，习近平即将上任之际，我和中国朋友们讨论过这样一个问题：习近平上任后会做什么？他会在中共政权内部推行政治改革吗？

第六部分

分析总结习近平执政对中国的影响

第 28 章

回顾习近平执政后有哪些与其前两任不同的言行和政策，2013—至今

在习近平上台前，我所认识的一些中国朋友与我一样在思考，习近平上台后中共是否会保持后邓小平时期所执行的各项发展经济的政策，继续以"不争论"的思路，实际实施资本主义生产方式发展经济？习近平会扩大民主，试行法治的方式来解决经济发展中出现的问题吗？还是另搞一套？人们期待习近平将会如何执政。毕竟在一党专政的中国，领导人对中国社会的变化起到很大作用。

2013 年习近平开始了他作为中共最高领导人的第一任期。他身兼中共中央总书记和中共中央军委主席两项职务。并随即成为中国国家主席。

习近平前任胡锦涛裸退，没有像邓小平和江泽民那样保留中共中央军委主席的职位来监督后任的执政。使习近平一下子成为中共历史上权力最集中的人物。习近平也成为像毛泽东那样个人权力独大，没有人可以制衡于他的中共领袖。

中国政府国务院总理由李克强担任。

此时的中国，在经过后邓小平时代的工业化发展，经济状况良好。中国工业经济保持每年递增百分之十以上的发展速度，并已经初步形成门类齐全的各项工业基础。产品出口量年年增长，中国已经被誉名为世界工厂。

当时工业品出口的实际情况是：大部分出口的是技术含量低的日用商品，如成衣、鞋帽、手工具、家用电器…等等，和各种电子产品。中国出口商品成功占领世界市场是依靠低劳动力成本所形成的

低商品价格所取得的。

而中国市场所需要的技术含量高的高精尖产品、中国生产的高端产品中的关键零部件，如汽车的发动机和关键部件、以及出口电子产品中的芯片、…等等，大部分依靠从美国日本等西方国家进口。

中国工业的高速发展是在与西方国家的双向贸易中取得的。一方面中国依靠美国日本和欧洲国家的先进工业技术，另一方面中国依赖美国欧洲日本等西方国家的巨大的商品市场。美国日本和欧洲国家对中国工业的快速发展起到至关重要的作用。

此时中国在对外关系上，与美国等西方国家处于蜜月阶段，友好交往。大量的中国留学生来到西方国家学习。中共各省市的干部也曾经在一个时期内，一批批组团来美国学习和考察访问。

台湾海峡两岸的关系也是和睦相处，总体处于和平交往的关系中，双方热衷于经贸往来。

中国的经济发展处于良好的国际环境之中。这是邓小平，以及邓小平以后的两任中国领导人通过中国对外的友好政策而争取到的局面。

另一方面，在中国工业经济发展的同时，因为中国没有建立起全面严格的法制体系，没有以法制来规范社会的行为，造成中国社会各方面诸多问题。各种主要问题前文都有阐述。所有的问题摆在了刚刚当政的习近平面前，尤其是政府官员贪污腐败的问题，影响到了中共政权的稳固，影响到了经济的健康发展，到了不得不处理的地步。

习近平就是在上述情况下开始了他的执政。

我归纳了在习近平上台后的所作所为，我看到，他上台后的表现与他的前两任江泽民胡锦涛不同，他没有遵循邓小平"不争论"的思路，企图在中国重新确立共产党的思想意思形态，企图用社会主义理念来扭转中国经济私有化进程。他有他的一套想法和做法。

那么我是从哪些方面上看出他与他的两任前任的不同呢？

1. 习近平执政初发表了"两个不能否定"的讲话，显示出了他对中国工业化进程的认识不清

2013 年 1 月初，习近平刚刚成为中共第一号人物不久，就在一次中共中央的学习会议上，发表了"两个不能否定"的讲话。

习近平说："不能用改革开放后的历史时期否定改革开放前的历史时期，也不能用改革开放前的历史时期否定改革开放后的历史时期。"

习近平的这个讲话说明他对中国建国后所发生的历史的看法是不清醒的。他没有认识到毛泽东时代发生了什么，邓小平掌权以后的历史又发生了什么。他没有认识到，现实历史中，邓小平时代改革开放的成功，正是通过否定毛泽东时代的错误做法而取得的。

如在政治上，改革开放前，毛泽东以"阶级斗争为纲"，批判资本主义。实际是毛泽东为了维护其个人权力，而打击他人，搞其个人崇拜。毛泽东时代的历史是封闭锁国搞政治运动，搞文革运动，把中国人民带入灾难的历史。

而邓小平时代，政治上不再提阶级斗争。对资本主义国家开放，学习资本主义市场经济。邓小平后的中国历史是改革开放的历史，是建设包容社会、"和谐社会"的历史。

再如在经济上，毛泽东时代的历史实施社会主义改造，消灭私有制。推行全面公有制的社会主义计划经济。从而造成社会经济崩溃的失败历史。

而邓小平时代和后邓小平时代，公有制计划经济转变为以私有经济为发展主体的市场经济。通过资本主义市场竞争，促成经济发展。这段历史是中国工业化经济发展成功的历史，是经济上与毛泽东时期的做法完全相反的历史。

我对习近平的"两个不能否定"的讲话感到失望。我发现习近平根本没有认识到私有制的市场经济是中国几十年经济高速发展的主要原因。

习近平以他不清醒的思路，以自相矛盾的"两个不能否定"的说法，开始了他的执政。

2. 习近平提出坚持对马克思主义理论的自信，企图在思想意识形态领域重塑中共的理念

习近平执政后不久，又提出"四个自信"的理念。即：道路自信、理论自信、制度自信、文化自信。

习近平的"道路自信"是指社会主义道路，其"理论自信"是指坚持马克思主义理论自信。其制度自信是指对中共奉行的公有制体制的自信。

习近平违背邓小平"不争论"的做法，重新提出对马克思主义理论，对社会主义道路的"自信"。企图在思想意识形态领域重塑中共的理念。

习近平不清楚，坚持马克思主义的理论是坚持暴力革命、阶级斗争的理论，是坚持走社会主义计划经济的道路，是坚持公有制经济体制。这些都在中国几十年的工业经济发展实践中证明是错误的理论。

习近平也不清楚现代民主文明的社会不可能通过暴力革命实现！社会主义计划经济道路实现不了工业化的现代社会。

习近平提出"四个自信"，说明他缺乏对工业化经济发展的认知。他的自信是一种盲目自信。问题是他领导着中国，他的糊涂的认知会阻碍中国的工业化进程。

不仅是他的"四个自信"，继而他又提出了"八个明确、十四个坚持"。

"八个明确"的基本内容是在重复"四个自信"，其基本思路是坚持马克思主义立场观点方法，坚持社会主义基本原则。

本文章中已经分析过，马克思主义理论与现代国家经济发展相悖。

"十四个坚持"的具体是内容是：坚持党对一切工作的领导，坚

持以人民为中心 。坚持全面深化改革，坚持新发展理念。坚持人民当家作主，坚持全面依法治国。坚持社会主义核心价值体系，坚持在发展中保障和改善民生。坚持人与自然和谐共生，坚持总体国家安全观。坚持党对人民军队的绝对领导，坚持"一国两制"和推进祖国统一，坚持全面从严治党。

所有这些"明确"和"坚持"都是中共的官话，十四个坚持"是中共现今的执政方针。但是其中的一些坚持是相互对立的。如坚持党对一切工作的领导与坚持人民当家作主就是对立的，中国是一党独裁，没有人民的话语权。在坚持党的领导下，人民是被管制者，怎么能够当家作主。又如坚持全面深化改革与坚持社会主义核心价值体系也是对立的。社会主义核心价值体系就是全面的社会公有制，而中国经济领域的改革是破除公有制实行私有制，中国是通过私有制市场经济才取得了工业化发展。

在坚持社会主义核心价值体系的口号下，中国的私营企业主们感到恐慌，他们不确定中共下一步将如何"坚持社会主义体系"，已经有相当部分私营企业主选择将其事业移去国外。

习近平的思想是处于一种矛盾的思维中。他想要这样，又想要那样。他想要中国经济发展，又想否认"私有化的市场经济"。习近平非但不理解"私有化市场经济"是经济发展的主要动力，而且总想用公有制经济取而代之。

十四个坚持是中共治理党组织的要求，还是治理中国社会的要求？这一点在习近平头脑中也是模糊不清。如果是治党方针，为何谈到社会的改革和发展？如果是治理中国社会，为何又要求"坚持全面从严治党"，国家政府又如何从严治党？习近平把党看成国，把国看成党。他没有清楚认识党组织与社会的区别。

在"十四个坚持"中，最明确的一条，就是"坚持党对 切工作的领导"。所谓党的领导，在习近平独揽大权时期，说白了就是维护他个人对中共和中国政府的绝对权力。

以上反映了习近平的执政思路。其思路是在对中国工业化经济发展原因认识不清的情况下，企图用共产党的一套理论生硬地解释中国工业化经济发展。

习近平对经济发展的自相矛盾的非理性认识，说明了习近平的执政思路处于矛盾的混乱不清的状态。正是这种混乱不清的思路主导着中国的政治和经济政策，给中国的经济发展带来负面作用。这个负面作用在习近平执政期间逐步显现出来。

3. 习近平企图像毛泽东一样将权力掌握在其一人手中

习近平执政后，在他的"坚持党对一切工作的领导"方针下，他用中共党委全面代替中国政府的工作。

邓小平执政时期改变了毛泽东时期以党代政的做法。管理国家依靠中国各级政府，由政府主持国家的经济发展和日常事务。

从赵紫阳当总理开始，政府对社会的管理相对独立。那段时间党政有了相应的分工。中共党委不插手政府部门的具体事务。

我那时在南京市政府机关工作，市政府的工作完全由市长们主持，中共南京市委不插手市政府的业务。国家上层也是如此，我参加过国家的经济工作会议，当时中国经济工作由国务院的国家经济委员会安排工作。中共中央不插手国务院的工作。

特别是朱镕基当国务院总理的年代，江泽民没有插手国务院的工作，使得朱镕基能够大刀阔斧地进行企业私有制改革、税务改革，放手中国私有经济发展。使中国经济发展走上快车道。

习近平上台后强调党管一切，各级党委重新凌驾于各级政府之上。不管大事小事都由党委书记说了算。在中央层面，习近平掌管一切属于国务院的日常工作。例如当年国务院召开的国家经济工作会议，如今都是由习近平亲自主持。把国务院撇到一边。

习近平事无巨细，统统亲自过问，似乎中国政府的国务院已经没有什么可以管理的业务。

习近平要求各级党委像他一样领导政府工作，如今的中国，党委已经代替政府管理中国社会工作和经济工作。

习近平强调党管一切是中国政权管理方法的倒退。逐步形成了习近平个人独裁的局面。

在习近平个人对中国经济发展的根本原因尚无清醒认识的情况下，在其个人独裁的局面下，习近平不断发布的经济政策使得中国私营经济发展受到严重阻碍。

4. 习近平通过反腐败形成他的极权统治地位

习近平上台后，用了主要精力抓政府官员的腐败问题。在他的第一任期，他任命王岐山为中纪委书记，在他第二任期任命赵乐际为中纪委书记，第三任是李希。在习近平的任期中，中纪委持续大张旗鼓抓贪官。

本文前文提到，后邓小平时代中国的官员腐败已经成为中共执政的大问题。江泽民胡锦涛时期已经开始抓贪官，但是力度不大。中共政权内部腐败，社会上官商勾结已经成为风气。

习近平在其第一任期首先抓了前中共政治局常委，中国政法系统的前最高领导人周永康的腐败案件。习近平抓周永康起到杀鸡儆猴的作用，警示中国所有贪腐官员，初试牛刀。

据中共中纪委统计：从习近平执政的 2013 年初至 2021 年 10 月，全国纪检监察机关共立案贪腐案件 407.8 万件、立案调查 437.9 万人。其中，立案审查调查中央管干部 484 人，共给予党纪政务处分 399.8 万人。其中大部分被中国法院判刑后由监狱关押。

2022 年至今，中共又抓出大批贪官，尤其是军队的贪官，据记载有二十位左右将军落马，其中一小半是上将，国防部长、战区司令均有落马。

习近平持续抓贪官十多年，直至今天，中国官场上的贪腐行为是否有了重大改善？没有，中国贪官污吏不断抓出。

中国贪腐现象为什么屡禁不止呢？中国为什么贪官抓不完呢？习近平用什么办法抓贪官呢？这值得我们认真分析。

首先看看现代民主国家是如何防范贪腐现象的。现代民主国家以宪法下的法制体系防范官员贪腐现象。防贪污法律是社会法律的一部分。现代民主国家制定了严格法律标准防范政府官员贪腐。

如美国官员不能接受任何人的金钱贿赂，接受礼物有严格标准和要求。公务中个人不得收受任何他人的现金礼物，一次所收礼品价值不得超过二十五美元，一年不得超过二次收受礼品，总值不得超过五十美元。等等。

任何官员无论职务高低，一旦违法，由法律部门检察官向其提出诉讼，由法官经过法律程序进行审判。被审判者有申诉的权利，有要求被公平审判的权利。通过审判被定罪的违法者按法律给予处罚。

民主国家的法律是公开透明的，公平对待每个人。任何人都必须遵守，任何人都可以监督他人遵守，都可以举报他人的违法行为。

在法治体制下，现代民主国家的政府官员基本做到公正清廉。

而习近平反腐败采用的是另外一套方法。一种半运动形式的"人治"办法。

中国政府官员的腐败案件由中纪委负责处理。首先就是党政不分。由中共组织纪律代替国家法律行使权力。

中纪委成立反腐败领导小组，直接向习近平本人汇报腐败案件。习近平成为凌驾于中国政府、中国法律、中共党组织之上的决策人。因此习近平本人的腐败行为也凌驾于国家和法律之上。他可以做任何他想做的事情，习近平本人的权力腐败得不到触及，与当年毛泽东一样。

习近平的反腐败的方式是类似毛泽东当年打倒走资派运动的方式。具备了如下特点：

1）习近平的反腐败运动凌驾于中国法律之上

中国政府官员的腐败案件由中共的中纪委先进行调查。完全把中国政府的法律体系抛在一边。尽管中国法律体系也不完善，仍旧不能插手干预中纪委办案。严格说中纪委办案行为本身是一种无视法律的违法行为。

中纪委在审查腐败官员定案后，大案由习近平和中共其它关键人物决定被审查官员的刑期后，才交由政府政法机关走审判判刑的程序。中国的法律和中国政府的政法体系像一种摆设。

习近平个人对不忠于他的人，可以动用中纪委对其审查，加以贪腐罪名投入监狱。

习近平的反腐败运动成为他清除他人的手段。

2）可以有选择的反腐败。由习近平决定那些人审查，那些人不审查。

习近平庇护了江泽民家族、曾庆红家族、温家宝家族、…等等，前任中共最高领导层面人物本人和家族成员不受审查。这是一种政治交易，换来的是这些人对他执政的无条件支持。

习近平的选择性反腐败又可以将反腐败作为其手中的政治工具。对付那些对他执政有异议的人，加以贪腐的罪名关进监狱。

如北京有个出名的人物任志强，人称"任大炮"，是一个国营房地产公司经理，他直言不讳地说习近平像个想当皇帝的小丑。结果被专案组审查，以贪污罪名判刑十八年，关进监狱。

所谓说话像"大炮"，是北京的俗话，是指那些敢说真话的人。任志强敢于说真话，所以被称为"任大炮"。中国社会很少有人敢讲真话，这是中共长期压制言论自由的结果。任大炮被抓是压制言论自由的实例。

3）习近平的反腐败没有明确的腐败标准，也没有量刑标准。案情可重可轻，全凭当权者的政治需要决定案情

中共官员的腐败案件没有认定标准。如果按照西方民主国家严格的行贿受贿标准，应该说所有中共官员和所有国有企业负责人都犯有行贿受贿的罪行。因为请客送礼吃吃喝喝所有人已经习以为常。

中共官员的行贿受贿案件最少是几万元人民币以上才能成为案件。因此涉及贪污受贿几亿元人民币案件常有发生。

另外专案组在审定腐败案件时，可以任意决定被审查人员的罪名。必要时可以给你增加个罪名。中国有句老话："欲加之罪 何患无辞"。例如，上面提到的任志强的案情，专案组把他过去正常领取的"超额工资和奖金"算成贪污的金额，给他加上贪污罪的罪名。北京了解案情的人都知道，任大炮真正的"罪行"是政治罪行，是他"妄议习近平"，形容习近平像个"想当皇帝的小丑"。

4）被审查对象受到不公正对待

一旦中共各级纪委确定了贪腐审查对象，立了案。被带走审查的官员就失去自由。被审查官员被关押后，纪委的专案组成员可以用任何手段逼迫被审查人员交代贪腐罪名。即使是专案组给你安上的假罪名也要你承认。被审查官员没有申辩的机会。此时案件停留在纪委的审查组，没有进入国家的司法程序。专案组为了给被审查人员定罪，常常采用极端手段，殴打、屈打成招时有听闻。

纪委审查组给被审查官员定罪后，才移交国家的法院审理。即使在国家的法庭，被审查人员也没有申辩的可能。因为纪委已经定了罪，法庭审判只是一个表面过程。无论怎么申辩，定罪不会有变化。

被审查人员没有申辩机会，造成冤假错案。从前面中纪委提供的数字也可以看出，2022 年前被审查 437.9 万人，被定罪 399.8 万人，被审查的人百分之九十以上的人都被定罪。

5）习近平的"人治"反腐败方式产生新的腐败

纪委专案组成员在反腐败案件中权力过大，是产生新的腐败的源头。在中国反腐败的案件中，不断传出各级纪委专案组成员利用办案机会收取贿赂的事件，成为反腐败中的案中案。

中共官员已经形成送钱送礼办任何事情的风气。想当官想往上爬就要送钱送礼。被有权的上级党委书记或纪委成员盯上后的官员，或者已经被审查的人员，其本人或者他的家人首先想到的办法就是找熟人给办案人员送钱，通关系。企图让纪委办案人员放过自己。办案人员趁机捞取好处，接受贿赂。那些暴露出的专案组成员受贿案仅仅是冰山一角。大量办案人员受贿案藏在水下。如果办案人员相互包庇，就不会被发现。

6）中共官员变成一批任人宰割的羔羊

习近平的反腐败运动还有一个让官员们不寒而栗的特点。

中纪委的专案组成员，常常像秘密警察一样突然出现，不分任何场合把官员带走。中纪委已经成为像秘密警察一样的组织，对官员暗中进行调查和抓捕。

这种秘密办案的方式让官员们胆战心惊！对任何官员都是一个巨大压力。即使没有贪腐行为的官员，也担心被无辜加上贪腐的罪名而遭到打击。因为谁也不知道自己的言论何时会得罪习近平这样的大领导。因此中共官员对于习近平唯唯诺诺，再也不敢提出任何不同的意见。

7）习近平亲自操控反腐败，以巩固其个人权力

在反贪腐过程中，在中央层面，中纪委不断派出反腐败巡视小组对各省市各部委进行巡视，巡视小组在巡视中分别找各单位负责人成员谈话，通过官员的相互举报，在谈话中发现问题，再由中纪委安排调查。以这种方式发现贪腐人员。

发现贪腐官员后，中纪委成立专案小组对其审查。审查中确定贪腐证据后，报给习近平为首的反腐领导小组审定罪行。审定后转交政府的司法部门走法律程序。后面的法官审理判刑均按已经审定的内容进行。

这种完全由习近平操纵的反腐败方法使得他能够全面控制所有的中共官员。

这实际上是习近平以权力腐败治理贪污腐败。习近平通过反腐败走向权力高峰。

中国延续十几年的反腐败运动，到如今仍然不断有贪腐官员被

抓出。而在我回忆录中，那些曾经向我索贿的官员，曾经试图给我送钱，请我为他升官而去说情的官员，以及那些没有写入回忆录中我所知道的贪官，都还安然无恙，不在被立案审查之列。说明没有抓到的贪官大有人在。也说明所抓的贪官是有选择性的。

直到今天，由于习近平没有从根本上解决反腐败的问题，中国政府反腐败运动始终还在路上。因为贪腐的土壤依然存在。

这种贪腐的土壤体现在：中共领导干部手中的权力更大了，其中组织人事权，任命安排干部一人说了算的权力更大了。中央层面，习近平在任用干部上，在中央层面的各个关键岗位上都安排忠于他自己的人。上行下效，各级中共党委书记在组织人事安排上有绝对的权力。权力和利益不仅没有分开，联系的更紧密了。造成更有可能的贪腐案件。

习近平在反腐败运动中，权力登峰造极！这样的反腐败运动，成为习近平手中的一把利剑，与当年毛泽东打倒"走资派"一样，习近平随时可以把不满意的官员作为"贪官"进行专案审查，关进监狱。

而中共的官员们，中共的中央委员们，每个人的头上都像是悬着一把剑，如果不听话，不对习近平歌功颂德，头上的剑随时会把其乌纱帽斩落！

习近平利用反腐败运动巩固了个人的权力，掌控了中共所有人的命运，所有人都得对他俯首帖耳。

反腐败给予习近平牢固掌权的机会。中国政权的现实让我们看到，习近平已经把中共最高层都换成他的人，换成那些曾经是他的助手和手下。他已经通过反腐败形成了他个人独裁的局面。

因此只要中共的中央集权统治体制存在，习近平还在台上，中国的反腐败运动会永远在路上。习近平并不愿意让腐败案件消失，有腐败发生，他才有消灭异己排除异议的机会，消灭异己排除异议需要反腐败永远在路上。需要有一把剑永远悬在中共干部们的头上。

5. 习近平废除两任制，破坏了邓小平依法治国的努力

邓小平尝试加强依法治国，不仅在加强中国政府的管理职能上，也体现在修改中国宪法上。

邓小平认识到毛泽东的错误之一，是其个人长期霸占最高领导职位，个人凌驾于国家之上。领导人任期制的改革，是邓小平改变毛泽东的领导人终生制，用国家宪法制定领导人有限任期制。在邓小平的主导下，中国通过修改宪法，确定了中国国家领导人每任任期五年，连任不得超过两任的任期制。

习近平的前两任中共领导人江泽民和胡锦涛都遵循宪法制定的国家领导人任期制，将权力按期移交给下一任国家领导人。

习近平上台后，为了能长期霸占权力，显然不满足担任两任任期。他无视中国宪法，在其第二任期开始后通过修宪，废除了连任不超过两任任期的法律。

在职人为自己的任期修宪，其本身就违反宪法公正公平的原则。其实质是一种权力腐败。

习近平轻易地破坏了邓小平当年的法治努力。为自己像毛泽东一样长期执政铺平道路。

为什么中国的全国人大会议能轻易让习近平废除宪法制定的任期制？因为这些名为"人民代表"，实际是中共官员的头上都悬着一把"反贪污"的宝剑。也因为在中国监狱中关押着持有异议的官员，而那些表达过不同意见的官员，却是因为"贪腐"的罪名而被关在那里。例如我在回忆录中提到过的我认识的辽宁省委书记、省人大主任王珉。

宪法可以任意被个人修改，说明习近平与当年毛泽东一样，对法治嗤之以鼻，不把宪法和国家利益放在眼里！唯有其个人利益高于一切。

自从中国领导人任期制被修宪后，习近平已经顺利进入他的第三任期，他是否准备继续连任中国第四任第五任国家主席？谁也不

知道。只有习近平自己知道。因为目前中共内部谁也左右不了习近平！习近平有抓"贪官"的宝剑在手，他可以轻易把反对他连任的人当成贪官抓进监狱。

除了习近平主动下台，或者他因病下台，或者他被推翻，当前中共内部已经没有人可以让他和平离开。

6. 习近平加强了对中共党员的思想控制

习近平上台后与他的前两任放松对中共党员的思想控制不同，习近平加强了对中共全体党员的思想控制。

习近平通过要求中共各级党组织定期学习马克思主义理论，定期要求党员思想汇报来加强对中共全体党员的思想控制。这是他"从严治党"的做法之一。

习近平加强了中央党校和各省市级党校对中共党员的培训，所有准备提拔的中共干部都必须经过党校再一次的培训。

习近平本人确实定期召开中央政治局成员的学习讨论会议。中共政治局学习讨论会实际是他控制政治局成员思想的手段之一。讨论会上他处于一尊的地位，他的言论成为其他成员认识事物的标准。从而确定他在中共中央成员中的权威地位。他的做法比毛泽东当年搞政治批判运动要高明。他的确从思想上控制了中共的其他成员。起码表面上是这样。

习近平要求中共各级组织都举办这种学习讨论会来确认他的权威。

中共组织部门还要求中国的私营企业有党员的也要成立中共党支部。企图把私营企业也纳入到中共的控制之下。

7. 习近平发起在全国人民中进行爱国主义教育运动，从思想上控制民意

习近平上台后，在全国范围内展开了爱国主义和社会主义教育

运动。这是他的前两任没有做的事情。后来中国又通过了"爱国主义教育法"，将爱国主义教育在中国形成法律。

首先什么是习近平的爱国主义教育运动？

"爱国"是一个中性词汇，不同国家的爱国的含义是不一样的。如我在美国生活，美国人的爱国是爱这个民主的公平公正的国家，爱这里和平的富裕的生活。而习近平的爱国主义，是宣传爱中共建立的社会主义政权。是要求民众服从中共的统治，维护社会主义制度。

习近平的爱国主义教育运动又是一种宣扬仇恨的教育运动。仇恨是与热爱相对立的。该运动又是教育民众仇恨中共敌人的运动。

另外，"爱国"的含义在统治者与普通老百姓之间也存在根本的不同。统治者爱的是他的权力，他的统治范围。而老百姓爱的是和平的生活。比如统治者为了其统治利益会发动战争。普通老百姓则是害怕战争反对战争的。

习近平的爱国主义教育运动，就是通过各种宣传活动，让中国老百姓从思想意识上服从中共的统治，拥护中共政权的各项政治经济政策。哪怕是错误的政策也要服从。并从思想上憎恨中共曾经的敌人。

具体做法是，在中国的中小学、大学都增加了爱国主义和社会主义教育课程。中国的大学新生进校后要进行一段时期的军事训练，培养大学生的爱国情操。

习近平的中央政府还在全国各地拨款建立了各种规模的爱国主义教育基地，供民众参观瞻仰。其中红军时期，抗日战争时期的历史遗迹成为重点宣传教育基地。建设爱国主义教育基地的资金由中央政府专款拨付。这些爱国主义教育基地。以红军长征的故事，抗日战争解放战争的故事，抗美援朝战争的故事作为爱国主义运动的宣传内容。

例如南京的"侵华日军南京大屠杀遇难同胞纪念馆"就是习近平的重要的爱国主义教育基地。我回忆录中记录了习近平上台后，由中央政府拨款在南京抗日战争纪念馆原址上扩建十几倍重新建立了新馆。习近平亲临南京发表讲话，并将每年 12 月 13 日定为侵华日军南京大屠杀纪念日。将该日定为全国的公祭日，每年 12 月 13 日上午 10 时，南京市和中国其他城市会拉响防空警报三分钟，举国公祭。每年这一天警醒全国老百姓一次。

这种每年高调的举国公祭，实际作用是煽动中国民众对日本人的仇恨。这与当年毛泽东宣扬阶级斗争的作用是一样的，就是把中国人内心中的仇恨激发出来。

对日本人发动侵华战争的仇恨，是中国人绕不过的民族情结。在中国也没有人敢说纪念死难同胞不应该。

但是善良的中国人民有没有深入思考过，自从邓小平推行改革开放政策后，为什么一直致力于中日友好？从八十年代算起，中日友好已经超过了三十年。而习近平执政后，却大大改变了中国对日本友好的政策，重新高调宣传对日本人的仇恨。在中日关系上不断以霸凌的外交手段惩制日本。

有理智的人会明白，习近平是用中共惯用的宣传手段来控制中国民众的思想！来稳定中共的政权。进一步思考，习近平的爱国主义教育对其推行社会主义政策，强军路线，与美国、日本等西方民主国家对抗都起到作用。

爱国主义教育运动成为习近平对中国社会民众思想控制的手段。因为当"爱国"舆论一边倒时，中共当局可以把"不爱国"的帽子戴在那些对中共政策有不同意见人的头上。例如习近平要武统台湾，如果有人反对，那就成为"不爱国"的表现。

爱国主义教育也拉低了中国民众的智商。例如要发展中国经济，明智的人会知道要学习美国日本等工业化国家的先进技术，做好与这些国家的友好交往。而在爱国主义的宣传下，那些思维简单，缺乏深入思考问题的民众会产生对美国和日本等国家的敌视行为。他们把今天民主社会的日本看成是当年军事帝国主义的日本。这些人同样仇恨现代民主社会的美国，因为他们以敌对的视角看待民选的现代民主社会。

爱国主义教育也会使民众失去对社会进步正确认识的基础。中国有部分民众把中国工业化的进步，看成是靠社会主义制度取得的。他们没有认识到是私有制市场经济的生产方式对工业化进步的作用。他们对西方民主社会的社会进步抱有偏见。这也使得一部分中国民众会无缘无故地仇恨当今的美国和日本。

爱国主义教育运动并不能解决中国经济发展后出现的社会问题。因为爱国主义教育代替不了社会法律的作用。在中国经济发展期间，在私有制市场经济占了工业化发展的大半壁江山的情况下，爱国主义教育并不能解决私有制市场经济带来的市场恶性竞争，不能阻止不法企业生产伪劣产品，不能防止不法商人哄抬商品价格等等现实中的社会问题。也不能消除当下中共干部中层出不穷的贪污腐败现象。

由于没有严格的法制，中国社会招摇撞骗的现象在经济发展后日趋严重。官员讲话谎话连篇，社会上不断出现各种新的骗术。爱国主义教育对纠正社会不良风气也并无作用。

8. 习近平加强中国军队建设，企图成为军事强人

我们看到习近平上台后特别强调中国军队的建设。他向世人显示他想成为一个军事强人。他上台后，中国大大增加了军费投入。大大增加了对军事装备的科研开发和投入。他几次大规模检阅军队，向全世界显示中国的军事实力。

我们看到短短几年时间，中国的航空母舰造了出来，现在已经在建造第三艘。成批的新式军舰下水，成批的新型飞机出现。原名"二炮"的导弹部队改名为"火箭军"。中国又成立了新兵种"信息支援部队"。习近平热衷于建设一支现代化的强大的军队。他的假想敌是谁？他准备与谁开战？

习近平加强军队建设是为了控制军队。他多次改变中国军队的建制。他亲自提拔军队上将以上的官员，安排忠于他的人在军队领导岗位。毛泽东当年说过"枪杆子里面出政权"。毛泽东和邓小平都懂

得牢牢控制住军队，才能牢牢控制政权。华国锋当年把军权交给了邓小平，结果被邓小平赶下台。因此习近平从他的前任那里学到了控制军队的重要性。他企图牢牢地控制军队。

习近平预料不到的是，他想控制军队比较困难。他没有毛泽东和邓小平那种战争中统帅军队的经历，他也没有统帅军队赢得战争胜利的智慧。因此他得不到军队将领们由衷的服从。

另一方面，习近平执政前后，中国军队官员的腐败已经到了难以挽救的地步。相当部分的军队干部是靠金钱买官爬上去的。军队上层的将领买官卖官的现象非常严重。如今的中国军队已经腐败透顶。这样腐败军队的军事将领们怎么可能有对国家和对中共领导人的忠诚？

近几年习近平利用将领们的相互举报，抓了一批批的高级将领。有的是真正的贪官，也有的是他认为对他不忠的人。习近平借助反腐败清除了对他不忠的军人。问题是他怎么能分辨出谁是对他不忠的人？

我前文分析了"人性"中每个人的独立思维是与他人隔绝的。没有人知道他人在想什么。因此君主永远都在猜疑他身边的人会谋权夺命，君主没有信任的人。当年毛泽东怀疑他身边的人会篡权，他通过一次次政治运动打倒了他身边所有人。

习近平也在猜疑他身边的人对他是否忠诚。他用反腐败的手段对军队高层不断清洗。他的清洗也会引起军队高层官员的恐惧和不安。事实上，习近平已经把自己置于一种危险的处境。也许有一天，他失去军队支持的时候，习近平身边的人，某个将领或者某个中共高层成员会将习近平赶下台。这是中共极权体制本身结构会导致的结局。

而在国际关系中，习近平致力于强军之路，唤醒了美国等西方国家对中国的防备。美国等西方国家联手阻止中国的军事崛起和中国的经济发展。

习近平强军之路的实际效果是让世界民主国家认识到社会主义

中国会成为一个危险的敌人。促使世界民主国家联合起来阻碍中国的经济发展。这种不利于中国经济发展的局面实际上是习近平本人的执政政策造成的。

9. 习近平把统一台湾作为他的执政目标，增大了台海两岸的紧张局势

习近平强军之路的第一个可见目标是武统台湾。

中国建国后，国民党失去大陆政权后退居台湾，毛泽东的军队那时还无力攻占台湾，那个时代大陆台湾一直处于敌对状态，这是历史形成的局面。

邓小平执政后，随即向台湾当局提出和平倡议，这才有了大陆台湾几十年来的和平交往。才有了中国经济发展的大好时期。

邓小平的政策是将台海两岸关系从敌对转变为非敌对，从而促进了大陆台湾两地经济共同发展，促进大陆台湾两地人民和平共处，是真正造福于两地人民。

习近平执政后企图发动战争武统台湾的政策改变了邓小平时代和平发展的方向。习近平采取高压手段，增大对台湾的武力威胁，使大陆与台湾的关系日趋紧张。

如今中国大陆的军机、军舰几乎每天都要在台湾岛周边巡游。中国每天都在向台湾炫耀武力，随时准备入侵台湾。习近平的两岸政策使两岸关系向敌对方向转化。

习近平在国内大肆进行爱国主义教育，加强军队建设，不惜与美国等西方国家对抗，其目标之一就是为了武统台湾。

习近平将邓小平时代创造的两岸和平的关系逐步推向了战争边沿。

邓小平时代，后邓小平时代两岸的和平气氛消失了。两岸一度密切交往的商贸往来失去了。台湾政府同样在做军事战备，防备大陆突然的入侵。

　　习近平企图武统台湾的政策已经严重影响到中国大陆的经济发展。至少引发美国等西方民主国家对中国经济的多轮制裁。

　　习近平武统台湾的高调宣传和不断的军事行动，已经形成台海两岸极度紧张的局势，战争处于一触即发的状态。这给中国的经济发展造成巨大困难。

10. 习近平在对外关系上采取与美国对抗的政策，中国的对外关系走向与邓小平政策相反的方向

　　邓小平时代和后邓小平时代，中国与美国日本等西方国家处于十分友好的关系中。中国工业化发展得益于西方国家的工业技术和商品市场需求。

　　邓小平，以及江泽民胡锦涛都致力于维持中国与美国日本等西方国家的友好关系。

　　而习近平上台后则不断以各种形式开展与美国日本等西方国家对抗。从而将中国与美国日本等西方国家的关系从友好走向敌对。唤起美国等西方国家对中国经济发展的抵制。

　　我的文章中多次提到了习近平对日本美国等国家的敌对政策，这里有所重复，为的是探讨原因。

　　习近平执政后，中国与日本关系发生恶化是习近平主导的。我在前面文章中提到了习近平的爱国主义教育运动煽动中国民众对日本的仇恨。

　　历史让我们看到，在邓小平时代，邓小平主张中日友好。他大力推行对日本的友好政策。例如对中日间有争议的"钓鱼岛" 问题，邓小平采用"将争端搁置起来，让后人去处理"的办法。而习近平上台后，却重新点燃"钓鱼岛"的战火。无视当年邓小平对日本的友好表态，对"钓鱼岛"问题采取强硬立场，高调宣布钓鱼岛是中国的领土，高调宣扬"老祖宗的土地一寸不能丢"。派出海巡船不断巡视钓鱼岛。增加了与日本的对立。

在习近平的政策下，八十年代后邓小平倡导的中日友好关系消失了。部分无知的中国民众越来越仇恨日本人。

而如今的现实情况是，离开抗日战争已经八十年了。日本战败后，战争罪犯得到惩罚。日本战后一直在和平发展，已经建成了现代民主社会，日本早已不是军事帝国主义的日本。战后的日本已经经历了几代人，日本的现代人同样反对战争。习近平无视日本社会的变化和进步，把如今的民主日本仍然看成是当年的军事帝国主义日本。

在习近平煽动中国人仇恨日本人的情况下，日本民众的反中情绪也相应被煽动起来。日本人重新军事武装的意识也开始抬头。

习近平执政后，中国对待美国的态度也发生了变化。中美关系变得紧张是从中国开展"战狼外交"后开始的。习近平那时一度采用"不惹事不怕事"的简单粗暴的方式处理国际事务，那些拍习近平马屁的中国外交人员的对外发言从此变得咄咄逼人。这种"不怕事"的作风使复杂的国际事务变得不可预测，使中国与美国为首的西方民主国家的关系越来越紧张。

到了 2018 年，美国川普总统为了减少中美贸易中，美国承受的越来越多的贸易逆差，给部分中国商品增加了关税。中国方面在习近平授意下，有"狼性"的中国商务和外交人员强硬回应美方加关税行为，与美国对抗。从而形成中美之间的第一次贸易战。贸易战的结果是川普总统给中国全部商品加征了高额关税。造成中国输美产品经营困难。

中国强硬对待贸易战的态度惊醒了美国的政治精英对中国崛起的警觉。美国共和党和民主党的政治精英们都意识到要阻止社会主义中国的崛起。美国两党的政治精英都把抵制中国作为其重要政治议题，两党参众两院议员都开始提出各种反对中国的政策。

邓小平时代中美和平共处的友好局面逐步消失。

这段时间我在中国的朋友同样在思考如下的问题：如果中国的敌人都是西方发达的工业化国家 ，那么中国的朋友在哪儿 ？中国为什么要与世界工业化国家为敌？中国的工业化进步从何而来？中国为什么不能与世界工业化国家和平相处？

现实中，上述问题的出现都是与习近平执政后的国际政策相关。习近平上台后，在中国的外交政策发生了大转变。在世界舞台上，中国频频站在与美国欧洲等西方民主国家对立的立场行事。在世界敏感的政治问题上，在俄乌战争问题上，在中东发生的巴以冲突问题上，在对伊朗问题上，在对朝鲜问题上，凡是美国等西方民主国家支持的事情中国都反对，凡是美国等西方民主国家反对的事情，中国都支持。中国独树一帜，站在世界公知共识的对立面。

尤其在俄乌战争问题上，习近平与美国对着干尤为明显。

2022 年 2 月普京突然发动俄国侵略乌克兰战争。美国和欧洲北约国家一致反对俄罗斯对乌克兰的入侵战争。从而给予乌克兰大量武器装备和资金支持乌克兰反抗俄罗斯，全力帮助乌克兰抵抗侵略。

全世界有正义感的各国政府和人民都一致反对俄罗斯的侵略战争。反对俄罗斯的侵略战争已经成为世界各国的公知共识。

而习近平却站在美国等国家的对立面，站在全世界大多数国家和人民公知共识的对立面，不谴责普京发动的侵略战争。暗中支持普京的侵略战争。

世人看到在普京发动俄乌战争的前夕，习近平在中国接见普京，称其为战略伙伴。而这个战略伙伴在与习近平会面后，回到俄罗斯就发动侵略战争。

迄今俄国侵略乌克兰的战争已经超过三年时间。三年多来，习近平多次与普京见面，持续不断称普京为战略伙伴亲密朋友，在经济上支持普京，帮助俄罗斯维持其战争经济。

普京发动的侵略乌克兰战争已经使乌克兰若干城市成为废墟，几十万乌克兰军民失去生命，成千万乌克兰平民流离失所。国家已经被俄罗斯分割。

习近平统治下的中国始终给予普京支持。中国与美国和北约国家在俄乌战争问题上立场完全对立。美国对中国输入俄国战争物资的企业给予制裁。

习近平在俄乌战争问题上与美国的对抗加深中美关系的恶化，加大了美国对中国的经济制裁，增加了中国经济发展的困难。

而在近期，当中国经济明显不景气时，中国经济衰退的趋势又让习近平转而向美国示好。但是仍然暗中不遗余力地给予俄国普京帮助。习近平的行为左右摇摆。他的国际政策是相互矛盾的。

11. 习近平执政后与他的所有前任不一样，他事无巨细的控制中国所有事务。他又像毛泽东一样固执己见，把个人的偏见强加在全党和全国之上

习近平执政后的行为呈现的是，他事无巨细地控制中共的和中国的所有事务。中共党内的、国家的和军队的各项事务他都亲力亲为做着指导和布置。中共官员的提拔，中国政府的经济工作会议、科技发展会议、教育工作会议、军队的高级将领授衔、军委工作会议，…等等中国各项主要工作都在由习近平亲自主持着。中国的电视媒体每天头条播出的是习近平主持某某会议，接见某国领导人，外访某个国家。中国的所有事情似乎都离不开习近平。

习近平事无巨细的把所有的事揽在自己的手上是与他爱抓权，唯我独尊的性格促使的。

毛泽东统治中国时，他只抓大权，当时中国的日常工作由刘少奇、周恩来、邓小平处理，军队日常事务由彭德怀、林彪等处理。

邓小平时代，邓小平仅在幕后注视前台的执政者，放手让前台的中共总书记、国家主席和国务院总理各负其责。

江泽民和胡锦涛执政时，也不插手总理朱镕基和温家宝行使职权。

习近平是否懂得特别多，知识面特别广，比他的前任们都聪明呢？否！与他的前任相比，他的文化水平、知识面狭窄，他的人生经历是平庸的。了解习近平的中国人都知道，他只有小学五年级的正规学习经历，毛泽东的文革中断了当时所有中国青少年人的学业。文革

中他没有上过中学。他长期在农村插队劳动。后被保送上大学，学化工专业。文革中的大学保送生几乎不需要学懂知识，也没有测验和考试，混几年就可以毕业。

习近平的做官的业绩也是乏善可陈，政绩平平，他有父辈人的照顾，平步青云。但是却养就了他丰富的官场经验。他熟知用反腐败的手段把权力牢牢地掌握在自己手中。

我的前几节文章中，也分析了习近平的思维是混乱的，他根本没有认清中国工业经济发展的原因。

习近平还像当年的毛泽东一样，没有工业经济知识却十分固执已见地推行其自认为高超的经济政策。毛泽东当年没有钢铁工业专业知识，却提出工业"以钢为纲"的大炼钢铁运动。习近平没有工农业各行业的专业知识，却以领导者自居指导中国各行业的经济发展。

12. 习近平维护其政权的稳固已经超过其前两任的做法

中共政权历来把巩固其政权，稳定其执政作为头等大事。毛泽东当年发动的土改运动、镇压反革命运动等等政治运动，其根本目的是巩固中共的政权。稳定其政权以下简称"维稳"。邓小平镇压"六四学生民主运动"同样是为了其政权的"维稳"。

所谓"维持社会稳定"，实际是加强对社会的控制。用高压的手段对付普通老百姓。让老百姓不敢说不敢做任何对中共政权稳定有影响的事情。

中共对其政权的"维稳"，带来社会紧张的政治气氛，因为总有一部分民众受到镇压。

1992年邓小平二次改革开放后，中国在放手发展经济的过程中，"维稳"有所放松。尽管在江泽民执政时发生了镇压"法轮功"事件，但是总的来说，江泽民胡锦涛执政时期是中国社会生活相对宽松的时期。这也是中国经济能够快速发展的原因之一。

习近平上台后，在他的第一任期时，他的注意力集中在反腐败问题上，中国社会相对保持宽松的社会政策。到了他第二任期后，他修改了其任期的限制后，中共加大了对中国社会的控制，各种对社会控制的政策不断出台。这些政策也造成中国经济下滑。

随着中国经济下滑，中国社会上对习近平执政的不满越来越多，中共政权的"维稳"措施也越来越严厉。

中共政府的相关机构封锁了所有海外媒体的传播。对国内的自媒体新闻和传媒实行严格的审查和限制。任何不利于中共政权的言论和影视都加以删除。

这也使中国的科技人员和学生们无法正常了解海外媒体的科技新闻和技术情报，影响中国的科技发展。

中共增强了公安部门、安全情报部门对社会的监控。出台了更多限制民众言论自由的政策。如，在中国各城市到处是密集的监控摄像头，监视民众活动。民众走在地铁火车站等各种公共场所，随时会有警察或者穿便服的人员检查民众的身份证件。政府工作人员会层层阻挠到北京申诉冤屈的民众。民众的集会被禁止。民众自发的游行会被禁止。民众家庭有在海外生活的人员要向所在公安派出所登记。海外人员回国必须立即向公安派出所申报。

近几年，中共扩大了安全情报部门的职能，扩大监控社会的覆盖范围。甚至监控有损于习近平个人声誉的书籍。据知情朋友透露，习近平动用安全情报人员去香港逮捕了销售出版习近平个人情史书籍的书店人员。

中国安全情报部门还加大了对企业的经济活动的监控，以抓经济间谍的名义抓捕了一些进行正常经济交往的人。

中国的公安部门扩大执法范围，以抓经济犯罪为由，插手企业间经济活动。如有些地方的公安部门介入企业间的经济纠纷，帮助本地企业到外地抓捕与其有纠纷的其他企业人员。进行违法执法，扰乱正常经商次序。

中共对干部的管理更加严格，在职的政府官员是不准私自出国的。现职的县市以上主要官员去国内其他地方都必须请示报告。

中共借助高科技的发展，严密监视着每个地区，每个官员、每个民众的活动。

中国经济活动就是在这种越来越严密的控制下进行。中国的私有市场经济怎么能不受到干扰。

以上我列举了 12 个方面习近平改变了与他的前任不同的政治经济方面的政策，习近平还有更多的这方面的政策和举措。我不再列举。总之我们看到习近平的执政与他的两任前任有明显的不同。

中国政权就是在这样一个缺乏专业知识，知识面狭窄，对经济发展的认知思维混乱的人的统治下渡过了十多年。中国社会在习近平大事小事都不放过，各项事务统统过问的情况下，渡过了十多年。

第 29 章

习近平的执政政策是重启传统的共产党理念来控制中国社会。习近平的执政政策对中国的经济发展会产生什么影响？

以上习近平上台后执政历史方方面面的措施和政策让我意识到：习近平是在用传统的共产党理念和做法来控制中国社会。企图用马克思主义理论来解决中国私有制市场经济带来的问题。他成为了像毛泽东那样的独裁者控制着中国社会。他想把中国拉回到社会主义道路上去。

我在文章中提到习近平没有认识到中国近二三十年的经济增长的根本原因是放开了私有制市场经济。换句话说，习近平没有认识到，中国的经济增长是采用了资本主义生产方式所取得的。习近平也没有认识到，资本主义生产方式所产生的社会问题需要建立民主法制的社会法制体系加以治理。

也许习近平看到了私有制市场经济对中国经济增长有益，所以他没有企图消灭私有经济。他也没有能力能够消灭已经发展起来的规模宏大的中国私有经济。中国的私有经济历史发展潮流已经使他无法阻挡。但是为了维护中共政权的稳定，他的头脑中能想到的办法就是采用共产党传统的办法，用共产党的理念统治中国社会。他的做法也确实阻碍了中国私有经济的进一步发展。

在一系列习近平执政后的方方面面的政策中，我发现习近平执政的思路倒是一致的，就是他在坚持用社会主义制度来解决资本主义生产方式中出现的问题。他学习毛泽东当年的办法，用中共惯用的政治运动来解决资本主义生产方式中出现的社会问题。如习近平开展的反腐败运动、爱国主义教育运动等等。

习近平重新肯定毛泽东时代，这也与中共从来没有总结分析毛泽东时代的错误有关，中共一直以来对毛泽东执政错误回避，不让总结分析其错误的原因。因此习近平这样的后任似乎也不清楚毛泽东当年错在何处。

毛泽东当年是实行马克思主义的社会主义公有制计划经济才导致中国经济长期停滞不前。习近平对此似乎毫无认知。习近平从正面肯定毛泽东时代的经济政治政策，坚持马克思主义理论解决中国私有制市场经济中经济发展问题，是一种思维混乱的表现。因为马克思主义的根本宗旨是消灭私有制。

习近平也没有认识清楚当年苏联瓦解的原因。

回顾历史我们会看到，苏联因社会主义公有制导致经济崩溃。邓小平是恐惧中共政权也会像苏共政权一样因经济崩溃而瓦解，因此在他的二次改革开放以后，在"不争论"社会主义和资本主义区别的情况下，实际上是运用资本主义生产方式发展经济。尤其是朱镕基主持中国经济工作后，在中国进行了大量中小国有企业向私有企业转制。中国从那时起开始了私有制市场经济生产方式。也就是中国经济实际采用了资本主义生产方式才得以挽救走向破产的社会主义公有制经济。

可以说没有私有制市场经济的兴起，中国经济早已崩溃了。

习近平简单的重新拾起毛泽东的执政理念，对中国经济发展社会进步的影响是巨大的，因为他不是个普通人，他是占据着中国最高权力的人。他对事物混淆不清的认识，他的所作所为影响着中国的经济发展和社会进步。

在习近平上台后所推行的各项政策下，在习近平强调"两个不能否定"，"四个自信"和"十四个坚持后，中国经济向资本主义生产方式转变的过程放缓了。中国经济重新退回到以公有制经济为主导的计划调节经济。

2015 年八月，习近平上台两年后，中共中央发布了关于"深化国有制改革的指导意见"。实际上是彻底否定了中国工业化过程中曾经发生的国有企业向私有化的转制做法。中国国有企业的私有化转制进程停止了。

习近平上台后加强中共党员的马克思主义理论学习，加强对社会民众的爱国主义教育，建立社会主义教育基地。以及在国际上实行与美国、欧洲、日本等西方资本主义国家为敌的政策，对台湾加大武统的威胁，等等行为都是习近平用中共传统理念治国的具体表现。

习近平推行他的马克思主义治国理念，为的是保住中共政权，必然不会顾及其政策对中国经济发展的负面影响！

习近平坚持马克思主义执政理念的措施还表现出，他企图用中共传统的社会主义理念来解释中国出现的资本主义生产方式。他把中国私有经济的快速发展套上了社会主义的外衣，把中国近几十年实行的资本主义生产方式解释成是"中国特色的社会主义"。当然不仅仅是套上社会主义外衣，还加上了中共政权的特色和不断增加的公有制成份。

"中国特色社会主义"并非习近平首创。邓小平过去就提出过这个概念。邓小平提出"中国特色社会主义"的思路，与其"不争论"的思路一样，是为了实际发展中国经济，是回避提资本主义的一种婉转方式，是一种"鸵鸟政策"。习近平的不同之处在于，他试图将这个"中国特色社会主义"发展成他的"习近平思想"，即他对新时代马克思主义理论的"贡献"。

习近平的言行表露出他把资本主义生产方式与社会主义生产方式混为一谈。他把两种完全对立的生产关系视为一体。他不清楚资本主义生产方式是促进工业化经济发展的不二选择。

习近平混乱思维产生出的中国经济政策最终会导致中国经济走向何方？我们从近几年中国经济的大幅衰退已经可以看出端倪。中国目前已经进入一种人为的，由习近平不断推出的政治经济政策导致的"经济危机"。

　　客观说，习近平执政后，中国经济的变化是随着习近平执政政策的变化逐步发生的。

　　习近平的第一任期时，他的主要精力放在官员反腐败的问题上。因此中国私有经济发展的惯性并没有让中国经济发展速度放缓。

　　习近平的第二任期初，他的主要注意力放在修改中国宪法，解除对其个人任期的限制。他发布的限制中国私有经济的政策较少。中国经济仍然保持一定的发展速度。

　　从习近平第二任期后期，到习近平的第三任期，中共政府干预中国私营经济的政策不断出现，中国工业经济发展速度明显放缓。

　　现实社会中，我们看到，随着习近平干预私有经济政策的加大出现。比如要求私有企业建立共产党支部，以"人为"手段加大对私营企业的监管和检察，加大政府干预私营企业营运，…等等各种措施。加上国际上中国与美国等西方国家对抗的政策，加剧了中国工业化经济发展的困难。到如今中国经济出现一种由习近平国内国外政策综合效应引发的"经济危机"。在中国经济领域的各个方面都出现严重问题。

　　首先我们看到，近两年来全国各地房地产市场价格暴跌 30%以上，这个跌势还在继续，看不到前景。房地产行业涉及到二十多个工业行业，如建筑工程行业，建筑材料工业，家用电器工业，银行信贷，…等等，造成很多工业行业的发展受到影响。目前各地的新房建设基本停止。各种类型的房地产公司和建筑工程公司一个接一个倒闭。全国各地的房价还在持续下跌。中国刚刚富裕起来的中产阶级的资产大幅缩水。

　　中国股市低迷，社会中民间投资公司一个接一个"暴雷"倒闭。有些私营老板卷款逃往海外。

　　在中国工商业方面，中小私营企业一批批倒闭。成批的外商投资企业撤出中国。中国 GDP 的增幅下降。可能已经是负数了，2024 年中国报出的 GDP 仍然处于增长状态，但是人们已经不相信其真实性了。因为在习近平中央政府的高压下虚假报表越来越多。就连很多国营企业也经营惨淡。社会经济进入了严重不景气。

我与中国各方面朋友的接触中，了解到中国有大量的国有企业和私营企业的经营状况都非常不好。工厂销售大幅下降，工厂辞退大批员工。有的私营企业破产了。有的被国营企业兼并了。

中国目前确实还有一批经营尚可的工业企业，但是同类产品的市场竞争非常激烈。企业间竞相降价争取市场份额。中国人称其为"内卷"。原因是中国经济缺乏相应的防止恶性竞争的法制规则。

社会经济不景气带来各地老百姓的生活水平下降。民众开始节衣缩食，准备经济上的寒冬到来。

在经济下滑中，各地方政府财政收入大幅下降。其中依靠房地产开发出售土地使用权的市县政府财政收入，因为房地产不景气，政府的地税税收降幅最大。造成各地地方政府财政紧缩。有些地方政府财政年年负债，有些地方政府连官员的工资都发不出。

中国农村的状况也很不乐观。由于中共始终坚持土地公有制。土地不可以买卖，中国规模化大农业始终没有发展起来。农村由于人多地少，农村经济长期发展上不去。曾经一度中国农村有大批年轻农民离开农村进城打工，现在城市用工减少，大批农民工回流农村，增加了农村闲散人口，很多人感到前途迷茫。

另一方面，中国每年需要进口大量粮食，尤其是大豆和玉米，以满足十四亿人口的消费需求。进口粮食谷物已经成为维护社会供应稳定不可缺少的来源。中国社会已经不能承受进口粮食谷物中断的发生。

目前中国式"经济危机"还在继续着，城市房价在继续下跌，中小型私有企业在继续倒闭，越来越多的人找不到工作。"经济危机"何时是头还看不到希望！习近平的执政也越来越陷入困境之中。

处于高位的习近平似乎并没有意识到中国经济已经进入危机。中国媒体上还在不断吹嘘中国经济的成就。

习近平还在不同场合多次提到中国要走"共同富裕"的道路。不断提到要靠社会主义才能实现"共同富裕"。

习近平始终没有认识到唯有私有经济才能最大限度地提高社会劳动生产力，才能创造出最多的社会财富。社会没有产生出巨大财富，社会民众如何实现"共同富裕"？

当年毛泽东推行公有制的人民公社，结果带来的是中国农村的"共同贫穷"。

毛泽东时代的历史已经证明社会主义公有制生产方式生产不出丰富的社会财富，因此社会主义的"共同富裕"是个不可实现的伪命题。就像共产主义不可能实现一样。中国经济是被习近平的混乱思维带偏方向。

习近平还提出了"公有制经济与私有制经济有机统一"的说法。习近平说："实行公有制为主体、多种所有制经济共同发展的基本经济制度是中国共产党确立的一项大政方针"。他的真正想法是巩固公有制经济。中国政府依此出台了多项有利于公有制经济发展的政策。

在习近平混乱思维的主导下，中国经济的发展前景堪忧。

第 30 章

习近平的执政言行暴露了其个人野心，

习近平的个人野心阻碍了中国的工业化进展和社会进步

中国经济走到今天的局面，除了习近平对工业化经济和社会演化的无知外，左右他思想的是他个人的野心。我们通过分析他的言行就可以看清楚他的真实意图。

1. 分析习近平的"新时代中国特色社会主义思想"

上一章提到习近平的"中国特色社会主义"已经成为"习近平思想"。他意图把自己塑造成"新时代马克思主义理论家"。

现实中的中国工业化经济的发展历史说明了习近平完全没有认识清楚私有经济对中国工业经济所起到的作用。习近平是在生搬硬套的用社会主义概念定义资本主义生产方式。他以他对事物混淆概念的思维方式定义了"中国特色社会主义"。

习近平利用他的权力，在中共十九大将"习近平的中国特色社会主义思想"写进中共党章。他企图把自己塑造成一个"思想家"。

他还像毛泽东当年发行毛泽东选集那样大肆发行他的著作。当然，了解中国的人都知道，他的著作是他的写作班子帮他写的。毛泽东的著作也是毛泽东的写作班子帮毛泽东整理的历次讲话文稿。

分析习近平的特色社会主义，可以看出他不是一个改革家，因为他企图把私有制经济包容在社会主义理论中。他也不是一个马克思主义者，因为他并没有坚持马克思主义消灭私有制的基本原则。

习近平也不是什么"思想家"，因为他的"习近平新时代思想"，只是一种自以为是的"思想"。他混淆概念的"思想"除了暴露他的无知，也暴露了他的野心。他要像毛泽东当年推行"毛泽东思想"一样，推行他的"习近平新时代思想"。他想把自己塑造成毛泽东一样的"中共伟人"。

2. 他处处突出他个人的权力和地位

习近平执政后像毛泽东一样，在全党和全国人民面前突出他自己的权力和地位。他通过反腐败运动巩固了他的权力。中国的现实让我们看到，他企图将全党全国官员置于他个人的控制之下。

我们看到中共和中国政府的其他高层干部都必须向他述职和汇报思想。我们常常看到这样的画面：在中共的中央政治局会议或者其他高层会议上，他一人坐在会议桌前方中央，其他人员坐在下方的两旁边，凸显他一尊的形象。

中国的大事小事，各个领域的事务全部都由他习近平主导。这方面他胜过毛泽东。中国国务院和政府各部门的事务都由他领导决策。尽管他没有各个领域的专业知识，他也要作出他的决策。如在三年的新冠疫情期间，全国的防疫工作由他一人说了算。因此因为他的原因，中国一段时间防控措施特别严格，一段时间后突然防控全面放松。老百姓一段时间被控制的苦不堪言，随即又几乎没有任何防控措施，导致几乎所有人被感染，病死大批人。

他一年比一年加大了反腐败力度，其中增加了对官员政治腐败的制裁。所谓政治腐败就是对他的不满和不忠。如今他增加了反腐败倒查十年。中国官员人人自危，大部分官员敷衍度日，工作上躺平不出力。

在所有中国事务中，习近平注重的是他的权力和地位，中国人民的利益只是一种陪衬。

为了凸显他的地位和权力，我们看到中共掌控的媒体的头条新闻每天都是他习近平的新闻。新闻主持人必须把他所有的头衔不断地重复复述。

3. 习近平企图长期成为中国的极权统治者

习近平在他的第二任期修改了限制他任期的中国宪法后，他的个人意图明显不过地表现出来，他企图一直待在中国最高权力的位子上。除非他因病下台或者被赶下台。

他的行为暴露出他无意放权。他想做第二个毛泽东。

4. 习近平坚持其武统台湾的执政目标

中国大陆的军机如今日复一日地围绕台湾飞行，向台湾炫耀武力，是习近平向世人表现出他武统台湾的决心。表现出习近平随时会一声令下发动战争。表现出他会无视中国人民的利益和台湾人民的利益，他会毫不顾忌他人的生命，凸显他统治者的思维和野心。

武统台湾是习近平的执政目标之一。习近平十分执着这一目标。

5. 习近平在中国国内国外滥用中国人民的血汗钱为他个人树碑立传

在中国习近平的所作所为都在突出他个人的权力地位，这是中国人民有目共睹的事实！

他还浪费大量中国人民的血汗钱，建立他个人主导的项目，打出他个人的"品牌"！

最典型的事例是习近平个人主导投资建设的河北省雄安新区。从2017年起至今已经投资兴建了八年的雄安新区，已经耗资了8千多亿人民币，新的投资还在不断增加。习近平用人民的血汗钱在一片荒野上建设了一个完全没有任何经济效益的新城市，一座空城。习近平是想建立他个人标志性城市，让历史留下他的宏伟杰作！

而现实中，他主导建设的雄安新城给他带来的是负面形象！因为该项目的巨大浪费已经载入历史。该新城的建设还建立在习近平对建设项目的无知之上。因为雄安新区还有一个致命的弱点，该区建立在河北省低洼地区，一旦暴雨天气，此处将有洪水泛滥的危险。

但是在中国没有人可以对权力顶峰的习近平的浪费行为和无知行为进行纠正。也没有人能够对习近平的巨大浪费行为进行处罚。

在国际上，一带一路建设是习近平引以为豪的世界战略。现实中他是在挥霍中国人民的血汗钱为他的一带一路政策铺路。他动辄豪甩几百亿美元赠送或者低息贷款给非洲各国的第三世界国家，一段时间后又免除还款。赢得那些国家官僚的欢心，以便他个人在世界上出人头地。

那些送给第三世界国家的巨额金钱，有相当一部分被那些国家的官僚所贪污。

习近平个人送出去的巨额资金是中国人民的血汗钱。他有没有想过中国人民的利益？他有没有想过使用中国人民的血汗钱需要人民的同意？起码通过人大代表们的讨论？没有！中国的有关部门全凭习近平个人的要求拨出巨款。

习近平肆意挥霍人民的血汗钱实际是一种权力腐败。因为他滥用人民的金钱来追求自己在世界上的名望。

习近平非常喜欢接待各国元首，接见中他会不断提到他个人在相互关系中的作用，以突出他个人的影响力。

6. 习近平在世界上与美国对抗，企图建立以他为中心的世界秩序

习近平与美国为首的西方民主国家对抗体现在中国的对外政策上。他在凸显他个人在中国对外政策中的作用。中国外交官员必须不断重复习近平的个人指示。尤其是在俄乌战争的问题上，习近平支持普京的立场完全与美国和北约国家对立。这些上一章都有阐述，这里不再过多重复。

不仅是俄乌战争，在巴以战争问题上，在伊朗和朝鲜发展核武器问题上，在世界其他敏感的事务上，习近平引领的中国外交政策是，凡是美国为首的西方国家反对的事情，他都带头支持。

习近平的对外政策体现出他意图另搞一套国际次序。他提出了："推动构建新型国际关系"。提出了"构建世界命运共同体"。他所有的努力都是瞄准美国作为对抗目标。他妄想建立一套以他为中心的国际次序来代替美国在世界上的作用。

习近平无视美国对维护世界和平所作的巨大贡献，无视美国对中国工业化进步的帮助。无视美国在世界事务中总是站在正义的一方。

习近平的作为清晰的体现出，他无视是非，宁愿站在世界共识的对面，只要突出他在世界政治事务中的作用就好，只要他习近平出人头地就好。

习近平的对外政策将中国与美国等西方国家隔离开来，自我孤立起来。其结果是带来美国欧洲等民主国家对中国经济实行程度不同的制裁。

以上所列举的事实已经足够显示习近平的意图和他的野心。习近平的个人野心体现出他想成为中共历史上的一位伟人。

他的言行还体现出他企图成为世界历史上一位举足轻重的人物。他借助中国十四亿人民几十年来创造的社会财富来实现他个人的野心。他站在美国为首的世界工业社会的对立面，企图重塑一个世界新秩序。

正是习近平的个人野心，促使他提出了"习近平新时代思想"，搞出了"习近平的中国特色社会主义道路"。促使他与美国对抗。其结果是给中国工业经济发展造成了巨大困难。他的行为阻碍了中国社会的进步。他罔顾中国人民的利益来实施他个人的野心。

在台湾问题上，习近平的个人野心，已经将中国拖入战争边缘。一旦他发动武统台湾的战争，将会给台湾和大陆社会带来巨大灾难。给两岸经济带来无可估量的损失。将严重阻碍两岸工业经济的发展进程。

综合习近平上述各个方面的表现，一个明显的特点浮现出来，他所做的一切都是为了突出他个人，他到处都在凸显他个人的作用，他的言行表现出他在为他的个人利益而奋斗！他是一个地地道道的个人主义者。

我分析习近平执政所呈现出来的极端个人主义的特性，只是想阐述一个事实，人都是自私的。毛泽东当年执政时发动的一场场政治斗争，最终暴露出他进行政治斗争的目的是为了维护他个人的权力。毛泽东体现的也是人性的自私。

习近平个人的自私思维，主导着中共的国家政策，阻碍了中国的工业化进程和社会进步。

第 31 章

是中共的中央集权统治体制产生出习近平这样的统治者。中国工业化科技化经济的长足发展有待于中国极权统治体制的革命性变革

中国在邓小平第二次改革开放后，由于开放了私有制市场经济，工业化经济连续高速发展了二三十年。而习近平执政后，随着他影响经济的政策不断推出，中国的工业化进程逐步放缓，到如今已经出现经济危机的趋势。这让我们看到中国人民几十年改变中国经济的努力让一个执政者出于个人的野心而改变了。

而中国会出现习近平这样的执政者，是与中共的中央集权统治体系相关。是中共的集权统治体系产生了习近平这样的统治者。让他可以随意的发号施令，让他的私心膨胀。让他可以利用他手中的权力实施他个人的野心。

中共的极权统治体系是毛泽东创建的。我的文章前面分析过，中共的政权体制是带有中国封建色彩的中央集权统治体系。这种中央集权的，由上而下层层紧密控制的，像金字塔一样统治体系，控制着中共全党和中国社会。

毛泽东是效仿中国封建王朝金字塔型的统治体系建立了中共一党专政的统治体制。这个统治体制可以让毛泽东像当年历代皇帝一样，统治着中国。

当年毛泽东执政的历史让我们看到，五十年代毛泽东发动大炼钢铁和人民公社化运动，是他的极权统治体制赋予他权力，让他可以按其个人主观意志推行社会主义公有制经济。他的政策造成中国饿

死几千万农民后，又是他的极权体制，让他可以利用其权力逃避其责任，维护他个人的名声和地位。文革运动中同样是他的极权统治体制，使他可以滥用手中的权力打倒他想打倒的人来维护他的权力和地位。

毛泽东建立的这种极权统治体系，使掌权者拥有绝对权力，行使掌权者个人野心。

我们再回看如今习近平执政期间，习近平在中国宣传他的"新时代特色社会主义思想"，并不是因为他的"思想"有多高明，而是这种极权统治体制让他有权力向全党全国人民反复灌输他的"思想"。迫使民众接受他的"思想"。让他有权力把他的"思想"写进中共党章。让他有权力压制不同的思想，把反对他的人关进监狱。

这种集权体制让习近平身兼中国的所有最高职务，让他可以统治全党全军全国。他的话变成了圣旨。使他成为有绝对权力的人。使他可以掌握全体中共官员的命运。

这种集权体制让习近平能够改变中国的宪法，废除任期制对他连任的限制。因为在中共的集权体制中，人大和政协仅是一种摆设。人大和政协委员没有权力对中共领导人作出任何限制。

这种集权体制将中国政府和中国的法律体系置于中共领导人的统治之下，因此中国实施的是中共领导人"人治"下的政府管理，和"人治"下的法律体系。因此中共统治是人治的统治。从而使中共领导人成为极权统治者。中国政府和中国法律体系成为极权统治者的统治工具。

这种集权体制把权力和利益结合起来，极权统治者可以滥用权力，进行权力腐败和利益腐败，而不受任何惩罚。极权统治者以下官员的腐败则不断滋生，消除不尽。

这种集权体制让统治者习近平掌握中国的经济命脉，他的政策左右中国经济起伏。他的错误政策阻碍中国经济发展。他的错误政策也没有人可以纠正。

这种集权体制让统治者习近平可以肆意挥霍中国人民的血汗钱

而不受任何惩罚。

这种集权体制赋予了掌权者习近平掌握中国军队和发动战争的权力。让他成为个人独裁者，滋生了他武统台湾的野心。

这种集权体制让习近平在国际关系中，以其个人的思想意志左右中国的对外政策。习近平时而以强硬的政策对抗美国，时而又迎合美国，以突出他个人的作用。

中国的现实让我们看到，像习近平这样一个没有什么专业知识，没有文化基础知识，思维概念不清的统治者，却主导着中国对内对外的政策。这是中共的集权统治体制所产生的结果。

因此，是中共的集权统治体制产生了习近平这样的统治者。习近平凭借的是其父辈的庇荫和长期的官场经验，爬到中国最高统治者的位子上。他精通在中共的政权体系中如何向上爬，精通如何通过反腐败巩固自己个人权力，精通如何控制这个政权的各类官员，精通如何宣扬自己，却不知如何发展中国的工业经济。这是中国人民的悲哀。

这种集权统治体系产生的统治者需要具有各种人际机缘和深谙中共的官场之道，恰恰不需要有工业化发展知识和社会进步知识，不需要有深厚的管理国家的知识。只要谙熟中共的为官之道，能够坐上中共最高位子即可。

这个集权统治体系给了具有个人野心的统治者使用14亿人民积累的财富随性投资的权力，给了统治者投资军事工业，扩大军备生产的权力，给了统治者扩大军事力量和发动战争的权力，给了统治者与世界进步社会对立，实现其个人野心的机会。

一旦习近平下台，这个集权统治体系还会产生出下一个类似习近平的官僚。这个集权统治体系也许也会产生社会改革家，但是可能性较低，因为官员们在长期向上爬的竞争中，耗尽了心智，真正的改革家在向上爬的过程中容易被排挤掉。

由此可见，当前影响中国工业化进程和社会进步的是中共的中央集权统治体制。

　　回看中国三十多年的工业化经济的发展，可以清晰的看到，中国的私有制市场经济生产方式是中国工业化发展的不二之路。中国工业化进程的历史已经完全否定了毛泽东的社会主义公有制计划经济。与毛泽东时代没有发生根本性变化的是中共的中央集权统治体制。

　　中国经济要得到长久的工业化科技化发展，中国要能够持续与世界工业化国家和平共处，互惠互利发展经济。中国要能够避免被独裁者带入地区的或者国家之间的战争，唯有对中共的中央集权统治体制进行改革。

　　对中共的中央集权统治体制进行任何政治改革都会触及中共一党专政的统治集团的利益。因此是中共绝对不允许发生的事情。

　　现今习近平掌控的中共政权不会允许政治体制改革。习近平要的是巩固自己的权力，要的是维护中共政权的稳定，他甚至连批评意见都不允许发生。习近平宣扬"中国特色社会主义"，巩固公有制经济，其目的也是为了维护中共的极权统治体制。

　　习近平的前任江泽民胡锦涛同样不遗余力地维护中共的政权。总理朱镕基进行经济改革，放开私有制经济，其目的是为了发展经济，是为了维护中共政权。即使是邓小平，作为一个中国经济改革的"总设计师"，同样坚定地维护中共政权毫不动摇。当1989年发生"六四学生民主运动"时，他也是毫不犹豫地进行了镇压。

　　所有的中共前任后任领导人在维护中共一党专政的统治政权方面的观点是一致的。他们都知道政治改革意味着放弃权力依法治国，意味着接受人民的监督，意味着执政不当就得下台。当权者不可能为社会老百姓的利益，为社会进步而放弃其所获得的权力。

　　作为中共政权的统治者，为了维护中共政权，就会坚持中共理论基础的马克思主义学术，坚持反对资本主义，起码口头上反对资本主义。就会实行限制私有制经济的政策。就会坚持公有制经济为主体的国家经济。就必然会与西方民主国家为敌，就会抵制民主政治体制。这是中共本质所决定的。这是中共极权统治者无法逾越的鸿沟。

因此中共政权要实施政治改革是极其困难的。维护中共政权必然会产生阻碍中国工业化经济发展的政策。这也是中共政权无法绕过的鸿沟。

从而带来中国的工业化经济要达到世界先进工业化国家的经济水平也是极其困难的。

而世界工业化国家的历史让我们看到了，美国等西方工业化国家的工业化科技化进程是在私有制市场经济为主体的生产方式下得到的长足持续发展。是全面的法制体制保证了社会经济运行和社会进步。是全社会的民主政治体系提供了全面法制体制实行的基础。

效仿美国等西方国家的民主政治体系和法制体制是中国政治体制改革的方向。

而认清楚美国等西方国家的民主政治体系和法制体制的先进性对中国的政治精英和民众来说是困难的，但是是必须的。

中国的近代史让我们看到，中国已经在中共极权统治体制下度过了七十六年。在中共长期的社会主义政治宣传下，不能否认中国有相当一部分人接受了中共的宣传，形成了某种固定思维模式。这种思维模式以中共的视角看待世界，把社会主义视为常识，形成仇视西方工业化国家，仇视资本主义生产方式的偏见。这些人不能理解和接受私有制市场经济生产方式是促进社会生产力发展的最佳选择。不能理解现代化民主政治是对社会经济发展和社会进步的基础保证。

因此在当下，中国政权的政治体制改革是极其困难的。

中国工业化科技化经济要得到长足发展，中国社会要能得到长足的社会进步，中国目前的中共政权体制必须要有革命性的突破性的变革。

第 32 章

民主台湾给中国大陆向民主政治体制转变带来希望

台湾如今已经成为了一个现代民主国家。1990 年前后台湾从国民党一党专政的非民主政体成功转型为民主政治体制的国家。

台湾的民主政治转型归功于国民党最后的领导人蒋经国先生于 1986 年开放党禁，解除在台湾实施了 37 年的"戒严令"。蒋经国去世后，台湾政权进行了政治体制改革。政治体制改革包挂：省市长直接民选、总统由选民直选、立法代表直选、各级政治候选人由各政党提名等等民主政治变革。在此一系列大幅度改革中，全程都以和平方式进行，被誉为"宁静革命"。

台湾政治民主化也受到全世界的赞同与肯定，如 2021 年由世界经济学人发布的民主指数排名中，中华民国名列全球第八。台湾成为一个现代化民主国家。台湾也进入世界经济发达国家行列。

台湾民主政治制度的实施，给中国大陆未来走向民主政治制度带来了希望。因为台湾与中国大陆有相同的文化背景，都是脱胎于中国的封建社会文化。

支持台湾的民主政权又成为目前世界民主国家的重要议题。因为武统台湾，用中共一党专政的政权统治台湾是中共党魁习近平成为中共统治者后所要实现的统治目标。习近平向世人显示出他想要在他执政期间实施这一目标。

回顾一下历届中共领导人对台湾的政治态度，存在不同的表现。

毛泽东无疑是打算武统台湾的，那是他发动夺取中国政权的一部分。毛泽东发动解放战争，在中国大陆夺取了国民党政府的政权。可惜是他那时没有能力横跨台湾海峡作战。国民党蒋介石的政府保留了在台湾的政权。

邓小平执政后提出了两岸和平交往的建议，为的是创造发展中国经济的良好环境。邓小平与台湾和平交往的建议实际反映出他承认了台湾政权的存在。因为他是在向台湾民主政权发出的两岸交往和平建议。

江泽民和胡锦涛执政期间，基本上是延续邓小平的政策，虽然口头上也说统一台湾，也打过导弹威胁台湾政权，但是总体上保持了与台湾政权的和平交往。

习近平上台后，坚持统一台湾的战略，甚至要不惜发动战争占领台湾。他不断派出军机围绕台湾飞行，组成海军舰队围绕台湾航行示威。他向美国等西方国家画出红线，即不能干预他实施武装统一台湾的战争。他坚持要做的事情是消灭当前台湾的民主政权，实施中共对台湾的统治。这实际也体现出是他个人主观上企图实现由他统治台湾的目标。

那么就产生这样的问题：习近平企图发动武统台湾的战争合法吗？符合现今的国际共识吗？因为习近平武统台湾的战争不是他个人的事情，不是中共内部的事情。而是威胁到另外一个和平民主的国家，威胁到台湾 2330 万人民的生命，威胁到世界和平。

台湾 2330 万人民是一个什么概念？世界上有 196 个国家，其中人口少于 2300 万的有 150 个国家以上，也就是说世界所有国家中有 76% 的国家人口低于台湾的人口！习近平罔顾超过世界上大多数国家人口的台湾人民的生命不顾而发动战争，这将被世界人民所不齿！

习近平武统台湾的合法性，同样带来一个疑问：当年毛泽东武装推翻国民党政府合法吗？

这样的问题只能由人类社会的发展历史来认定。国际上有一个共识，就是以既定的历史事实为依据确定一个国家的实际存在。既然国际上承认了大陆中共政权，那么国际上同样承认台湾民主政权的存在。而且台湾政权的历史存在，从时间上也远远长于中共大陆政权的历史！

当今世界还有这样的国际共识：某个地方人民的生存方式由那

里的人民决定。台湾人民有权选择自己的生活方式，只有台湾社会才能决定台湾的政权体制。而不是由台湾社会以外的人决定台湾人民的命运。

当今的世界的共识来源于人类社会的进步。二战后到如今已经有八十年时间。八十年来，人类社会一直向现代民主社会过渡。是人类社会进步产生了符合社会进步的世界共识。

依据当今世界共识，中共政权无权对如今的台湾民主政权发动战争！也无权消灭台湾民主政权，也无权统治台湾社会。因为中共大陆的政权与台湾民主政权是两个不同的政权。中共政权的统治范围从来没有达到台湾。对台湾社会来说，中共政权是外部世界的存在。

历史事实是：毛泽东当年发动的与国民党蒋介石政权的内战早在76年前就结束了。中国大陆人民与台湾人民分别在两个不同的政权下度过了76年。两地都已经过去了几代人。

台湾的政权形式也早已经变了，已经不是当年国民党一党独裁的政权。如今的台湾政府已经转变成了多党竞选后的民选政府。目前由台湾民众选举出的民进党政府执政。台湾成为了现代民主社会。台湾的军队成为了民选政府的国防军。

习近平如果发动武统战争，他是对台湾社会的民选政权发动战争。他的战争对象是台湾民选政府的国防军。因此战争的性质变了。因为中共军队曾经面对的国民党政府军消失了，中共原先的战争对手不在了。习近平的武统战争已经不是原先的国共战争的延续。而是另一场战争了。是习近平的中共政权对一个民主社会国家的侵略战争！

习近平武统台湾的理由是"台湾是中国的一部分"。由此他想把台湾划入中共的统治版图。其实这个理由也是站不住脚的。因为在中国的近代历史中，中国曾经有大片土地被俄国占有。习近平并没有想把俄国历史上占领的中国土地重新纳入中共的统治版图。中共以尊重国际法为理由承认俄国已经占有的中国土地。中共同样从来没有占领过台湾，为什么中共不能承认台湾人民以及台湾民选的民主政权拥有台湾？

习近平也说"要坚持人民当家作主"，难道台湾人民不能"当家作主"？其实中共对台湾人民来说是局外人。一个局外的统治者，一个从来没有统治过台湾的统治者。习近平的中共要对一个陌生的地方进行武装统治实际上是一种统治版图扩张战争。

习近平把台湾纳入大陆政权的统治版图，是封建统治意识作祟，他像封建帝王一样在思考自己的疆土。他完全不理解现代民主社会由人民作主的含义。

习近平以爱国主义向中国人民灌输他武统台湾的正当性。我文章前面谈到统治者与普通民众的爱国诉求是不同的。在台湾问题上，统治者的爱国诉求是扩大统治版图和统治范围，普通民众的爱国诉求是追求一个和平和睦的社会。因此是统治者习近平要武装统治台湾，而不是中国大陆老百姓要武统台湾。有头脑的大陆民众是不要战争的，头脑清醒的民众要的是与台湾民众和睦相处。

台湾作为一个民主国家在当今世界存在，中共为什么不能尊重现代民主社会的国际共识，承认台湾民选政府作为一个民主国家的政权在世界存在？

习近平的中共统治政权否认民主台湾政权在世界存在是荒谬的，是无理由的。说明中共的政权是一个封建的霸道政权。

习近平企图武统台湾，本质上是为了实现他个人扩大统治范围的个人利益，而损害台湾这个民主国家人民的生存利益。

当今的世界人类社会进步的潮流是人类社会向现代民主社会过渡。在人类社会进步的过程中，习近平企图武统民主台湾的行为是逆人类社会进步的反动行为！

从人类社会进步的角度来看，民主台湾的存在对中国大陆社会进步有着非常重要的意义。

因为台湾和中国大陆同属于中华文化背景的社会。中国五千年的封建社会历史，给中国文化背景社会的社会意识带来了浓厚的封建意识。这种封建意识是一种臣服帝王的意识。这种意识使得民众崇拜权贵，对社会权贵的屈从，同时使得社会权贵随意欺压他人，社会充满争权夺利的斗争。因此中国社会曾经有一种说法：中国人不可能实行民主政治宪政，中国人只能在强权的统治下生存。

而如今台湾民主政治社会的进步解放了中国传统的封建意识，破除了中国人不能实行民主政治宪政的魔咒。这给中国大陆社会转变成民主政治宪政的社会带来希望。

回顾中国的近代历史，中国社会转变为民主政治社会并非易事。

一百二十年前，1905 年孙中山先生从美国回到中国宣传民主革命，提出建立"三民主义"的民主政权，即"民族、民权、民生"三大主义。1911 年清朝垮台后，最初的民国政府没有形成民主政治，而是被清朝遗留的北洋军阀窃取了政权。1925 年孙中山发动二次国民革命，发动"北伐战争"推翻北洋政府，重建国民政府。由于孙中山不幸早逝，中国的三民主义民主政治没有形成。最终形成了蒋介石独裁的国民党政府。

蒋介石独裁政权持续存在与中国那时的连绵战争有关，也与中国经济极其落后有关。

国民党政权退居台湾后，二十世纪七十年代后，台湾工业化经济得以迅速发展。台湾工业化经济迅速发展有赖于台湾实行的是私有制市场经济生产方式。台湾成为亚洲经济发展最快的国家。

台湾经济发展带来社会民主意识兴起。台湾随着工农业经济的发展，社会财富增加。在市场经济过程中，台湾民众与世界其他国家人民的文化交流增加，尤其是与美国和日本的文化交往，使得台湾人民追求民主自由的意识在不断增强。

台湾社会转变成民主政治社会并非偶然，与台湾社会经济长足发展密切相关。如今中国大陆工业化经济发展必然带来中国社会的民主化意识。

我近几年到台湾访问了两次，我深深感到台湾不仅高科技经济发展快，社会管理和社会风气也比大陆明显好很多。台湾社会的民风淳朴，人民安居乐业。而大陆民间却充满了欺骗，充满了眉上欺下的不良风气。

几十年的发展历程，台湾民主社会与中国大陆专制社会各自的民风呈现出明显差异。

因此我认为世界民主社会阵营的国家需要理直气壮地支持台湾的民主政权。支持让台湾民主社会国家成为世界大家庭中的一员。毕竟台湾有二千三百多万人口，台湾人口远远超过世界 76%以上的中小国家人口。世界民主国家要形成保护台湾民主社会国家的共识。以防止习近平以武力侵略台湾，以防止习近平以武力消灭台湾民主政权。

如果世界民主阵营国家一起强力反对习近平武统台湾，一致承认台湾是一个民主国家，形成一股强大的力量。习近平也不敢轻举妄动发动武统台湾的战争。

在全世界都反对习近平武统台湾的情况下，如果习近平仍然一意孤行发起武统台湾的战争，无论中共的军队能不能占领台湾，中共都必然遭到全世界民主国家的经济制裁和有效的武装对抗。中国将在经济制裁中发生严重经济倒退。14 亿人口的中国承受不了严重经济倒退。中共政权也可能因此而倒台。

习近平如果发动武统台湾战争，一定会使两岸一批无辜的年轻军人失去宝贵的生命。会使两岸的经济遭受毁灭性的打击。习近平本人也会因此而成为历史的罪人。

我预感到，随着中国经济的发展和社会民众文明程度的提高，随着中国人民对民主和法治社会的认知的加深，中共的腐败政权会有一天垮台。中国大陆一定会转变成世界民主社会的一员。那个时候民主的中国会感谢世界民主国家对民主台湾政权如今的支持。因为世界民主国家保护了一个华人文化背景的民主社会的国家。给中国大陆向民主社会转变提供了希望。

第七部分

我对美国社会的认知

第 33 章

我对美国民主法治政治体制

和美国私营经济形成历史的认识

在我眼中美国是个大而复杂的国家，一个很难用简要的描述形容的国家。自从 1989 年 4 月我来到美国以后，我在美国已经断断续续生活了 36 年。我的经历使我对美国社会有一个大致的了解。

在现今世界上，美国是经济最发达的国家。这是举世公认的事实。美国的经济实力、科技实力、军事实力，都位于世界第一。以美元为主体的美国金融体系影响着全世界的经济发展。

美国是个移民国家，是西方民主社会中人口最多的国家，汇集了世界上几乎所有民族的后裔。截至 2024 年，美国人口约 3.41 亿。其中欧洲白人后裔占 60.1%，西班牙语系的拉美后裔占 18.5%，非洲裔占 13.4%，亚裔占 5.9%，混血占 2.8%，印第安人原住民后裔如今仅占 1.3%，亚裔中有华裔五百多万人，约占美国人口的 1.5%。如今的美国各种族和睦相处。社会主流已经走出种族主义阴影。

美国社会的大而复杂表现为：美国有世界上最富裕的顶级富豪，也有一批低收入家庭。美国有一批世界上最先进的高科技公司，也有大量的从事传统工业的中小企业和大量的个体劳动者。美国有世界上最聪明的人在各行各业从事着创造发明，也有大量的普通劳动者干着最平凡无奇的工作。美国有这个世界上最多的最善良的人，把毕生的财富积累贡献给社会，也有最邪恶的人计算着把别人的财富占为己有。美国有大多数遵纪守法的公民，也有少数违法乱纪的犯罪分子，从事各种犯罪活动。

美国社会如此大而复杂，容纳了全世界各民族的移民，却成为如今世界经济最发达的国家，美国是如何达到如此的成就的？

我从美国的经济发展历史看到：是美国的私有制为主体的生产方式形成了美国如此发达的社会经济。是美国的民主政治形成的法治体制保护和促进了私有经济的发展。并在经济发展的过程中逐步消除或者避免资本主义生产方式的弊病。

美国的民主政治的法治体制又不断促进美国社会进步，从而形成如今的现代民主社会。形成美国政府在美国宪法下由人民选举产生，政治公开透明，社会人人平等，人民享有言论自由的权力，社会公平正义主导美国社会。

美国社会走到今天的局面，需要追溯到美国的建国历史。

公元 1500 年前后，北美洲居住着原始部落原住民印第安人约 2000 万至 5000 万人。1492 西班牙冒险家哥伦布第一次发现北美大陆。17 世纪初，西班牙、英国、法国等欧洲国家开始向北美殖民。那段时间以后，北美地区成为西班牙、英国、法国等国分割的殖民地。

英国最初来到北美的是失去土地的农民和生活艰苦的工人。1620 年，一批英国移民乘"五月花号"船到北美并在船上制定《五月花号公约》。因此美国最早的移民是来自于英国，英语是成为美国的国语。

1775 年前后，英国在北美的 13 个殖民地的社会精英和平民组成起义军向英国殖民地统治者军队发起独立战争。1776 年 7 月 4 日起义军在费城发布"独立宣言"，宣布独立战争取得胜利。美国从此立国。

1787 年美国独立战争起义军总司令乔治.华盛顿、政治精英詹姆斯·麦迪逊等人在费城起草并通过了最初的联邦"宪法"。

"宪法"起草时政治精英们参考了孟德斯鸠1748 年发表的文章《论法律的精神》。该文中提出的"三权分立"理论为防止专制而设定。该文给"宪法"起草者提供了依据。

美国"宪法"的产生，受到欧洲早期工业革命的影响，受到古罗马贵族民主制的影响。美国"宪法"是欧洲工业革命和欧洲文明的结晶。

1789 年"宪法"获得当时美国最初 13 个州的批准。"宪法"制定了美国民主政权诞生的方法。

"宪法"明确了美国政权为中央与各州地方政府分权的联邦制。联邦政权中行政、立法、司法三权分立，相互独立相互制衡。全体公民通过选举代表治理国家。

1789 年乔治.华盛顿依据"宪法"，通过民主选举成为美国第一任总统。美国民主政府产生。美国成为世界上第一个依据"宪法"民主选举的法制国家。从那之后"宪法"治国是美国民主政治的核心。

美国"宪法"成为世界上第一个民主政治体制的"宪法"。对全球民主政治制度产生了深远影响。

此时，中国还处于封建王朝清朝中期，乾隆皇帝掌权时期，清朝还要延续一百二十多年才垮台。欧洲处于工业革命早期，马克思尚未出世，马克思来到这个世界是 30 年后的事情。马克思主义也要到近一百年后，才会影响世界。

美国建国后，美国的领土不断扩张。十八、十九世纪美国通过移民扩张领土的方式，以及从北美的英国、法国、西班牙殖民者手中赎买土地的方式，成立新州扩充领土。1848 年的美墨战争，美国以战争加赎买的方式从墨西哥获得了加利福尼亚州，内华达州，亚利桑那州、新墨西哥州等州的大片土地。从那以后美国国土横跨大西洋与太平洋之间，幅员辽阔。二十世纪初美国从俄国购买了阿拉斯加州。二十世纪初夏威夷并入美国，1959 年夏威夷正式成为美国第五十州。如今美国有五十个州，加上美国联邦政府所在地华盛顿哥伦比亚特区，领土面积达 937 万平方公里，成为世界上领土最大的国家之一。

历史也让我们看到，美国社会进步的过程是曲折的，因为美国建国初期，还存在着黑人奴隶制，黑人当时没有享有公民的权力。是受他人奴驭的奴隶。

美国工业经济的发展和民主政治体制推动了美国社会的进步。

十九世纪六十年代，美国北方各工业州要求废除黑人奴隶制。

1861-1865 年美国国内爆发南北战争。美国内战的爆发有多重原因。而主要原因是当时南方各州实行黑人奴隶制种植棉花和其他作物的农场主，为了保持黑人奴隶制，向北方州发起战争，寻求独立。最终北方的联邦军队战胜了南方州的反叛军队。

1865 年 4 月赞同废除奴隶制的时任总统林肯遇刺身亡。5 月最后的反叛军投降，战争结束。美国宪法第十三修正案于 1865 年底生效，美国废止黑人奴隶制度。此后美国宪法第十四修正案，第十五修正案，分别对人权，黑人男公民投票权给予认可。但是社会上对黑人的歧视并没有完全消除。

那时，最初来到美国的华人也是最受歧视的种族，十九世纪末美国曾经出现"排华法案"。华人不能成为公民，没有投票权。

美国的妇女在十九世纪也没有公民投票权。直到 1919 年的宪法第十九修正案，才给予妇女公民投票权。

二战后是美国社会进步的主要时期。二十世纪六十年代美国民权领袖马丁.路德金领导的民权运动推动美国国会于 1964 年通过《公民权利法案》，1965 年通过《选举权利法》，美国才正式以立法的形式结束美国黑人和其他有色人种受到的歧视。

美国社会在曲折的社会发展中进步。美国到二十世纪六十年代中期后，才逐步真正实现了每个独立的个人在社会中人人平等，美国社会才真正进入现代民主社会。

美国的社会进步和经济发展是在美国联邦"宪法"的保护下形成的。美国"宪法"在社会进步的过程中，也在不断的修订完善。如上述提到的若干修正案。美国联邦宪法如今已经有 27 项被通过的修正案。

其中最有名的宪法修正案除了若干有名的"人权"修正案外，还有 1947 年的第 22 修正案，该案规定总统任期不得超过两任，每任期 4 年。

修订联邦宪法是非常复杂的过程。宪法规定美国宪法修正案不对宪法本文进行修改，而是在宪法本文后进行增修。修正条款可以由国会发起或者由各州发起。国会发起的修正议案必须分别由国会参众两院三分之二以上多数议员通过。州的议案必须由美国三分之二以上的州要求国会召开修宪会议，才能形成议案。宪法修正案在获得国会或者全国性修宪会议的通过后，还需要获得四分之三以上的州的批准方能生效。

这就保证了美国联邦宪法的稳定性和持续性。美国任何政治人物个人的意愿是不可能改变宪法条文的。

美国联邦宪法规定美国是联邦与各州分权的政治体制。由此美国现在的五十个州除了遵循联邦宪法所制定的联邦法律外，各州还有各州的法律。各州的法律各有不同。如有的州的违法行为，在另外的州并不违法。

从 1789 年乔治.华盛顿担任第一任总统起，236 年来，美国联邦政府已经通过民选产生了第 47 任总统。以及通过民选产生了参众两院的国会议员。

总统每四年选举一次。联邦参众两院议员每两年选举部分议员。

根据美国宪法规定的联邦与各州的分权制，美国的民选官员，不仅仅有联邦政府的总统和参众两会议员，还有各州的州长和议员、以及各州其他民选官员，州内各县的民选官员，和各个大大小小城市的市长和议员和其他民选官员。

从联邦到各州，到各个城市，美国的民选官员有数十万人之多。

美国各层次政权，从联邦政府，到州政府，到各县各市政府除了主要负责人是民选官员外，各部门的官员和大量行政工作人员是通过招聘竞争入选的雇员。这些政府雇员大多数不随民选官员的变动而变动，属于长期的政府职员。是美国各层次政府的深层管理人员。

这些雇员由民选官员领导，这是美国民选政府的另外一个特点。

美国各层次政府还有所属的公有制单位，如属于联邦政府相关机构的几千个国家公园，美国邮局。各州有州属的公立大学、州公园、州属的公有制的水库，州公路和桥梁的管理单位。各城市市属的公立中小学，以及各州和各市的其他公共服务单位。

美国政府雇员和公有制单位雇员同样存在公有制单位的弊病，人浮于事，工作不尽力，浪费现象严重。偶然还有贪污腐败事件发生。

美国宪法的法治体制有严格的防范政府官员和企事业单位人员贪污腐败的法律条款，和惩罚措施。这些法律条款和惩治措施是公开透明的。因此政府官员和其他公职人员的言行都在全体公民的监督之下。在严格的法治环境下，美国政府官员和雇员绝大多数都是廉洁的。不足的是美国政府缺乏对人浮于事，工作不尽力的人员给予有效的干预。

当然美国各层次政府和社会公共服务单位又是社会正常运转不可缺少的最重要部分。社会公共事业的完善，标志着社会的进步，标志着人民高质量生活的保障。

美国各层次政府的分权制，还体现在美国的税收体系中。美国各层次政府的税收是分开的，联邦、州、各城市三层次分别收取各自的税种。

联邦政府财政收入主要来源于个人、公司的联邦所得税。所得税占纳税人收入的百分之十至百分之三十七。是美国人民纳税最多的部分。纳税是累进制，根据收入从低到高，交纳不同比例的所得税。个人联邦所得税在个人工资单中提前扣除。第二年纳税申报时多退少补。

联邦政府还收取货物进口海关关税，和烟草税等。

州政府财政收入主要来源于销售营业税和州个人和公司的所得税等。以及车船每年的登记税。州营业税在民众消费时加收，税收比例各地不一。如洛杉矶县如今在百分之十左右。有少数州，财政有其他收入，不征收州销售税或者州个人和公司所得税。

各个大大小小城市政府的财政来源于财产税，或者称房地产税。由县的收税官办公室代为各市收取。再拨付给各市。

房地产税约为房价的百分之一至三，各地收取比例不同。

美国联邦政府、州政府、城市政府因税收分开，带来各层次政府的财政相互独立。因此美国各层次政府在财政方面同样没有上下级关系。如目前联邦政府债台高筑，欠债 36 万亿美元。而加州州政府每年财政还有上千亿美元的盈余。

因此美国的各层次民选政府，民选官员之间没有上下级关系。因为美国各层次政府和官员之间的职权利都是选民，即纳税人赋予的。政府和民选官员都为各自的选民负责。

中国那种政府上下级观念和官员等级观念，下级服从上级的观念在美国民选官员之间不存在。中国的上下级观念是中央集权制带来的。由此可以看出美国是民主政治，而中国是封建等级制政权。

美国民主政治体制中独立于政府行政体系的是美国的立法体系和司法体系。

美国立法体系是联邦参众两院和各州的议会。美国立法体系以联邦宪法为法律大纲，提议和制定对社会各方面事务的具体法律实施条款。并监督美国各层次民选政府的运行。

独立的美国司法体系履行立法体系形成的法律。美国司法体系，联邦部分由联邦大法官、联邦巡回法庭，联邦总检察长，和联邦执法单位，如联邦 FBI 等各方面组成。各州的部分由各州的地方法官法院体系，各州地方检察官，各州的州立警察，和各城市的地方警察执法单位等等几方面组成。

联邦大法官和联邦总检察长由美国总统提名，联邦参众两院议员投票表决通过后任命。各州的大法官和州总检察长大部分州都是通过民选，从法律专业人士中产生。

执法单位的联邦 FBI 探员、各州、各个大大小小城市的警察，法院的法警和监狱的狱警等等都是司法体系雇佣的雇员。

美国宪法赋予美国司法系统独立的司法权。两百五十多年来，美国的社会进步，社会文明的不断发展，和高等教育事业对法治体系的深入研究，产生了一批高素质的法官和司法系统人员。美国司法体系人员的尽忠职守保证了美国社会公平公正，经济良好运行。美国大部分地区社会治安长期处于良好状态。

我也发现美国有些城市的治安非常差，每个大城市周边总有治安非常差的部分。这与当地的警力不足密切相关。美国城市的地方警察属于城市地方政府。如果当地经济情况不理想，房地产税收不足，当地政府就没有足够的经费雇佣警察。警力不足造成地方治安差。

如今十几年，大量非法移民从美国边境偷渡入境，带来美国社会治安的问题，也有一部分犯罪集团趁机潜入美国。造成美国社会多重社会治安问题。

美国的法治体系总体上能将一个移民大国治理的井井有条，充分体现美国的现代民主社会司法体制的优越性。因为外来移民不仅会带来世界各国优秀的文化，也会带来世界各地的不良风气和行为。

美国各层次政府、立法体系和司法体制给美国社会提供了宽松的稳定发展经济的良好环境。美国宪法保证了社会中独立经济体和个人公平竞争的环境，这是美国的社会主流。

受欧洲早期工业革命的影响，美国建国后，美国社会自然的开始了资本主义生产方式的经济发展模式。

美国《独立宣言》中阐述的人民的"生命、自由和追求幸福"的权利是美国价值观的精髓。人民与生俱来的众多权利中，私有财产权是美国价值观最基本的体现。

1789 年美国联邦政府产生后，最初的第四修正案就明确规定了宪法保护公民的人权和私有财产不受侵犯。"宪法"是美国社会至高无上的法律。宪法从一开始就制定了私有财产不受侵犯的法律。私有制生产方式自然就成为美国社会的生产方式，也就是资本主义生产方式。

美国建国两百多年来，美国工农业经济在资本主义的生产方式下，也就是在私有制市场经济的生产方式下，持续发展。直至发展到如今独占世界经济鳌头的工业化科技化社会经济。

美国经济在发展过程中曾经遭受过多次经济危机。这是资本主义生产方式在发展过程中不可避免的过程。尤其是 1929 年至 1933

年的经济危机，造成美国严重经济衰退。百业凋零。当时美国有25%的工人失业。造成严重的社会经济萧条。引发全世界的经济危机。

每次经济危机最终都能渡过。因为民主政府在经济危机中积极发挥解决问题的作用。民选的政府也不会由于经济危机而垮台，因为政府是民选的，选民只能依赖所选择的政府渡过难关。

一次次经济危机也是一次次纠正资本主义生产方式中存在弊病的过程。每一次经济危机后，政府和社会经济学者都在寻找解决经济危机的方法。我们也看到，同样原因重复的经济危机越来越少。每次经济危机后，社会经济会重新发展起来。

美国的资本主义生产方式使美国工农业经济得到最大化的发展。美国工农业经济发展过程中产生了世界同期最多的发明创造。创造了世界同期最高的社会劳动生产力。

我们看到近一百多年来，工业革命科技革命中革命性的创造发明，如有关电和电力使用的各项创造发明、汽车和汽车制造中的各项创造发明，飞机和飞机制造中的各项创造发明，电子通讯的各项创造发明，如今互联网的各种创造发明，AI人工智能的各项创造发明，等等，带来现代工农业科技化经济发展的各项创造发明，绝大多数都是美国发明家发明创造的。

在美国经济持续发展的同期，美国的高等教育成为世界上教育最全面，研究门类最齐全的教育研究体系。美国有世界上最多的最优秀的排名最前的大学。美国教育系统和研究体系产生了世界上最多的科学家和各行业的技术人才，产生了最多的诺贝尔奖获得者。

以上这些美国经济和科技成就都是在私有制经济的基础上取得的。这些证明了私有制经济是能最大化激发人的潜能的经济体制。证明了私有制是符合社会"人性"中"自我"特性的社会经济体制。社会"人性"中"自我"观念，也就是带有"自私"的自我观念是自然的存在于人类社会，是一种无法消除的存在，是不以人的意志为转移的存在。

当然美国的私有经济，在市场竞争过程中，在经营中，存在着以各种手段夺取他人利益的行为，甚至使用犯罪的手段获取利益，这也与社会"人性"中的"自私"性相关。人性中的"自我"意识是人类社会存在犯罪行为的原因。人对他人的侵害出自于社会人性中的"自私"。

美国法治体系也使我们看到，社会只能通过法治才能对社会人的行为进行规范。法治对违法行为进行惩罚。法治使人能够对自己个人行为进行反思，提高自我认识，使个人融入与他人相处的社会。

减少犯罪是人类社会永远的课题。因为社会人性中"自我"的"自私"观念永远存在。社会的法治也需要永远存在。

第 34 章

是法治的民主政治体制和私有制市场经济

造就现今的美国

美国在法治的民主政治体制的社会大环境下，在私有制市场经济生产方式为主体的经济发展模式下，二百多年来持续社会进步，持续经济稳步发展。尤其是二战后，社会进步和经济发展更为明显。

美国是如今世界公认的经济最发达的国家。是西方工业化国家中人口最多，工农业和科技经济最领先的现代化民主国家。2023 年美国 GDP 总量 27.36 万亿美元，美国当年人均 GDP 约为 8.2 万美元。

2023 年世界 GDP 总量 105.4 万亿美元，美国占其中约 26%。2023 年美国约 3.3 亿人口，占全世界 80 亿人口的 4.1%。当年世界人均 GDP1.31 万美元，美国人均 GDP 是世界的 6.3 倍。

GDP 总量和人均 GDP 只是对经济的参考数字，只能反映一个国家经济的大概面貌。GDP 参数也有人为因素在其中。比如美国各州最近调高了雇工的最低工资标准，其结果也多少推高了一点美国的 GDP。因为最低工资标准提高，会推动一定的物价上涨，GDP 上升，而实际物质生产量并没有变。

以上 GDP 总量只是社会经济的参考指标，反映美国社会真实面貌的是社会各个方面的先进程度。我尝试从如下几个方面描绘美国现今的实际面貌：

1. 美国有高度发达的现代化的工农业生产

工业方面，美国有完整的传统工业和先进的高科技产业。

美国传统工业在长期的工业化发展的过程中，形成门类齐全的各个行业。多年来形成如今高度发达的机械工业、钢铁工业、造船工业、农业机械工业、航空工业、仪表工业、石化工业、医药工业…等等，涵盖几乎所有工业门类。许多传统工业行业的生产技术水平处于世界领先地位。在长期的市场竞争中，促使企业家们不断使用新技术，研究新产品，扩大生产规模，不断提高传统工业的社会劳动生产率。

美国还有门类齐全的，从研发，到生产制造，领先于世界各国的各种军工企业。生产出各种各样最先进的武器和军事装备。

另一方面我们也看到，在美国传统工业中，这几十年来劳动密集型行业在大幅衰退。其中大部分纺织和鞋帽生产企业已经倒闭，只保留了设计和营销在美国。其他机械和电子行业中，有很多企业的生产部分转移到低劳动力成本国家。但是仍然有相当一部分企业保留了设计、技术开发和市场营销在美国本土。

这也是劳动密集型工业，由高劳动力成本国家向低劳动力成本国家转移的世界历史趋势。是工业经济全球化发展的必然过程。这个过程带动世界上经济落后国家向工业化社会发展。

美国工业经济在工业全球化转变过程中，正在逐步适应这个过程。正在形成跨国的生产经营分工的企业集团。这也促进了美国等工业化国家另一种发展趋势，那就是研究降低劳动成本方法的趋势。除了把生产转移到劳动成本低的国家外，也产生一种可能，一旦在本国解决了劳动成本高的问题，那些劳动密集的工业也会有部分企业回流到美国等西方工业发达国家。

在高科技产业方面，美国是世界上高科技产业最发达的国家。大量的最新的科研成果由美国的大学和科研单位发明创造出来，转变为商品和商业运用服务。美国产生了众多的科研企业和高科技企业。比如有微软、谷歌、苹果、英伟达、ChatGPT、马斯克的特斯拉、星链，…等等各类最先进的科技企业、互联网企业，AI 人工智能企业、数不胜数。

美国的高科技企业即将把美国各行各业推向一个新时代-AI 人

工智能时代。人工智能时代到来后，可以预见整个人类社会的经济发展和社会生活会发生一些巨大变化。比如人工智能时代会生产大量生产机器人代替人力劳动，众多的生产机器人代替人工后将会大大降低劳动成本。美国等西方工业化国家的劳动密集型工业将可能会重新发展。又比如如今的服务行业的许多服务将由服务机器人代替，从事服务行业的劳动者会转变为从事服务管理和人性化服务的技术管理者。比如马斯克的无人驾驶出租车在未来几年就可能逐步代替出租车司机的职业。每个家庭都可以拥有自己的无人驾驶出租车供自己使用又可以作为副业赚钱，从而改变普通人的生活方式。

美国的现代化工业和科技化产业正在不断发展过程中，美国将迎来新的经济发展的时期，从而进一步推进社会进步。

在美国经济产业链中，美国农业是世界上最发达的农业。有赖于美国土地私有制，美国农业发展成为现今的机械化大规模耕种农业，美国的畜牧业发展成大规模的畜牧养殖业，家禽养殖业发展成工厂化的家禽养殖业。

美国农场主仅占美国人口总数的 1-2%，却耕种世界上最多的农田，生产出世界上最多的谷物。

美国的大规模机械化农业，受益于美国农业科技化和美国先进的农业机械的生产制造和农业机械化服务行业。

美国的农业产业紧密与科研相结合，与机械化运用相结合，形成了科技化和机械化的耕种种植方式。

美国农业生产出足够的低成本的谷物粮食、水果蔬菜和猪牛羊家禽等各类肉制品和奶制品。充分满足美国人民消费，并大量出口到世界其他国家。

值得一提的是，美国生产领域的商品市场竞争早已经规避了生产过剩的资本主义生产危机。马克思曾经预言的"资本主义生产方式必然带来生产危机，生产危机必然会带来资本主义灭亡"，已经或者正在被美国经济发展的实践逐步消除。

如今美国在生产领域中，都有行业协会分别主导着各个行业。各行业协会有了行业内部的协调机制和行业发展信息。行业协会协调机制调节着本行业的生产和发展。从而避免本行业的恶性竞争。

如美国农业的谷物生产，有其行业协会，行业协会中有几家世界型的谷物营销公司主导市场。个体农场主分别与这些营销公司签订生产销售合同，这些大型营销公司给予农场主市场指导，长期包销其生产出的谷物。从而避免恶性竞争，避免生产过剩的经济危机发生。

美国高度发达的工农业生产创造了美国的社会财富，是美国各阶层的智力和体力劳动者创造了美国的财富。而促进美国各阶层人民以最大的劳动积极性从事工农业生产的是私有经济生产方式。而保证各行各业经营者在生产经营活动中，在市场竞争中合法经营的是美国随着经济发展而不断完善的法治体系。

2. 美国社会是当今世界上民众的智力得到最大提升的社会

在民主法治的社会环境中，在私有经济的持续发展下，美国社会民众不仅仅对发展各自的生意和事业充满热情，同时也渴望获取各自领域各种最先进的知识。美国有各类人才从事社会的自然界的各项事物的研究。美国的社会环境让人们有自由的想象空间和研究空间。因此美国又是如今世界上社会民众智力得到最大提升的社会。

社会民众智力的进步是社会最根本的进步。与之相适应的是美国有最完整的教育体系和相关联的科研体系。

美国从小学到初中、高中实行全民义务教育。所有美国的未成年人享有公立学校免费义务教育。

美国中小学还有少数私立收费学校。部分私立学校由教会所办，公立学校不允许教会在学校中传教。

学龄前儿童有民办的幼儿园，规模小，几乎都是白班，早去晚归。民办幼儿园是收费的，

美国大学有社区大学，公立州立大学系统。以及私立大学。大学

林立，涵盖所有学科。

如加州的公立大学有两个系统，加州大学系统和州立大学系统，每个大学系统有二十所以上的大学。加上社区大学、私立大学，加州有近百所大学。世界排名的著名大学在加州有：斯坦福大学、伯克利大学、加州理工大、…等等十几所名校。

美国上大学是没有年龄限制的，工作几十年后的人，仍然可以去大学深造。

本州居民上本地社区大学、公立大学学费相对便宜。外州外国学生上非本州的公立大学学费昂贵。无论公立私立大学，优秀学生均可以申请奖学金。普通本国学生可以申请学生贷款，学生贷款利息低，可以在毕业参加工作后分期还贷，国家有时还会免除部份学生贷款。

美国还有很多社区成人学校，进行各种短缺人才技术培训，以及给新移民补习英文。

另外还有网上大学和夜大学供成年人工作以外时间读书。

美国的科学家取得世界最多的科研成果、美国的各种发明层出不穷，这些都是由于美国有一个完善的充满活力的教育科研体系。美国的科研体系与大学教育密切相连。大学的学科都有相关的科研单位。相关的学生和教授都有各自的科研项目。学校和社会，以及美国政府相关部门会给予各种研究经费支持各种项目研究。

在这样全面的教育体系下，美国每个人都有学习的机会，有科研的机会，有成为科学家的机会，有成为运动员体育明星的机会，有成为电影明星的机会。只要你够勤奋，够努力，够聪明，有某方面的特长，每个人都可能在某个领域取得成功。

每个人都有可能事业有成，成为一个企业家，金融家。如果你有赚钱的天赋和幸运，或者你发明了一款有市场价值的产品，掌握了某项有市场需求的技术，你也可能成为一个亿万富豪。

在美国每个人也有可能成为一个政治领袖，成为一个城市的议员、一个州的议员、一个国会议员。成为一个市长、一个州长、甚至成为总统。只要你向这个方向努力，参加选举，你的政治理念被公众接受，你就有可能成功！

美国的教育体系为每个人都提供了个人发展的机会。从而使美国成为了世界上最强大的国家，最富裕的国家，社会智力提升最快的国家。

美国的全民教育体系和大学教育系统以公有制为主体。因为教育涉及到社会全体人民的利益，是社会的公共事业。美国联邦政府和各州政府，各个城市的税收收入承担教育体系的经费。而巨额的教育经费来源于美国私有经济所创造的社会财富的税收。

3. 美国形成了与其发达的经济相匹配的货币金融体系

货币金融体系是社会经济流通领域的服务体系，又是社会经济重要组成部分。

美国的美元货币体系和金融体系建立在发达的经济基础之上。

美国经济是以私有制经济为主体的市场经济，因此美国的货币金融体系是美国资本主义经济体系中最重要的组成部分。

美国的货币金融业由美元作为支付货币的银行业体系和金融证券交易市场组成。

银行体系包挂私有的商业银行体系和投资银行体系，银行业联邦支付系统和国际货币支付系统。美国的国际货币交易系统服务于全世界的贸易交易和资金流动。

金融市场由股票交易市场、期货交易市场、货币证券交易市场，包挂对货币债券的买卖，等等多方面组成。商品期货买卖有商品期货交易市场。

金融市场是对社会生产积累的买卖，对资本的买卖。是一种通过买卖对生产积累的资本重新组合和重新分配。

美国的货币金融体系保证了工农业生产和社会经济的正常运行。

美国货币金融体系对现代工农业生产最大的贡献是把分散的资本，通过市场买卖积累起来。从而加速资本投资于产业和新兴产业，扩大投资风险产业，促进社会工业化科技化经济发展。

美国的货币金融业使美国经济充满活力，美国的工农商各行业在各种交易中得到全面化发展。

美国的货币金融业又是社会经济的重要组成部分。是那些货币金融从业人员的人生事业。银行业和金融业买卖是比其他行业更赚钱的行业。产生无数富豪，最顶级的富豪，如巴菲特等人，合法赚取巨额金钱受到人们的崇拜。

资本主义的弊病在美国货币金融业中同样充分表现。资本主义社会中人性"自我"中的"自私"体现的最淋漓尽致的是对金钱的追逐。货币金融市场对社会生活最大影响是，把人对金钱追逐的欲望充分调动出来。吸引民众投机取巧追求不劳而获。美国社会几乎人人参与了货币金融市场，大部分人参与了股票期货买卖，至少人人把钱存入银行，参与了银行的理财赚取利息。

人们看到，货币金融市场上有人获利，有人亏损，民众乐此不疲。货币金融市场重新分配社会财富，造成社会极大的贫富差距。

因此法治下的美国经济，对货币金融业的监管是严格的，同时对从业人员的监管也是平等公平的。严格的监管是为了防范金融犯罪，为货币金融业提供合法经营的规则。

美国银行业受到美联储和联邦存款保险公司的监管。金融证券市场受到联邦证券委员会的监管。商品交易市场受到商品交易委员会的监管。

美国货币金融业的监管仍然在不断完善过程中，随着社会经济的发展，货币金融业常常面临新的挑战。人们对金钱的无限追逐，也会产生新的问题。如2008年美国发生的"次贷危机"，就是美国银行业过于追求增加房屋贷款利润而造成的重大金融危机。美国相关监管机构也从危机中得到教训，从而加强了对银行业的监管，调整政策。对相关犯罪人员进行了严格处罚。

在美国货币金融体系中有必要强调美联储和美元体系对美国市场经济所发挥的作用。

　　美国这样一个经济大国，由于采用私有制市场经济，私有经济体在市场中是自主独立营运。政府的作用主要是保证一个有利于私营经济体营运的良好社会环境。

　　美国长期的市场经济运行，形成以调节美元利率高低作为美国市场经济的调控手段。也是美国政府少数能够对国内经济进行调控的手段之一。

　　美国国内对经济运行的市场调控由美联储实施。因为美联储定期制定美元利息。

　　美联储，即美国联邦储备银行，是美国联邦民主政治体系中负责美元发行和制定美元利率政策的联邦政府机构。美联储定期根据美国市场总体经济的起伏制定美元利息。从而又起到调节美国经济的作用。

　　美联储独立于美国联邦政府行政部门，因此不受美国总统的领导，是一个只向联邦参议院汇报工作的联邦金融管理机构。这也是美国联邦民主政治体制的另一个特点。由于不受政府行政机构的干扰，从而保证了美联储对调节美国经济运行的公正性。

　　美联储有专业团队时刻研究美国市场经济运行走向，根据市场通货膨胀或者紧缩的情况，美国劳动市场失业率的高低，等等各种经济数据，提出美元利率的调节方案。而决策人是美联储主席。

　　美联储主席不是由选民选举产生，而是由总统提名的经济专业人士，由参议院投票通过产生。美联储主席专心致力于美国经济运行的专业工作。

　　若干年来，美联储客观公正地行使其职权，只依据美国经济实际情况作出最有利于市场经济运行的利率调整。

　　美联储的每次对美元利息调整的决策，都对美国短期内经济产生重大影响，保持了美国经济长期稳定发展。

　　美联储的另一项工作是监管美国的商业银行业营运。美国的商业银行都是私有或股份制银行。美国商业银行的开业必须得到美联储批准。商业银行的营运必须符合美联储制定的法规。美联储强制要求美国的各商业银行将其百分之三股份，折价成现金存于美联储。这是美联储对商业银行监管的手段之一，而非美联储是私人银行。

美联储根据美国市场经济的需求制定美元发放规模。满足美国市场经济营运的需求。

由于美国发达的经济如今已经是全球化的经济，美国经济是世界经济中最重要的组成部分。因此美国美元已经成为影响世界经济的主要货币。世界各国相信美元的保值能力胜过世界任何一种货币。这是因为美元有美国强劲而庞大的经济作为支撑基础。

久而久之，美联储所发放的美元，其中一大部分流通到美国以外，成为世界货币。

世界上大部分国家将美元作为主要外汇储备货币。

世界上也有二三十个中小国家，甚至用美元作为本国的流通货币，或唯一使用货币。

因此美联储的美元利率政策已经影响到世界其他国家的经济。

每当美联储聚焦美国国内经济，对美元利率进行调整，不但对美国经济发生影响。也会波及到世界其他国家，对世界经济发生影响，对各国货币的利率起伏发生影响。

而美联储通常不会顾及他国的经济，事实上世界各国情况各异，美联储也顾及不了。

近代世界经济史，也让我们看到过这样的情况，一旦美国国内美元利息调升，大量美元回流进美国，世界各国货币对美元的汇率下降。引起世界各国经济不稳。

如 1997 年亚洲金融危机，是由美元的利率变动引起的。美元利率升高后，亚洲泰国、印尼、马来西亚等国家货币大幅贬值，带来这些国家的金融危机。

此时唯利是图的美国金融市场的猎手，抓住机会，利用美元对他国货币汇率引起的波动，趁机捕猎他国货币差价获取利润。美国金融大鳄通过做空亚洲国家货币汇率，迫使这些国家货币进一步大幅贬值，导致上述国家经济崩溃。而金融大鳄们却捞得盆满钵满。

美元体系已经成为主导美国经济发展，影响世界经济运行的庞大货币体系。

4. 美国的军事力量

百年来，美国以其强大的经济生产能力维持着美军持续成为世界上的超级军事强国。

当今的世界仍然战争不断，美军的强大为美国提供了和平发展经济的环境，也维护了世界和平。

如今美国军队的规模和装备均位于世界第一，是目前全球整体军力最强的军队。美军分为六大军种，即陆军、海军、空军，太空军，海军陆战队，和海岸警卫队。美军拥有世界上最强的常规武器，也拥有世界上最多的核武器。美军总计兵力约 133 万人。另外美国还有 43 万国民警卫队，属于各州的武装。

二战后美国是世界上在海外部署兵力最多的国家。在世界多个国家和地区部署海外驻军，总计超过 23 万人。

2023 年美国军费计 8167 亿美元，是世界上军费最多的国家。

美国军队是从参加第二次世界大战，而成长为世界上最强大的军事力量。

二战中，美军参加了欧洲和亚洲东西两个战场抵抗德国法西斯主义和日本军事帝国主义的侵略战争。美军参战对战胜希特勒的纳粹军队和击垮日本军事帝国主义起到了决定性的作用。美军在战争中付出了极大的牺牲。美军为结束二战，争取世界和平作出过无人可比的贡献。

美军也是当今世界唯一使用过核武器的军队，二战结束前在日本广岛、长崎投掷了两枚原子弹。原子弹的爆炸威力和巨大杀伤力摧毁了日本军国主义者继续作战的意志，促使日本天皇军政府投降。从而结束了战争。日本成为二战中的战败国。

美军将领们，美国的政治领袖们，以至于全世界从此知道了原子弹的毁灭性能力。

　　二战后，世界一度分成东西方两大阵营，以美国为首的民主社会国家的西方阵营，和以苏联为首的社会主义国家的东方阵营。美军在为西方阵营对抗东方阵营的战略对抗中，起到关键作用。

　　在东西方阵营的对抗中，美军参与了韩战和越南战争对抗东方阵营的军队。美军是为了西方民主国家的利益防止社会主义国家的扩张而参与战争。

　　在东西方阵营的长期对抗中，东西方阵营武器装备不断升级。美国的军事工业在那个时期为美国海军空军陆军研发制造出超一流的军事装备。核动力航空母舰，超音速隐形战斗机轰炸机等都是那个时期研发出装备部队的。

　　苏联解体后，东方阵营消失，美军继续在世界各地敏感地带驻军，维护西方民主国家的利益。防止可能发生的战争。

　　在近二十多年来，是世界恐怖主义猖獗的时期。美军发起过伊拉克战争和阿富汗战争，为的是消灭支持恐怖主义的独裁政权和消灭恐怖组织头目。

　　二战后美军所参与的各种战争，主观上和名义上，都是为了维护世界和平。

　　我注意到：在美国国内，社会上很少看到军人的身影。美国社会呈现出是普通百姓的和平生活。

　　美国社会给予美军高度的评价和热爱。美国民众普遍认为是美国军人在守护着他们的和平生活。

　　我也注意到，在美国民选的政治体制中，军队高级将领服从于文职的民选政府。中共那种"枪杆子里面出政权"，"党指挥枪"，谁拥有了军权谁就掌握了政权的情况，在美国不存在。美国是民主政治体制统领美军的国家，不是军事强人的国家。

　　再有一个事实是，二战后，美军参与了多次战争，但是美国在这个时期没有用战争的方式将他国领土划归美国。这说明美国作为现代民主国家不会用武力侵占他国领土。因为民选政治体制不允许民选政府用武力侵占他国领土。只有独裁者国家才会霸占他国领土。只有帝国主义国家才会侵占他国领土。这也说明现代民主政治体制的美国不是帝国主义国家。

5. 美国普通民众的生活

美国社会各阶层由低收入家庭、中产阶级家庭、高收入家庭，和少数超富裕的家庭组成。综合不同机构的统计，美国社会中低收入家庭约占总人口的 20%，中产阶级家庭约占 55%，高收入家庭约占 20%，超富裕家庭约占 5%。

我把美国中产阶级和中产阶级以下收入的群体称之为普通民众。这部分民众占美国总人口的 75%以上。是美国选民的主体成份。代表美国选民大多数人的利益。是美国民选官员们最重视的选民成份。

美国普通民众的生活体现了美国社会的真实面貌。美国绝大部分普通民众已经过上丰衣足食的生活。

在美国中产阶级以上，美国社会约 20%的高收入者有医生、律师、会计师等等各类专职人员，金融行业的从业者，中小企业业主，股票公司的股东，农业的农场主，以及个体经营者。这些人中大部分是高收入者。他们的年收入几十万美元至百万美元。

美国社会还有一批超富裕家庭，约占美国社会的 5%，超富裕家庭指家庭年收入超过 100 万美元的人群。他们是大型企业家、金融家、上市公司大股东、体育明星、电影明星、等等各领域的顶尖人物。他们之中大部分是靠白手起家而获得财富。超富裕家庭人群中的顶级富豪的收入不可估量，如顶级富豪马斯克等人的财富在数千亿美元以上，而且还在不断的增长过程中。

在美国私有经济为主体的社会经济中，财富对每个人来说，是上不封顶的。也就是说，有本事的人可以赚到足够多的钱。这也刺激了人们努力赚钱的欲望。这是美国成为经济最发达国家的原因。

而现实美国社会中，大部分中产阶级人群处于平凡的工作岗位，他们是普通的工薪阶层或者个体劳动者。美国普通工薪阶层的生活水平代表着美国社会基本的生活水平。

中产阶级根据皮尤研究中心（Pew Research）的定义是指，个人年收入为所在州年收入中位数三分之二到两倍的范围。即美国各州居民年薪中位数的 67%到 200%。低于中产阶级年收入的为低收入人群，高于中产阶级的为高收入群。

各州个人年收入中位数有较大差异，因此各州中产阶级的收入标准不同。如美国 2023 年人均年收入约 8 万美元，部分州人均年收入高于 8 万美元，有部分州人均年收入只有 5 万多美元。因此各州的中产阶级的个人年收入标准就不同。

如果按个别地区比较差异更大。如加州旧金山湾区，2023 年中产阶级个人年收入为 8.2 万至 31 万，而中产阶级门槛最低的俄亥俄州的克利夫兰，个人年收入超过$23,827 即可跻身中产阶级。

在低收入人群中，美国联邦政府的卫生与公众服务部（HHS）对收入最低部分的人群制定了一个联邦贫困线（FPL）标准。

2024 年美国政府 HHS 制定贫困线标准为：个人年收入 15060 美元，两人家庭年收入 20440 美元，三人家庭年收入 25820 美元，…，即家庭成员每增加一人，贫困线标准提高 5380 美元。

依据联邦贫困线标准，各州标准有所不同。有的州的物价高，贫困线标准高。

美国贫困线标准的作用是，美国联邦政府和各州政府会依据贫困线标准给予低收入人群各种生活补助。在该标准线的两倍之内的低收入者，符合申请联邦政府和州政府相应的生活补助。美国的贫困线标准是低收入者领取政府补助的参考标准。

联邦和各州的生活补助有：食品补贴、现金补贴、儿童生活补贴、住房补贴、医疗补贴（白卡）等。生活补贴保证了最低收入人群基本的衣食住行。

领取补贴的低收入人群中最大群体是退休人员。这与美国退休人员的退休金标准低有关。退休金标准是很多年前制定的，多年来美国经济持续发展，退休金标准虽然每年也在调整，但是与经济发展相比逐步的显得低了。

美国政府为了保障退休人员的基本生活，超过65岁的退休人员，除了退休金和低收入补贴外，还有联邦政府提供的退休人员医疗保险、低收入退休公寓、低收入退休人员生活助理服务等等各种补助和辅助服务。美国社会保障了老年人的基本生活需求。

美国政府的低收入补助标准，每年都会有一定程度的提高。这是根据美国每年经济的增长幅度和物价递增幅度而定。这也带来领取补贴的人数在浮动。

仅仅美国联邦政府每年给低收入人群发放的各种补贴总量有数千亿美元之多。加上正常的退休人员的退休金，美国联邦政府每年约开支 1.5 万亿美元用于退休养老金和低收入人群的生活和医疗补贴。约占联邦政府财政开支的四分之一。约是美国联邦政府军费开支的 1.8 倍。

以上情况表明，美国政府的贫困线标准实际反映的是美国社会纳税人给予低收入人群的补助水平。贫困线提高，实际表明的是社会纳税人给予低收入者的补助增加。而不是美国低收入人群变得更贫困了。恰恰相反是社会低收入者得到的补助多了。

美国社会给予低收入人群逐年增加的补助也说明美国社会财富逐年在增加。

当然从另一角度来说，美国社会经济发展会带动物价水平提高。因为经济发展后社会最低工资水平会提高，最低工资水平提高会带动社会物价水平提高。物价水平提高必须给予低收入者补助提高，才能维持低收入者的日常生活需要。

我也注意到，在中国的宣传媒体中一直在刻意宣传美国的贫困人口在逐年增加。中国宣传的依据是美国政府贫困线在逐年提高，以此推断美国低收入人群更贫困了。企图证明美国的资本主义社会正在不断衰退。其实是中共的宣传人员并不清楚美国政府贫困线作用的真实情况。

中共的宣传媒体也从来不提，美国贫困线收入标准远远高于中国人均收入。如 2024 年美国贫困线标准是个人年收入 15060 美元，这超过了当年世界人均 GDP13000 美元。而同期中国政府报道的中国人均可支配收入中位数是 34707 元 RMB，约 4900 美元。美国联邦政府贫困线收入标准是中国人均可支配收入中位数的三倍。当然中美总体物价水平存在差异，以上数据仅作参考。

在美国社会低收入人群以上的中产阶级是占美国社会人口比例最多的部分。美国中产阶级的生活最能代表美国社会的生活水平。

以加州为例，2023 年加州人均年收入 8.2 万美元。2 人家庭收入中位数约 10 万美元。因此加州同期中产阶级的个人年收入范围是 5.5 万美元-16.4 万美元，2 人家庭的中产阶级年收入范围是 6.7 万美元-20 万美元。

以一对中年夫妇朋友家庭生活开支为例，剖析加州中产阶级的实际生活水平。

这对中年夫妇养育两个上小学的子女。两人都有工作，两人年收入共约 15 万美元，每年扣税约 3 万美元，实际每月可支配一万美元。是典型的中产阶级。住在洛杉矶县西部临近海边的城市。

所住城市是一个中学学分 9.0 的好学区，因此是洛杉矶地区房价较高的城市。七年前购买的 1500 平方英尺的独立屋价格 80 万美元。其中贷款 60 万。2024 年该屋房价已经涨到 120 万美元。房地产税仍然按购买时的 80 万美元交付，每年约 9000 美元。

家庭每月开支如下：1，住房（房贷加地税和房产保险）4500 美元，占家庭开支的 45%。2. 医疗保险，（夫妇工作单位均有医疗保险，此处是子女额外增加部分）500 美元。占 5%。3. 两辆汽车（汽油费、保险费、一辆车的贷款）约 1000 美元，占 10%。4. 食品 （家里烧饭为主）1500 美元，占 15%。5. 水电垃圾割草等开支　450 美元，占 4.5%。6. 两部手机加电视 250 美元，占 2.5%。7. 子女小学课后延期班加课程（中文学习、钢琴等）1000 美元，占 10%。8. 其他日常用品、衣服以及娱乐等 800 美元。占 8%。每月共计开支一万。几乎没有剩余。

周围中产阶级的朋友中有很多与这对夫妇相似的情况，生活能够达到丰衣足食。但是收入并不宽余，很多家庭几乎都没有节余。这就是美国中产阶级最常见的生活状态。

美国中产阶级人群的生活状态也表明，这部分人担心的是社会物价上长会带来入不敷出。因此人人都在注视近几年不断上涨的物价。迫使人人追求更高的收入。这部分人更担心的是美国经济下滑会带来失业。一旦失业，生活开支无法承受。

从以上朋友的生活情况，可以看出住房是美国中产阶级最大的开支。约占生活开支的一半。

在现实生活中，以大洛杉矶地区为例，租房居住者比例约达 50%。整个加州的租房率约 45%。民众租房居住有各种原因，其中大部分人是因为付不起购房的头款而选择先租房，通常购房头款占房价的20%。

7 年前我上述朋友花 80 万美元购房时，洛杉矶县房价中位数约50 万美元，2024 年洛杉矶县房价中位数已经达到 80 万美元。2024年全美房价中位数约 43 万美元。

如果 2024 年在洛杉矶县购房，20%的头款需要 16 万美元。而2024 年洛杉矶县的最低小时工资是 18 美元，相当于年薪 3.5 万美元不到。因此存足购房头款，对很多低收入美国人来说是一件困难的事情。因此租房对很多人来说是唯一的选择。

大洛杉矶地区的各个城市有很多租房可供选择。最常见的是一种二层楼的联排公寓房。由租房公司经营。

事实上，在美国即使是高收入家庭和超富裕家庭，生活开支最大的部分同样是住房。高收入家庭和超富裕家庭会住更大的房子。在洛杉矶地区的几处富人区，有几百万美元独立屋的社区。也有千万美元以上的豪宅。住房大小和所住地区是衡量一个家庭富裕程度的尺度。

对那些低收入人群来说，大洛杉矶地区有租房相对便宜的地区。低收者往往租住各种廉价房和廉价公寓房居住。低收入的退休人员还能申请到由政府补贴租金的老人公寓。

　　以上情况也使我们看到，即使在美国这样经济发达的国家，大部分普通民众生活有保障，但是仍然在期望更好的生活，追求更高的收入。人们对高质量更美好生活的追求是无止境的。

　　美国普通民众的生活状况不仅反映在物质生活上，还与社会生活环境有关。我同样以大洛杉矶地区为例，描述一下当地的社会环境。

　　大洛杉矶地区，是洛杉矶县和周围四个县的统称。这里有大大小小二百多个城市，将近二千万人口，是美国人口最密集的地区之一。因为美国 50 个州中，超过一千万人口的只有 9 个州，大部分州只有几百万人口。最少的西弗吉尼亚州只有 57 万人口。而大洛杉矶地区中的洛杉矶县就有一千万人口。

　　在洛杉矶县一千万左右的人口中，洛杉矶市约 380 万人口，而周围的二百多个中小城市大部分是几万或者十几万人口。大洛杉矶地区是城市一个接一个的工商业化区域和广阔的居民居住区域。

　　大洛杉矶地区纵横交错的高速公路形成了网络，交通方便。大洛杉矶地区以汽车作为代步工具。几乎人人开车。没有汽车寸步难行。在洛杉矶市和各城市分别有局部地区的公共交通系统，部分城市之间有轻轨相连。

　　这些大大小小的城市绝大部分是成熟的社区，无论是一百多年历史的城市，还是刚刚新建立的城市，每个城市的社会公共设施完善，如完善的城市水、电、气供应系统，城市道路、排水系统、垃圾处理系统等等。每个城市公共事业功能完善，如公立小学、中学、高中、公共图书馆、市民活动中心，以及大大小小的各种公园和运动场所等公共娱乐设施完备。

　　在这些城市中，比较大的城市还有公立医院为本市和附近城市居民提供服务。以及各种规模的私立医院。

　　各个城市由民选的市长和城市议员，以及民选的学区委员主持市政府的为民服务工作。市长和议员都是当地的资深居民，由当地市民选举产生。因此市长和议员能够一心一意为当地老百姓服务。

大洛杉矶地区大部分城市的治安良好。各城市地方警察都很尽忠职守。有少数城市由于警力不足，治安情况不理想。

大洛杉矶地区有很多学区非常好的城市，那里有口碑好的中小学。是人们希望居住的地方。同时带来那些地区房价高企。

大洛杉矶地区有很多著名的大学，如加州理工大，加州大学系统的加大洛杉矶分校、尔湾分校、河边县分校，南加州大学，……等等。大洛杉矶地区也有很多著名的社区大学和普通大学，大洛杉矶地区遍布各地的大学代表了美国高质量的教育水平。

大洛杉矶地区是美国气候宜人的地区之一，冬暖夏凉。西濒太平洋，北依万呎高山。到处风景如画。

大洛杉矶地区有很多著名的旅游景点，如迪士尼乐园，好莱坞影城，盖茨中心，美丽的圣莫妮卡海边公园，杭廷顿图书馆，……等等数不胜数的名胜古迹。

南加州宜人的气候吸引了大量美国人长居此地。这也是大洛杉矶地区人口众多，房价高企的原因。

在这样的环境下，大洛杉矶地区的民众过着令人惬意的幸福生活。同时也在追求更好的物质生活。

在现实生活中，大洛杉矶地区也存在治安差的地区。有个别地区时而发生抢劫商店的事件。另外在洛杉矶市城市中心区的一些街区，无家可归者聚集在那里。

美国的治安问题和无家可归者存在的问题本文后面我会分析其原因。

以上是大洛杉矶地区的情况。美国各地的社会状况都大同小异。我去过美国很多地方、总的印象，美国民众绝大部分都生活在富足的宁静的治安良好的社会环境中。尤其是小城市和乡村地区沉浸在和平融洽的友好的社会氛围里。当然各地有各地的特色。也有少数治安不好的地区，脏乱差的地区，尤其是一些大城市的某个部分。

6. 我本人对美国社会的印象

我曾经在加州旧金山湾区生活过七年，也曾经因为纺织品生意在纽约断断续续待过一段时间，大部分时间我住在南加州大洛杉矶地区。

在我美国的生活经历中，我接触过各种各样的人，有富豪，有普通生意人。如大公司的总裁，曾经的美国高官、洛克菲勒家族成员，学者教授，和大量的普通人。这些人给我的感觉都是很 Nice 的人，通情达理，对人友好，爱开玩笑，乐于助人，对事物有很理性的见解。我认为这些人是美国社会的主流，美国大部份人都是这样。

我也碰到过生意场上的骗子，为了钱不择手段地坑人。我也被人骗过。

不同肤色美国人的共同特点是所有人都热爱生活。大部份美国人生活目标简单明了，就是 Make Money， 赚钱，赚更多的钱，过更好的生活。

美国普通人之间的关系简单，各赚各的钱，互不干涉和平共处，共同生活在这个社会中。不亲密不疏远。见面打招呼，又时刻防备着他人，保护着自己的隐私。

美国社会又是一个种族大熔炉，白人、黑人、亚洲人、南美人。各种肤色，来自世界所有国家的人。带来各种风俗习惯，人们相处融洽，相互尊重。大家都生活在同一个社会里，美国社会是个包容大度的社会。

我还注意到，在美国社会不同肤色的人都有对社会相同的认知，有同样的社会共识：人们都认为那些助人为乐的人是好人，损人利己的人受到谴责。人们赞赏有契约精神的人，有诚信的人受到他人的尊敬，背信弃义的人被人不齿。人们之间相互尊重受到赞扬。对社会有贡献的人受到社会的崇拜。

在我所住过的社区里，邻居中有白人、黑人、韩国人、中国人，⋯等等，大家友好相处。我发现白人家庭的男主人大都非常勤奋，常常看到白人男主人在自家车库里修理各种器具，在自家院子里修剪树木。而墨西哥裔的家庭最喜爱聚会。我还曾经在黑人邻居的陪伴下去非洲做生意。

各个族裔的交往朋友中最多的是本族裔的人，西班牙语系的墨西哥裔美国人喜欢周末在公园里开 Party 聚会，韩国人、中国人喜欢相约去爬山，白人喜欢单独一人去海边冲浪，独自一人在山中徒步。不同民族偏重不同的喜好和有不同的习惯。

我一直感到我所居住的社区很安全，已经到了路不拾遗，夜不闭户的地步。曾经有一段时间，有几天车库门忘记关上，是邻居提醒才关上。

我感到美国社会上大部分人都遵守法律，警察执法认真，法院审理案件公开，公平公正。我注意到美国法院的法官具有崇高的社会地位。

我发现美国人从小学生起就被不断教育遵纪守法。美国人一生中要经历多次法律法纪教育。这种法治教育来自美国法治体系的陪审团审判制。美国公民人人有义务去法院参加陪审团服务。陪审团服务有一定强制性，不管你的职业和收入，是公司主管、银行高管，还是商店营业员，都被当地法院定期通知去法院参加陪审团服务。这显示出在法律面前人人平等。

我参加过我所居住地法院对陪审团成员的选拔。美国法院的刑事民事案件可根据案件当事人的要求由陪审团定案。法院的案件由陪审团定案和人人可以成为陪审团成员说明了美国法律对每个人的公平公正。参加陪审团成员选拔和参加陪审对每个人来说也是一次深刻的法纪教育。

我认识到美国社会良好的社会环境与美国是法治社会有关。社会生活各个方面有详细法律规范。美国人在法律的监管下生活。

美国社会对每个人的监管是有效的。每个美国人有二个身份信息。一个是州车辆管理局 DMV 发放的驾驶证，另一个是联邦社会安全局发放的社会安全号。

　　驾驶证作为身份证件，在不同场合出示使用，证明身份。每个人的驾驶证号是个人在美国法律体系中的识别账号，美国法治体系记录每个人的驾驶违规记录和犯罪记录。

　　每个人的社安号是个人在联邦政府社会安全局的账号。社安局记录个人一生的收入交税记录。社安局依据个人交税记录，退休后发放退休金。社会安全号是美国每个人交税的号码，也是享受社会福利，领取养老金和补助金的号码。个人社安号是个人的保密信息。

　　美国社会的信用评分公司利用个人社安号记录每个人的银行和信用卡信息，并给予每个人信用评分。个人信用评分是社会上的信用公司对个人的信用评价。银行和信用卡公司依据个人信用评分给予个人发放信用卡。个人在购房购车时，银行房屋贷款公司和汽车商依据个人信用评分等级发放房屋贷款或者汽车贷款。

　　由于美国社会对每个人都有个人信用历史和行为历史的记录，因此绝大多数美国人都遵纪守法，诚实自律。是好公民。使得大部份地区社会治安良好。

　　我也看到美国社会上仍然有作奸犯科，抢劫盗窃，买卖毒品的社会现象发生。使我感到，社会不良分子总会存在，这与社会"人性"中"自私"观念无法根除一样无法根除。因此社会法治也由此需要永远存在。

　　美国社会上还存在这样一种情况，某人犯了法，有了犯罪污点，即使是轻罪的犯罪记录，也会被一辈子记录在案。这些有犯罪历史记录的人在找工作时会遇到困难，从而造成有人破罐子破摔，重新犯罪。这也是造成有些人成为惯犯，有些地区惯犯成员多治安不佳的原因。让犯过罪的人改过自新重新做人是值得研究的社会课题。

　　我也感到，美国社会近二十多年来，社会治安方面的问题多了起来。特别是2001年发生的"9.11"恐怖事件，那是因为美国参与了对中东地区恐怖组织的打击，因此受到恐怖分子的报复。

　　近年来，美国越来越多的社会治安问题，还来源于越来越多的非法移民涌入美国。据各种统计，美国社会有一千五百万以上来自中南美洲国家和世界各地的非法移民。

大量非法移民涌来，给法治的美国社会带来境外的违法分子，给美国社会增加了违法案件。同时也说明美国社会是穷人向往的世界。

大洛杉矶地区，因为离墨西哥边界仅仅两个多小时车程，偷渡的人来到这儿最方便。大洛杉矶地区也是美国非法移民最多的地区之一。

我也经历了一次被盗案件。几年前我曾经引以为豪的安全社区变得不安全。我的住宅被盗贼打破了后门玻璃，盗贼潜入家中，保险柜被洗劫一空，损失了约上万美元的珠宝首饰等。家里被盗半年后，被偷走的支票竟然在墨西哥的某银行被伪造的签名企图提款。这让我意识到可能是非法移民作案。

近几年加州旧金山湾区和大洛杉矶地区多次发生抢劫者抢劫商店的事件，并且愈演愈烈，发展到几十人洗劫商店的案件，民众戏称此类抢劫案件为"零元购事件"。这与加州居民 2014 年通过第 47 号提案（Prop 47）有关。在第 47 号提案前，加州刑事法律对小偷小摸定刑过重，三次小偷行为就定为重罪，导致加州监狱罪犯人满为患。善良的加州居民当年以 58%多数通过第 47 号提案。该提案成为法律后，其中"950 美元以下的偷盗行为"由重罪改为轻罪。一段时间加州法官在判轻罪罪犯时，仅判轻罪监外执行缓刑。从而滋长了不法分子的偷盗行为。发展到心怀不轨的盗贼公开到商店搬商品占为己有。也吸引越来越多的无知年轻人效仿。严重破坏了社会治安。好在该 47 号法案已经被加州民众最近投票否决。

"零元购"事件说明，法治的社会刑事法律必须定刑适当，并严格执行。对非法行为放纵，法治将失去作用。

美国还有一个枪支泛滥的问题。如今校园枪击案时有发生。年轻人容易冲动，又轻易可以获得枪支。在热爱枪支的美国社会，制止校园枪击案成为美国社会的难题。

美国社会还有一批无家可归者。据统计 2023 年全美有 65 万无家可归者。约占美国总人口的千分之二。其中约四分之一的无家可归者流浪到洛杉矶地区。可能是洛杉矶地区有宜人的气候和好善乐施的教会和居民。

加州政府和洛杉矶市政府对此头疼不已，租了旅馆和公寓提供给无家可归者住。但是治理效果不明显，虽然花了纳税人的大量资金却效果不佳。据报道仅洛杉矶市，2024 年用于安排无家可归者食宿的资金达 23 亿美元。但是街头巷尾仍然有无家可归者流浪。因为有相当一部分无家可归者不愿意住在政府提供的房子里。无家可归者中据说大部分是酗酒者和吸毒者，向往无拘无束的酗酒吸毒自由。

我注意到，在无家可归者人群中很少有非法移民。大批非法移民都能找到工作和居住的地方，为什么无家可归者不能？法治社会难道对无家可归者束手无策？这是个值得思考的问题。

我在美国的生活经历使我感到美国社会是最符合人性的社会。人人在法治的规范下平等自由。人人可以追求各自的人生目标。

以上我概述了我对美国社会的认知，我认为以上阐述基本反映出美国社会的真实面貌。

在我的认知中，美国是一个经济发达的市民的国家，也可以说是人民的国家。是以大多数人民的诉求为准则的民主政治国家。是一个符合社会"人性"的社会。

我也看到当今的美国社会仍然面临诸多经济发展和社会进步的挑战，美国的民主政治体制也在进化演变的过程中。

第 35 章

美国社会仍然处于不断进步的过程中

虽然美国是世界上经济最发达的国家，美国社会是当今世界人人向往的富裕的平等的民主社会，但是美国的经济发展和社会进步依然面临诸多的挑战。

在政治经济公开透明的美国社会，大多数头脑清醒的美国人都能看到美国目前面临的挑战有：

1. 美国的经济发展如何应对全球化工业经济转型的挑战

这几十年来最影响美国经济发展的是，美国的传统工业在工业全球化演变过程中受到严重冲击。近几十年来，美国有百年以上历史的纺织品工业生产几乎消失殆尽，钢铁工业、机械行业、电子加工、日用品工业、…，等等各行各业中的劳动密集型企业都受到严重冲击。很多工业生产都转移到中国和其他低劳动成本生产国家。美国的支柱产业，如汽车工业和其他技术密集的机械制造等产业，都可能被中国等低劳动成本新兴工业国家产品所拖垮。

美国传统工业的萎缩，带来的是美国社会上相当一部分工作机会消失了。带来社会经济的不稳定。

我们看到美国的超市和商店里充满了来自低劳动成本国家的各种商品。在全球化经济潮流中大量其他国家的产品涌入美国市场，美国的传统工业在逐步衰退之中。

我注意到，在全球化经济的潮流中，中国是最大的受益国家。因为中国在过去三十多年中，引进和复制了美国和其他西方国家的工业生产技术。中国高速的工业经济发展依靠了美国和其他西方民主国家的巨大市场。近十年来每年美国与中国之间的贸易逆差达几千亿美元。2023 年美国对中国的贸易逆差达 3361 亿美元，当年美国与世界各国的总体贸易逆差约达 1.1 万亿美元。与中国的贸易逆差占美国总贸易逆差的三分之一。

在美国与中国的双边贸易中，市场竞争超出了私有制市场经济竞争的原有范畴和含义。因为中国政府主导了中国经济政策，中国以国家资本扶持公有制经济实体和私有企业参与国际贸易竞争。在特定行业领域，美国的私有企业如何能与中国国家资本支持的中国企业竞争？

这种与中国的贸易竞争改变了曾经的单一私有制实体的市场竞争概念。呈现多样性和复杂性。是世界经济进入一个全球化经济新时代的新现象。如多年前中国政府的核工业集团购买了美国西屋电气的核电厂技术，若干年后原美国西屋电气破产了，最后被日本东芝电气吞并。美国的核电厂制造工业走向衰退。而得到中国政府大力资助的中国核电集团，发展了美国的核电厂制造技术。该集团如今成为世界上的核电厂工程承包商之一。又如中国一家民营汽车厂奇瑞汽车，收购瑞典濒临破产的著名品牌沃尔沃汽车。据了解当时奇瑞汽车的盈利仅有约一亿美元，根本无资金能力收购沃尔沃汽车。当时的中国政府支持了奇瑞公司 18 亿美元贷款用于收购沃尔沃汽车。再如中国在世界各地的一带一路项目都得到中国政府的资金和低息贷款资助，并由中国政府的大型工程公司承包建造，不计盈亏。这些项目带有中国政府的援助性质，带有中国政府的政治目的。包括受援助国家必须承认"中国统一台湾"的政策。

中共政权以国家资本主义推动的全球化经济，冲击着整个世界。由于中国的经济发展处于没有有效法制的规范下，中共政权有意无意鼓励中国国家资本资助下的自由资本主义在中国无序发展，因此推动了中国式的自由资本主义在全球化经济中的恶性竞争。这给美国和所有西方工业国家，那些已经有法制规定防止本国市场恶性竞争的国家，防止中国带来的新的国际恶性竞争！

由中国式的自由资本主义带来的全球化经济的恶性竞争是目前美国和西方工业化国家面临的新课题。世界已经有必要建立全球化经济中防范国际恶性市场竞争有效机制，以保护每个国家的工业化经济均能稳步发展。可惜这种有效国际机制尚没有建立！

在如上的全球化经济的竞争中，美国如何保护好美国经济平稳发展，保护好美国的传统工业，保护好美国私有经济实体和美国私有化经济，是美国社会和美国民主政权面临的最重要课题。

2. 高企不下的联邦债务引起的联邦政府可能破产的担忧

近年不断积累的联邦政府债务，到 2024 年底已经达到 36 万亿美元。已经超过 2024 年美国 GDP 总量近 7 万亿美元。

据报道 2024 年联邦政府的债务利息达到 1.1 万亿美元，占同期联邦政府财政支出 6.7 万亿美元的 16%。远远超过同时美国联邦政府军费支出 8420 亿美元。

而美国 2024 年美国联邦税收等财政收入约 4.92 万亿美元，2024 年美国联邦财政赤字约 1.8 万亿美元。

居高不下，年年大幅增加的美国联邦政府财政赤字带来美国联邦政府破产的危险。

试想，如果美国联邦政府破产，对美国社会会带来怎么样的冲击？不敢想像！

客观上说，美国奇高的联邦债务与 2020 年以来世界流行三年的新冠疫情密切相关。这是一个特殊的历史时期。美国联邦政府为了美国社会能够平稳渡过疫情大大增加了社会各项与防止疫情相关的开支。

2025 年川普总统第二任期后，试图解决高企不下的联邦债务，采用了减少联邦雇员、减少联邦开支和增加关税等等各种措施，但是收效不明显，联邦债务仍然在增加过程中。笔者认为美国是民主法治的国家，要发挥民主法治体制的优势，由参众两院设立解决联邦债务的专门机构，提供解决方案，形成减少联邦债务的法律条款，由民主制定的法律来解决联邦债务问题。两党和三权并列的联邦政治体系共同执行，才有可能解决高企不下的联邦债务。

3. 无止境的非法移民，给美国社会带来各种困扰

大量非法移民涌入美国是美国社会长期以来存在的问题。这几年涌入的非法移民越来越多。据不完全统计，美国现有非法移民一千多万人，分布在美国各州。据称，加州有超过三百万人的非法移民。

非法移民给美国社会带来的各种问题前面的章节有阐述，这里不再重复。

但是需要重提的是，非法越境的移民本身是违法行为，对法治的美国社会来说，其行为已经破坏美国法治，是不能被接受的。更何况有些南美国家的犯罪集团混在非法移民人群中，到美国来从事各种犯罪活动，严重破坏了美国社会良好的治安环境。非法移民增加了美国各地的治安问题。

4. 美国是否继续超负荷介入世界各地的纷争

二战中，美国为世界和平作出过巨大的贡献。二战后，在东方社会主义国家阵营与西方民主国家阵营政治对抗时期，即东西方阵营对峙时期，美国成为西方民主国家的中流砥柱与苏联为首的社会主义国家对抗。东方阵营瓦解后，美国继续插手世界各地战争敏感地区的国际事务，企图维持以西方民主国家利益为主导的世界次序。

美军长期驻扎在世界各个重要战略要地。美国航空母舰编队游弋在世界各个主要海域。

不可否认长期以来美国为世界和平作出过超出任何国家的贡献。因此美国被世界爱好和平的国家所尊重。同时也被世界上专制国家的统治者和国际恐怖主义者所忌恨。2001 年发生在美国的"9.11事件"就是国际恐怖组织对美国插手中东事务的报复行动。

　　最近几年美国每年花在世界事务中的各种费用约有数千亿美元之多。这些都是美国纳税人的钱。这些钱对债台高筑的美国联邦政府，对生活压力不断加大的美国纳税人来说，已经到了超负荷，难以承受的程度。

　　美国对世界的援助产生了如下问题：这些钱花的值不值得？美国纳税人是否愿意承担？美国联邦政府是否能承担得起？

　　很明显美国选民中有相当一部分人对以上问题持反对意见。相当一部分美国选民不希望以牺牲美国选民利益为代价对世界作无谓的干预。

　　因为近几十年世界的演变历史让美国选民们看到的是：苏联解体并非美国和西方民主国家的武力威逼造成的，而是苏联内部经济衰退造成的。是社会主义公有制经济不适应社会经济发展造成的。

　　世界的演变历史正在促使美国政治精英们转变思路，以适应当今世界转变的形势。

　　摆在美国选民和政府面前的问题是：美国如何以美国社会能够接受的方法，发挥美国在世界事务中的作用。

5. 近几年市面上物价上涨通货膨胀已经影响到美国普通民众的生活

　　新冠疫情三年，造成相当一部分工厂停工，商店关门很长时间。也造成部分流通领域供应链中断，海运费暴涨。从而造成各种商品价格上涨。

　　疫情结束后，市场物价起伏不定，物价上涨趋势一直延续下去。

　　物价上涨造成普通民众生活质量下降，尤其是近几年房屋价格持续上升，食品价格保持高位，使得普通民众的生活倍感压力。

　　美国社会各地政府通过调高最低工资水平来适应物价上涨。而在社会劳动生产率没有大幅提高的情况下，过早过快调高最低工资标准，其效果是进一步推高物价上涨。

低物价曾经是美国市场自由竞争的优势，以政府的手段强制调高最低工资水平，实质是用行政手段干预市场经济。结果往往适得其反，造成物价上涨。没有实质解决普通民众生活压力。

维护市场自由竞争，维护良好的生产环境，抑制物价上涨是美国联邦政府和各州政府面临的挑战。

以上五个方面是美国社会当下所面临的主要挑战。当然，这是我个人的观察。现实中美国社会还面临更多方面的挑战，这里不作进一步探讨。总之美国社会随着时代的变迁会面临新的问题。美国社会依然处在经济发展和社会进步的过程中。

面对美国社会所存在的各种挑战，美国民主、共和两党的政治理念的差异，带来两党政治领袖和政治精英们处理问题的不同措施。如在非法移民问题上，虽然两党都声称要解决非法移民问题，但是实际政策却天差地异。老拜登总统以传统的民主政治理念，以宽松的方式处理美国的非法移民问题，面对大量非法移民涌入美国显得力不从心。其结果造成大部分美国选民不满意民主党总统拜登处理非法移民的政策。

美国选民是站在各自利益的基础上，运用手中的选票发出自己的声音。

2024 年美国迎来又一次联邦政府总统大选。面对美国国内和国际的各项议题，美国选民们各自选择最有利于自己利益的总统候选人，投下自己的选票。

美国的经济问题、社会物价上涨问题和非法移民问题影响到2024 年的美国大选。最终多数选民选择了共和党总统候选人川普。因为川普总统声称他能提供解决美国经济问题和非法移民问题的最佳方案。

川普当选说明了美国民主政治体制的先进性。其先进性表现在：是美国选民中的多数人决定了美国民主政权未来四年的执政人！各个总统候选人在竞选中不同的执政政策，最终由美国选民来选择！

曾经担任了一届总统，又注视了民主党总统拜登的四年执政，重新当选的川普总统表现出让"美国再次伟大"已经有很多新的想法和措施。

2025 年 1 月 20 日川普总统就职当天就立即签字了一系列行政命令。其中对非法移民采取措施的行政命令有：阻止和防止非法外国人进入美国，宣布美国南部边境进入国家紧急状态，以及重新调整美国难民入境计划，等等。对经济方面的行政命令有：发布 《美国贸易优先政策》，释放美国能源行政命令，重新评估和调整美国对外援助，以及释放阿拉斯加非凡的资源潜力行政命令，等等。一系列行政命令让人眼花缭乱。

川普执政后，紧接着对削减美国高额的联邦债务作出重大措施，提出削减联邦政府开支压缩联邦政府机构的改革。川普总统一开始还聘请科技达人马斯克组建临时的"政府效率部 DOGE"作为其顾问，寻找联邦政府财政开支中的问题，和征求对庞大臃肿的联邦政府机构进行裁员的建议。

但是半年后，川普总统提出了美国联邦政府财政的"大而美"法案，并在参众两院议员们激烈辩论后得到通过。其中既有削减联邦债务的措施，又有继续增加联邦财政的开支，让选民们对联邦债务最终是否能得到有效控制带来担忧。

同期川普总统采取大幅提高美国进口关税的政策。对世界所有国家的输美商品都加征幅度不同的关税，美国进口关税平均大幅加征 20% 以上。尤其对中国商品加征了 30% 以上的关税。

川普总统声称此举能重振美国工业经济。同时能大幅增加美国联邦政府的关税收入，有利于解决联邦政府高额债务。

川普总统的高关税政策对世界其他国家的经济有巨大冲击。世界各国站在各自立场对美国采取不同的对抗措施。中国再次选择以强硬态度对抗美国，相应大幅增加对美国商品的进口关税。几个回合后，又接受了美国的高关税，降低了中国的进口关税。两国关税谈判在持续着。

在本书出版前，川普总统提高的美国进口关税的政策又发生了戏曲性的重大变化，美国最高法院裁定，川普政府实施的大幅提高进口关税措施违宪，川普总统提高关税的政策被最高法院否定了。这件事表明，在三权分立的法制的美国，即使是总统，任何举措都不能随心所欲，都会受到美国法律的制约。

对于国际上目前发生的战争，川普总统支持以色列打击加沙恐怖组织哈马斯，支持以色列打击援助哈马斯的伊朗、黎巴嫩真主党武装和胡赛武装。并直接参与轰炸伊朗的核设施。在对待俄乌战争问题上，川普总统曾经多次尝试与俄国普京谈判来结束俄乌战争。但是俄国普京不愿意轻易放弃战争。从而使得川普总统继续支持乌克兰反击俄罗斯的侵略战争。但是川普总统在支持乌克兰的反侵略战争时，强调了欧洲国家要承担主要经济责任。

我注意到川普总统的以上政策带有其鲜明的个人特征，川普的各项政策也遭到美国部分选民的质疑。部分政策遭到民主党政治人物的反对。

川普总统以上政策是否能够解决当前美国现实中存在的问题，只有等待未来的历史来检验。川普总统的执政是否能够得到美国大多数选民的认可，也要等到两年的中期选举和四年的美国大选由选民的选票作出答案。

我的认知是：川普总统最起码是在用心地处理当前美国社会面临的各种问题。在为选民的利益考虑，希望得到选民的认可。

总之美国的民主政治体制产生了民主党共和党各类政治精英，他们在想方设法提出解决美国社会问题的措施和方案，从而达到让美国社会持续繁荣的目的。美国选民会在每两年的中期选举和四年的大选中用选票选择最符合选民利益的美国各级政府的政治人物和决定政策的议员。在这种状态下，美国的社会问题终究会有解决问题的办法。美国社会会持续不断的进步。

用长远的眼光看美国社会，美国社会不变的是，美国以宪法治国的社会"法治"制度不会变，"法治"会随社会进步而越来越完善。

美国的民主政治体制不会变，由大多数选民意愿主导的美国民主政治体制会一直延续下去。

美国社会以私有制为主体的经济发展模式不会变，因为私有经济能最大发挥人的劳动积极性和科技创造性，能最激发人的创造性想象力。最能促进社会经济发展。是最符合社会"人性"的社会生产方式。

随着以私有经济为主体的社会经济的发展，美国社会会继续不断富裕。美国社会调节社会贫富差距的税收政策会变得越来越合理。美国社会对最低收入人群的保障措施也会变得越来越好。

美国社会的公共事业会变得更好更完善，也许会有更多社会公有单位服务于社会公共事业。服务于社会上拥有私人财产的家庭和个人。社会公共事业的发展，代表社会的进步。社会只有拥有了足够多的财富才能有资金用于社会公共事业。

美国社会会变得更加美好，美国社会未来前景清晰可见！那就是美国社会会沿着现代民主社会的方向一路走下去。

第 36 章

中美之间

今天的中美关系是引起全世界关注的话题。原因是美国和中国目前是世界上处于第一位和第二位的两大经济体。又是社会政治体制不同的两个国家。两个国家的国际政策都在对世界其他国家产生着影响。

今天中美关系的形成要追溯到第二次世界大战。二战中，在亚洲战场。美国和中国结成了战略同盟，共同抗击日本军事帝国主义。

日本偷袭美国珍珠港事件后，美国向日本宣战，在美日之间的战争中，美军多次重创日军，给予日军沉重打击。美日战场拖住大量日本军队，迫使日军分散了对中国侵略的军力。同时美国援助中国的抗日战争。美国政府援助了中国大量军用物资。美国空军志愿军"飞虎队"参加了中国的抗日战争。当时中国国内已经形成抗日统一战线，国共军队共同抵抗日军侵略。二战后期，是美军最后战胜了日本军队，迫使日本帝国最终宣布投降。中国的抗日战争由于美国打败日本，迫使日本投降而取得胜利。仅从美国战胜日本这一角度说，美国是中国人民的大恩人。

抗日战争结束后，中国陷入国共之间内战。美国一度调停内战。美军没有参与中国内战，但是为国民党政府提供了财政和军事援助。

1949 年 10 月中共在中国内战中取得压倒性胜利，成立新中国政权。国民党政府退居台湾。美国当时没有承认中共的政权，继续与国民党政府保持友好的外交关系。此时在毛泽东主持下的中共政权把美国视为敌人。

1950 年 10 月，毛泽东为了维护中共新政权，在苏联的纵容和帮助下，在北朝鲜金日成政权的请求下，发起抗美援朝战争。中国军队在朝鲜与美军为首的联合国军队作战。中国与美国成为敌对的两个国家。

六十年代中期毛泽东又在越南战争中，支持共产党的北越，向北越提供大量军事援助，参与北越军队与美军和南越军队作战。最终北越获取了越南政权。那个时期毛泽东宣称"美帝是中国人民的头号敌人"。

五十年代，新中国政权是苏联为首的社会主义阵营中的一员，跟随苏联与美国等西方民主国家对抗。社会主义阵营又称为东方阵营，美国等西方民主国家称为西方阵营。在东西方阵营对抗中，毛泽东称之为"东风压倒西风"。毛泽东在精神上让中共成员们感觉到战胜了"美帝国主义"。

六十年代末中苏关系彻底破裂后，中国与苏联从盟友转变成敌人。毛泽东为了对抗苏联，1972 年邀请美国总统尼克松访华。毛泽东视美国为中共政权可利用的敌人。

毛泽东去世后，中美关系发生巨大变化。邓小平掌握中共政权后，中美关系逐步进入一段长时期的友好交往。

1978 年 12 月初邓小平在中共十一届三中全会上实际掌握中共政权，同月中美之间签订了建交公报。1979 年 1 月 1 日中美建交。1 月底邓小平立即访问美国。表示了中共对美国的友好姿态。

美国采用实用主义态度与中国建交。同时保持与台湾国民党政府的交往，美国在台湾设立"经贸办事处"，转变方式继续保持与台湾政府的双边关系，以示对台湾政府的支持。此时中国大陆有人口 9.69 亿，而台湾人口仅 1736 万。美国与中国大陆政权建交，对中国的经济发展产生巨大深远作用。

九十年代是中美关系的蜜月期，邓小平在中国推行改革开放政策，向西方工业化国家学习工业技术，发展中国经济。美国成为中国的密切朋友。九十年代中共官员组成的学习团和访问团一批批前往美国参观访问，办学习班学习美国经济发展经验。

中国自从改革开放以后，九十年代初开始逐步开放了私有经济，私有工业企业在各行各业迅速发展起来。美国和其他西方工业国家大量投资中国市场。中国的低劳动成本吸引美国等西方国家将生产企业转移至中国生产。中国的私营企业和美国等外商投资的生产企业向美国等国际市场大量输出商品。

中国的私有经济和国外资本投资促成了中国工业崛起。中国逐步发展成仅次于美国的世界第二大经济体。

中国经济是在学习美国等西方资本主义生产方式下发展起来的。是在美国日本欧洲等西方国家的资本投资下发展起来的。是在中国与美国日本欧洲等西方国家成为朋友的大形势下发展起来的。

中国的经济发展使得中国向全世界输出商品，中国成为了世界工厂。也使得中国成为世界上经济影响力最大的国家之一。

中国的工业崛起得益于美国等西方国家的工业技术，得益于美国等西方国家巨大的国际市场，得益于中美之间曾经的友好关系。

在中国经济发展的同时，整个世界的政治经济局势也发生了巨大转变。苏联自从解体后，曾经处于世界政治中心位置之一的苏联不在了。解体后的俄国，其经济总量一直处于世界的中等水平，对世界经济的影响力大大降低。中国工业崛起后，中国成为了经济上能够与美国抗衡的国家。

2012 年习近平在中国执政后，在中国国内加强中共对中国社会的控制，大力发展军事工业，加强军队建设。在台湾问题上，不断用武力威胁台湾，使得武统台湾的战争一触即发。在国际上，习近平凭借中国经济的崛起，他的个人野心膨胀了，企图建立一个以他的中共政权为中心的世界新次序。实际上是企图建立一个突出他个人的新世界。习近平在世界上标新立异，支持每一个与美国对立的国家，推行其所谓的"世界命运共同体"。

习近平企图像毛泽东那样，让中共成员相信他能做到在与美国的对抗中"东风压倒西风"。

在习近平的操控下，中国与美国曾经友好交往的局面发生了变化。中美之间的关系从友好转变为对立。美国又成为中共政权的假想敌人。中国在国际事务上总是发出不同于美国的声音。中国成为目前世界上在政治和军事上对抗美国和西方民主国家的最主要国家。

习近平的强军政策和与美国对立的政策，对台湾的武力威胁，警醒了美国的政治精英们，美国两党议员都开始警觉中国的经济崛起和军事崛起对美国的威胁。习近平唤醒了美国的政治精英们对中国的重新认识。美国的两党议员们不断提出阻扰中国的议案。部分两党议员多次前往台湾，表示对台湾民主政权的支持。美国政府转变了对中国的态度，从川普担任第一届总统起，到拜登政府，到川普总统的第二任期，美国政府采用对中国产品征收高关税，对违反美国国际政策的中国企业进行制裁，对台湾增加军事援助，等等措施对付中共政权的国际政策。

美国的政治精英们把中国的经济、政治、军事崛起看成是共产主义社会的扩张，看成是对西方民主社会最大的威胁。美国已经把中国视为假想的战略敌人。

时间到了 2025 年 1 月，川普总统第二任期开始后，川普总统一系列对华关系操作，引起我的深度关注。川普总统的对华政策有他个人的鲜明特征。

在川普总统就职前，川普总统邀请中国主席习近平参加他的就职典礼。川普表现出对习近平的友好姿态。习近平没有来美国，派出中国国家副主席韩正前来。习近平表现出对川普总统谨慎的礼貌。

而到了 2025 年 4 月，中美关系又发生一次经济战对抗。起因于川普总统的关税政策。

川普总统为了振兴美国经济，4 月 2 日宣布全面提高美国进口商品关税。川普总统的新关税政策面向世界各国，引起世界所有对美有贸易往来国家的震动。

川普总统的新关税政策的要点是，对所有国家的输美商品加征 10% 以上的基础关税。对那些与美国贸易中，使得美国承受贸易逆差的国家，加征 20% 以上的输美商品关税。

川普总统宣称其加征美国关税的出发点是为了重振美国的制造

业经济。他在兑现他对美国选民的承诺"让美国再次伟大"。

由于中国输美商品占据美国贸易逆差的首位，川普总统最初给中国商品加征 34% 的关税。

与世界其他国家希望与美国谈判来降低关税的态度不同，习近平统治下的中国对川普总统的新关税政策反应极为强烈。中国立即反征美国商品同样的关税。

中国把反击美国提高关税看成是一场国际政治斗争。

随即美中在加征关税上不断加码，你来我往，一场突如其来的中美贸易战爆发。短短几天内美国加征中国商品 145% 进口关税，中国政府加征美国商品 125% 进口关税。

不到 10 天时间，中美两国之间的高额关税使两国贸易突然陷入停顿！

我注视这一切发生过程，感到不可思议！中美之间关系如此敌对！

我注意到：习近平领导的中国政府已经视川普总统提高关税是一次对中共政权的敌对行为。习近平已经把自己视为当年的毛泽东，把与美国的贸易战看成是毛泽东当年与美国在朝鲜战争中的敌对战斗。因为习近平领导下的中国外交发言人重放了毛泽东在朝鲜战争时与美国战斗到底的讲话，"战争要打多久就打多久"，"一直打到完全胜利"！

好在一个月后，美方调整其关税政策，美方显然不愿中断美中之间的贸易。美中两国这才回到贸易谈判桌上。

从这短短几天的贸易冲突中，我意识到，中美两国政治人物的思路不在一个脑回路的频道上。

美国川普总统想到的是为重振美国制造业寻找出路，而中共统治者习近平考虑的是"东风压倒西风"，中共政权要战胜"美帝国主义"的挑战。川普总统想的是选民的利益，而习近平想的是他的政权的权威！

这就是当前中美矛盾无法化解的根源。我预计中美之间在经济上，军事上，在台海和平问题上的摩擦还会不断发生。

我从一个有中美两地生活经历的普通人角度，观注着中美两国之间变化起伏的关系。

从历史角度看，中美两国之间一度是敌人，一度成为朋友，到如今又成为世界上两股对立的政治势力。这种变化是随着中美两国变更不同的领导人而发生的变化。是不同的中美两国的政治领导人物产生了不同的两国政策而发生的变化。

习近平的中共政权已经站在美国的对立面，习近平为了维护其权力，为了其在世界事务中的威望，会继续在各方面与美国角力！而美国的政治精英们为了防止中共在世界政治军事领域的扩张，也会继续阻挠中国在国际事务中发挥作用。尤其在台海和平问题上，中美冲突会不断，甚至可能因此会爆发军事冲突！

这就是当今的中美关系！尤其在中国，中共的统治者主导着中国的对外政策。在中共爱国主义的宣传下，中国有部分民众已经表现出对美国的敌对情绪。除非有一天中国统治者习近平下台，中共换一个开明的有头脑的领导人。一个维护台海和平的领导人，一个不搞中国军事扩张的领导人，中美之间的关系才能有实质性改变！

会有一天，中国成为民主社会的国家，成为现代自由市场经济的一员，能够与美国一起齐头并进地发展经济，中美两国的关系才会有实质性的变化。

那时中美之间将会没有政治军事的冲突，只有经济发展的竞争。美中两国都会有渗入对方市场的机会，美国人民和中国人民都会受益于其中。那将是中美两国人民的福祉！

第八部分

现代民主社会是人类社会发展进步的方向

第 37 章

现代民主社会

二战后美国、欧洲各主要工业化国家、澳洲、日本等西方民主国家的私有制市场经济稳步发展和社会的进步，人类社会形成了一个新型的社会形式-现代民主社会。当然目前西方民主国家的现代民主社会还在不断的完善之中。

现代民主社会起源于欧洲工业革命后工业化市场经济的发展。是工业化经济以大规模的资本主义生产方式，积累了大量社会财富，带来了社会的进步。工业化推动了私有农业的机械化。工农业的高度发展形成了市场商业化经济，金融市场化经济。

现代民主社会是在资本主义经济发展过程中，逐步形成的，各国的发展过程有所不同。

美国是最先在民主法治的宪法规范下，通过自身社会长期不断的社会变革和社会进步而达到今天的社会形态。欧洲主要的工业国家是在二战后，吸取战争的教训，坚持和平发展经济而取得的社会进步。日本是二战战败后，在美国的监管下走上民主政治道路，和平发展社会经济。澳大利亚、加拿大等英国的前殖民地在发展工业化经济的过程中，逐步从英国殖民地转变成主权独立的国家。而英国本身这样的老牌君主制国家，在没有发生暴力革命的情况下，在工业化经济的发展过程中，过渡到君主立宪制的民主社会。

台湾社会也是在工业经济发展过程中，通过"宁静"革命，从独裁的国民党蒋家政权过渡到如今的民主政治。

而世界上几乎所有步入现代民主社会的国家都具备共同特点：那就是各国工业化经济高度发展，在社会财富积累的过程中，社会通过"非暴力革命"的社会变革，逐步形成如今现代民主的社会形态。

现代民主社会呈现出人民自由平等，人人拥有富足的个人财富，每个人有机会从事自己所热爱的事业。

现代民主社会是现实中清晰可见的人类社会最美好最合理的社会形态。

现代民主社会值得所有发展中国家，独裁的不民主国家的人民追求。

相比较共产主义社会，那个马克思幻想出的，如今中共起吗口头上还在追求的社会，现代民主社会是人类社会可以实现的理想社会形态。而共产主义社会是虚无缥缈不可实现的空中楼阁。

现实的近代人类社会历史让我们看到的是：各国的共产党人用暴力革命建立的社会主义国家都沦为个人独裁的专制政权。也没有一个社会主义国家通过社会主义公有制经济获得丰富的社会财富。

如今的中国，虽然口头上声称是社会主义国家，但是近三十年工业经济的发展是通过开放私有经济实现的。中国已经成为一个半私有制的国家。是私有经济的发展使中共政权得以延续。中国本质上已经不是社会主义公有制经济的国家。

在本文的第十章，我阐述过共产主义社会是不可能实现的空想，原因是不符合社会"人性"中普遍存在自我自私的意识。人类社会中独立个人与他人隔绝的"自我"思维是人有生俱来的带有私有观念的社会客观现实。社会人性普遍"自私"的存在注定共产主义社会是一种空想。

而现代民主社会则是建立在社会"人性"普遍存在"自私"思维的现实之上。现代民主社会尊重每个独立个人的个人利益，因而符合社会人性普遍的"自私"思维。当社会尊重每个独立个人的利益，社会中相互尊重每个人，保护每个人的合法利益时，社会共同的利益就得到尊重和保护。

现代民主社会尊重社会每个人的合法个人利益，即每个人的"人权"。社会人人平等。社会不承认某个人或者某部分人高人一等。社会没有等级制，不承认某个人或者一部分人可以统治另一部分人。社会生活方式由社会上大多数人的意愿而定。社会人人平等是现代民主社会的基本原则。

因此现代民主社会是符合人性的，人类社会能够实现的理想社会形态。

现代民主社会保护个人私有财产，由此带来每个人追求获得个人财产的积极性，也就是人人追求财富的积极性，这是劳动生产积极性的原始动力。这是人类社会追求财富创造财富的原始动力。这是为什么私有经济能最佳促进社会生产力的提高，能最佳发展社会经济的原因。

私有经济和法治体制是现代民主社会的两个基本组成要素。

现今人类社会将要步入人工智能时代，人类社会会创造更多社会财富，社会生活各方面会发生质的变化，民众生活变得更富有，更舒适。但是私有经济和法治体制的社会基本要素始终存在。

现代民主社会是人人平等的社会。社会的政府管理体制由社会每个人参与的选举产生。按照社会公民认同的宪法管理社会公共事务。

那么理想的现代民主社会应该具备哪些基本特征呢？我认为有如下方面：

1. 现代民主社会是法治社会

社会制定了一套全民认同的宪法。以宪法大纲形成对社会各阶层公平公正的社会法律。以社会法律规范社会行为，形成法治的社会。

现代民主社会的法治体系是建立在对社会人性普遍存在"自我"和"自私"思维这一认知之上。社会中的任何人处于个人利益的原因，在不加规范和惩罚的情况下，会作出损害他人利益的行为。

法制体系保护社会人民的共同利益，由此社会法制必须建立社会民众的行为规范。实现人与人之间的相互尊重，人与人之间不得伤害他人。社会法制又是对社会"人性"有"规范"，有"约束"的法律。社会对每个个人的"规范"和"约束"要求是统一的，一致的，同时又是平等公平的。现代民主社会以"法治"来维护社会民众的共同利益。

社会民众的共同利益又体现在，社会是由每个独立个人组成的。法律保护社会中每个人的合法利益。合法利益是指社会法律所允许的，被法律所规范的行为所获得的利益。社会每个人的合法利益就形成社会人民的共同利益。

法治是符合社会人性的法律体系。即该法律体系保护社会中每个独立个人的合法利益。保护每个人的"人权"。社会人人平等，不承认某个人或者某部分人可以凌驾于法律之上。

法制条款在社会进步进程中可以不断修正，以适应社会进步的需要。

法律条款和立法程序对社会每个人是公开透明的，以便于每个人遵守。

社会法律条文的形成由人民代表组成的议会，如美国的参众两院，通过一定的法律程序形成。重要的条文经过全民公投形成。

在社会经济领域，法制规范社会每个人追求个人合法利益的同时，不能危害他人利益。法制保护社会经济发展的共同利益使得每个人合法利益得到保障。因此经济领域的法治是社会法治体系的重要组成部分。经济领域需要有法治的规范和约束，才能使个人合法利益和社会共同利益成为社会一体的利益。

社会法治体制保护社会经济良好地运行。维护社会"人权"，维护个人自由，包挂言论自由，维护社会中"个人资产"不受侵犯。

法治社会法律是至高无上的，没有人可以在法律之上行事。

法治下的司法体系是根据法律条款实施法治的执法体系。司法体系执法公开透明，执法部门廉明公正，维护社会正常运转。保障社会人权，保障个人私有财产，维护社会治安，惩治犯罪，维护社会和睦稳定。形成良好的社会经济发展环境和治安良好的社会生活环境。

2. 民选的民主政治体系

民主政治体系依据宪法，由选民依法选举产生。民主政治体制的最佳政权结构，依据美国的经验，是行政、立法、司法三权并立的政治体制。

民主政体的当选成员由社会上大多数人的选票决定。社会选民中的大多数人的意愿决定社会的管理者。

现代民主社会依据国家的规模，划分成多层次分权的民选政府。各层次政府官员都由选民选举产生。民选的政府官员是社会的服务机构人员，而不是高于普通民众的社会特殊人员。普通民众与政府官员之间没有等级划分。普通民众可以被选为政府官员，政府官员也是法治下的社会普通成员。

民选的政府应该是小而精的社会治理和服务单位。其主要职能是依据宪法建立社会良好的经济发展环境，和宽松自由的民众生活环境。政府的职责是主持社会公平正义和维护社会稳定。

政府对社会公共事务进行有效的管理。如公共卫生、社会治安、防火防灾、等等各类社会事务。既要有事务管理机制，又要不影响社会民众正常的生活。也不影响社会经济的正常运行。

最佳政府机构是小而精的社会治理和服务单位。人员尽量少，服务简单到位。减少民众的税收负担。

美国目前政体存在的问题是治理机构臃肿庞大，人浮于事，浪费现象严重，带来联邦政府巨额赤字。

政府社会治理和管理是一门复杂的社会科学，需要专门的学者进行研究出最佳机制。

随着社会民众社会素质的提高，社会整体文明素质提高，社会治理和管理的事务应该尽量减少。随着人工智能化的全面发展，形成智能化社会管理。

社会管理少而精。但是社会公共服务体系要完善到位，给民众提供良好的生活环境。

3. 私有制市场经济主导现代民主社会国家的经济发展

一个国家是否进入现代民主社会国家行列，发达的现代化经济是评判的主要标准。

社会经济发达，社会生产出丰富的物质财富满足全体民众的消费需求。社会人民生活需求得到保证后，人民才会有在社会中得到公平公正对待的要求，才会有"人权"的要求。发达的社会经济是现代民主社会的基础。

发达的社会经济依靠不断提高社会劳动生产力而获得。只有私有经济才能最大提高社会劳动生产力。因此经济领域的私有制是现代民主社会生产方式的主导模式。

现代民主社会主导经济发展的私有制经济体制永远不会变。

以私有制市场经济为主体的各行各业提供了现代民主社会充足的财富供民众消费。

随着进入现代民主社会的国家越来越多，各国都会生产大量各种商品与世界其他国家交易。经济全球化是现代民主社会的各国面临的课题。

随着人工智能化在全球的普及，各国经济交往会进入有序的市场竞争，就像如今跨国公司之间，有行业计划指导的竞争一样。世界经济从而摆脱国际恶性竞争。成为国家之间互补的双赢的全球化经济。

各个国家也都形成以私有制市场经济为主体的社会经济生产方式。现今社会主义国家的公有制经济在生产领域被私有制市场经济取代。社会主义国家形式会退出世界历史舞台。在世界公平的国际市场竞争中，已经没有像如今中国那样的国有资本主导的公有制经济体。即使有国家存在国家资本资助的公有制经济体，该经济体会被国际社会限制参与国际市场竞争。

国际出现新型的世界经济协调机构为世界各国经济交往制定法律法规。全球化经济在世界经济法治下运行。

4. 现代民主社会有逐步完善的社会保障体系

以私有经济为主导的社会经济生产方式必然产生贫富不均的社会现象。

一方面需要充分激发社会民众创造财富的积极性，另一方面要保障最低收入人群体面的物质生活。现代民主社会必须建立完善的社会保障体系。

在现代民主社会，普通民众最关心的社会保障是，当社会民众在遇到失业、疾病、年老、残疾、工伤、生育等情况时，能够获得政府相关部门必要的资助。使民众保持体面的生活。

现代民主社会的社会保障资金来源于民众的税收。本质上花费的是社会民众的劳动所得。一个社会经济越发达，民众的收入越高，政府的税收来源越稳定，相应的社会保障越好。总之社会经济发达，社会才能有足够的资源建立社会保障体系。发展经济永远是社会进步的第一要素。

社会财富丰富，人的物质需求得到满足后，人类社会的情商需求增加，人们之间友好需求增加。民众生活富裕后，社会民众对生活有了满足感，社会"人性"中的善良特性会浮现出来。社会同情心会成为风气，人之间好善乐施，乐于助人的友好现象会越来越普遍。"自我"思维就会超越自私的获取，追求一个善良、慷慨的社会。社会保障体系是符合社会"人性"的社会事业。

完善的社会保障体系由民选的政府建立。民选的政府官员应该充分明了民众的需求。

社会保障体系是社会福利，社会资助民众的社会福利有一个"度"的问题，也就是给予低收入人群的资助应该有合适的"成度"。社会福利给多了社会人性中"自私"懒惰会滋生出来，社会部分民众宁愿闲在家中也不愿意去工作。因此社会保障体系应该是适度的社会保障，不能影响社会民众创造财富的积极性。社会保障体系需要专业的研究人员制定最佳实施方案供选民选择。

5. 现代民主社会形成可持续发展的社会经济发展模式

私有制市场经济带来了社会民众创造财富的热情，大大提高了社会劳动生产率，为社会创造了丰富的物质财富。

但是私有经济同时也会给社会带来相应的问题。其中之一就是在私营市场经济发展中，一些具有特殊能力的人，通过发明创造取得了事业上的成功，或者通过经商获得了大量的社会财富。社会出现了少数巨富。部分少数巨富购买了大量土地和社会资产。少数巨富的大量土地和社会资产是不可再生的社会资源。少数人长期占据大量社会资源就影响了社会其他人，或者后代人的发展空间。给社会带来了社会权利的不平等。

社会问题由社会来解决，在法治体系下，社会制定相关法律来解决相关问题。

例如，现今的美国联邦遗产税，对富人死后超过一定免税额的资产征收高额资产遗产税，使富人的部分资产回归社会。

社会通过高额的遗产税征收，使社会赎回了社会资源，使社会的后代有相对平等的发展空间，使社会经济发展得以代代相传。

现代民主社会会形成最合理的法律和税收制度，从而保证社会经济可持续发展，代代延续。

6. 现代民主社会有完善的社会公共服务事业

人在社会中生活，先进的社会体系体现社会民众的公共服务完善。社会公共服务具体体现在社会有完备的社会公共服务设施和完善的社会公共服务事业。

为社会提供完备的公共服务设施和公共服务事业是民选的现代民主社会政府的职责。

完备的各项社会公共设施是指城市水电气通信的供应，各项基础设施的建设，道路桥梁的建设和维修，等等。以及公园、图书馆、公共娱乐休闲场所，等等各项城市服务设施。

　　社会公共服务事业是关乎民众生活各方面的公共服务事业。社会越进步，社会提供的公共社会服务越完善。　公共服务越完备，人民的生活越舒适。

　　社会服务的具体事务由公共服务单位，或私有的服务单位提供。现代民主社会的公共服务单位占社会服务事业的主导地位。因为公共服务涉及到社会大众的利益。

　　民选政府主导的公共服务以公有制单位占主体。例如美国如今的联邦政府国家公园体系和各州政府的国家公园体系是政府的公有制单位。土地属于国家或各州政府。人员属于国家或州的政府的雇员。国家公园或州公园服务于全体人民。

　　现代民主社会的社会公有制服务单位，其性质与马克思主义的社会主义公有制是不同的概念。马克思主义的社会主义公有制是社会经济公有制生产方式。社会经济领域全部为公有制单位。经济领域的公有制不能促进社会经济的发展。而现代民主社会政府拥有的公有制单位是为社会民众服务的单位，与私有制市场经济共存。不影响活跃的私有经济的运行。

　　医疗卫生是社会民众普遍关心的社会话题。现代民主社会应该有完善的医疗服务社会体系。

　　如今已经有现代民主国家实行了全民免费医疗体系。美国也有政府的公立医院为社会服务，以及政府资助的私营养老服务单位。

　　随着如今人工智能在医疗卫生疾病防治领域的发展，带来社会医疗成本大幅降低，带来各种疑难杂症治疗的简易化，社会出现新型全民免费医疗服务体系是可能的。

7. 现代民主社会有良好的自由的社会智力发展环境和完善的全民教育体系

　　如今的现实世界不同国家的社会民众对同一事物的认知会得出不同的结论。追踪原因，是因为不同国家处于不同的政治体制，或者宗教文化意识的影响之下。如中共长期封锁外界新闻媒体，用中共的意识形态控制中国社会的舆论，带来中国社会对西方民主社会的认知偏差。

因此当今世界对关乎人类社会命运的共同事务得到共识的认知尚有相当长的人类自我教育过程。

人类社会的基本共识应该首先达成一致的有：人类社会各国人民需要和平共处，反对战争。人与人之间需要懂得尊重他人，人与人是平等的。尊重他人不仅仅是平等对待他人，更要尊重他人的生命，尊重他人的社会生活选择权。

遗憾的是，现今世界上尚有一些国家的统治者不懂得尊重他人，不懂得尊重他人的社会生活选择权，不懂得尊重他人的生命。企图无限扩大自身国家的利益，维护其统治者的利益，把统治者个人的意志强加于他人之上。

这是因为统治者也是一个"自私"的个人，是社会人性自我思维的自私观念在统治者身上的体现。

只有在现代民主社会，在法治的民主体制下，才不会产生某个人的意志强加于他人之上。因为法治的民主政治体制不允许独裁统治者出现。如果在现代民主社会的国家仍然有某个人的个人意志强加于他人的现象出现，说明这个国家法治的民主政治体制还不完善。

进入现代民主社会的国家，在社会追求人人平等自由的过程中，人们才会对平等公平的社会有更深的理解。

现代民主社会创造了人们自由思维的空间。社会不存在每一种意识强加于他人思维之上。换一句话说，就是现代民主社会具有良好的自由的智力发展环境，每个人能够更理性地认识自我，同时更理性地看待社会。

人们有自由的智力发展空间，人才能有高智慧。人的高智慧是多方面的，人对自身的了解，对自然的了解，对人类社会的了解会更深入，更透彻。人类会逐步形成更加美好的社会。人类社会进步会到达更高的层次。

人类社会在有更高智慧人群的治理下，也会变得更理性，更适宜人类的生活。

社会进步，是社会中每个人的人文素质的进步，是人的普遍思维提升的进步。现代民主社会由社会中越来越多的高素质人群所组成。

现代民主社会是高智慧高素质人的社会。高素质的人类社会与高素质的教育密切相关。

在如今现实社会中，社会处于知识信息爆炸的时代，各种各样的信息，正确的，错误的，邪恶的，引诱人犯罪的信息充斥在社会。如果人没有正确的认知，无法辨别是非。

现代民主社会每个人从小就得到良好的社会文明教育和科技文化教育。全民教育从幼儿园、小学、中学、到大学。人的一生中，只要有兴趣有意愿都可以参加某一类知识的学习。社会文明教育普及到每个人，使人懂得如何与他人相处，自觉遵守社会法律。遵行社会行为规范。理解人的智慧是有差异的，善待他人尊重他人，尊重每个人的生命。杜绝社会犯罪行为的产生。

现代民主社会的发展过程中，随着社会富裕，社会会有更多资金投入社会教育事业。民众有更多时间参与学习，有更多兴趣参与学习。整个社会文明素质会提高到更高的高度。社会上更多的人成为有深度思维，有高智慧的人。

社会人文素质随社会教育进步不断提高，高质量的全民教育需要代代继承永无止境。

社会中人们接受教育方式多样。有正规的学校学习，有网络课程。社会有各种科研教育和实验场所。

现代民主社会需要大量高质量的技术人才和科研人才从事各行各业的工作。促进社会生产力发展，探索自然界各个领域，探索人类社会的未来。

8. 现代民主社会促进各国各地区人民和睦相处，共同谋取全人类和平发展

现代民主社会带来国与国之间和平相处。各个国家成为一个地区管理单位的概念。国与国之间的关系类似如今欧盟各主要工业国之间的关系。人民可以自由相互交往，边境线自由开放。国家之间有所区别，相互独立，同时又在一个共同的经济体内。

不同国家的人民可以通过一定申请登记注册形式，允许在不同国家之间迁徙。世界各国的人民可以自由旅行在各国之间。

各国的军队在逐步消亡。大规模杀伤性武器被彻底销毁。并制定世界法律禁止生产使用。违者由世界统一的法律制裁。社会仅由治安警察维护基本的治安和社会生活次序。

现代民主社会是逐步消灭军队的社会，战争武器将被销毁。核武器将被全面销毁和禁止生产。国与国之间的战争将受到禁止。战争发动者将受到国际法庭的制裁。

各国民众生活在自由宽松的有各地特色的社会环境中。

二战后美国等西方民主国家向现代民主社会的方向发展给人类社会带来启示，世界各国可以通过发展工业化科技化经济而过渡到现代民主社会。

我们看到，随着工业化经济的发展，曾经的封建帝国可以和平过渡到君主立宪制的民主国家。曾经帝国主义国家的殖民地可以独立建国，成为世界民主社会的一员。社会主义国家也会转变为现代民主国家。社会工业化经济的发展可以推动社会的和平演变。

对于人口众多的贫困的第三世界国家来说，如果能模仿发达国家一样把本国的经济发展起来，同样可以进入现代民主社会。任何国家只要选对了社会发展方向，过渡的过程就会缩短。

最后我意识到的是，现代民主社会是人类社会智力革命的产物。现代民主社会也是最符合人类社会智力提升的社会形态。现代民主社会的出现是人类社会历史上又一次更高级更完善的智力革命。

　　本文在批判马克思主义的章节中阐述过，欧洲早期工业革命也是人类社会的智力革命。早期的工业革命产生了资本主义社会，资本主义社会的企业主们是脑力劳动者，他们是用人类的智慧提高社会劳动生产力，产生了巨大的社会财富，从而推动人类社会进步，使人类社会从封建社会过渡到资本主义社会。

　　在资本主义社会长期的工业化发展中，人类社会逐步发现和找到了治理自由资本主义经济危机的方法，这就是民主法治的社会政治和经济治理体制。出现了如今逐步完善的现代民主社会体制。现代民主社会是资本主义社会长期进化发展出的社会，是人类社会不断智力进化的社会。

　　我们看到在当今的美国、欧洲、澳洲、日本、等等所有的初步建成现代民主社会的国家都是由社会民众选举产生的社会最优秀的一群人才精英在治理国家。他们之间有不同的社会治理的主张，在争吵在辩论，这恰恰带来社会治理智力的提升。现代民主社会在社会最优秀的人才精英的治理下，人类社会只能变得越来越美好！

　　相比之下，还在深陷在马克思主义共产主义陷阱中的社会主义国家，像中共那样以马克思主义思想控制民众的思维，使社会民众思想变得愚蠢和偏激，社会没有自由思维的空间，由一人统治整个社会，那样的社会怎么会有社会进步？

第 38 章

当今世界的发展方向

现代民主社会是世界各国的发展方向，如今整个人类社会处于向现代民主社会转变的过程中。

回顾二战后的世界历史，世界工业化国家进入经济发达国家行列。经济发达国家正在逐步完善法治的民主政治体制。是法治的民主政治体制保障了工业化国家的经济进一步发展。现代民主社会在工业发达国家初步形成。

这就是西方现代民主社会国家的近代发展历史。国际上目前其他经济中等发达国家和贫困国家也都争先发展工业经济，推崇法治的民主政治体制。发展工业经济和实行法治的民主政治成为当今世界大部分国家社会进步追求的方向。

二战后国际社会也呈现出三个明显的历史事实。

其一是，封建社会和帝国主义社会已经成为历史。

回看一百一十年前的第一次世界大战，初步工业化的欧洲部分国家还处于帝国主义争夺战的时期。帝国主义是封建社会末期的产物。国家由封建独裁者统治。发动战争的帝国主义国家统治者仍然像封建帝王一样企图用侵略战争掠夺他国的财富。企图用侵略战争扩大统治版图。

二战的起因是帝国主义国家又一次企图用侵略战争，扩大统治版图，统治他国。二战以帝国主义侵略者失败而告终。

二战后，世界工业化国家的反战思潮觉醒。人们认识到世界大战只能破坏工业化社会。与此同时民主思潮也在世界大多数工业化国家中产生，欧洲工业化国家几乎都转变为民主政治的国家。欧洲曾经的封建帝国随着工业化经济发展一部分转变成君主立宪制的民主政府，另一部分直接转变成为共和制的民主社会。

美国在世界向民主社会转变的过程中，发挥了领头羊作用。现代民主社会在美国等西方经济发达国家中初步形成。

二战后国际社会进步的历史，也让世界各国认识到，发展工业化经济才能使本国富裕起来。当今世界已经没有国家会认为本国的经济发展可以通过侵略他国的战争而获得。即使如今的俄乌战争，我相信俄国人民也不会认为攻打乌克兰会给俄国社会带来经济发展。因此如今还在发动战争的国家已经被全世界所反对。

帝国主义时期和封建主义时期依靠战争掠夺他国财富致富的时代已经过去了。已经成为了历史。

其二是，苏联的瓦解显示出社会主义公有制计划经济不适宜社会经济发展，预示着社会主义社会会逐步退出人类历史舞台。

社会主义国家苏联在第一次世界大战后期出现。东欧社会主义阵营的国家在二战后期形成。二战后的亚洲战场，中共夺取了中国政权，越共和朝鲜劳动党在中共的帮助下分别建立了本国的社会主义政权。

从人类社会历史的角度看，社会主义国家的出现是欧洲工业革命后，世界还处于早期工业经济发展不平衡的时期。工业化国家与非工业国家之间贫富差距极大，贫穷国家的人民由于生活贫困，处于对社会不满的状态，马克思主义的暴力革命学术和社会主义理论极易被贫穷国家的人民接受。

一战和二战的战争环境给予了马克思主义的共产党武装夺取政权的机会。社会主义国家苏联和中国的革命成功借助于一战二战帝国主义在战争中失败。

二战后和平的经济发展历史，暴露出社会主义公有制计划经济的弊端。由于社会主义公有制计划经济不适应工业化市场经济的发展，苏联由于实行社会主义公有制经济而造成社会经济衰退，最终导致苏联因社会经济衰退而造成的社会动荡而瓦解。

世界各国也看到了，随着九十年代苏联的解体，东欧社会主义国家在和平的发展经济的过程中，一个接一个的消亡了，大部分东欧共产党一党专政的国家政权垮台了，很多前社会主义国家都转变成私有经济的民主政治国家。如今世界上打着社会主义旗号的只有中国、越南、朝鲜、古巴等极少数几个国家

中国在毛泽东去世后通过改革开放，改变了社会主义公有制计划经济生产方式，放开了工业领域的私有经济，从而促进了中国工业经济的发展。也使得中共政权得以延续至今。事实上，中国已经不是原本意义的社会主义公有制的国家。

越南观察中国的演变，并从中国经济的演变中吸取经验教训，目前比中国更加放开私有经济。政治体制上也在进行进一步改革，向西方民主政治过渡。可以预见越南在未来会转变成民主政治体制的国家。

朝鲜则已经变成封建的君主独裁国家。朝鲜政权已经变成金家的独家政权。朝鲜也抛开了马克思主义，用什么"主体"思想代替。所谓"主体思想"就是维护金家政权利益的思想。可以预见金家政权在未来某一天会突然垮台。

古巴还处于社会主义公有制经济的泥潭中，工农业经济发展不起来。农村是公有制的农场，粮食和甘蔗的收成不好，农业工人的收入极低。工商企业大多数是公有制单位，服务行业出现了部分私有餐馆。古巴的工业，除了手工卷雪茄烟的工厂外，几乎没有其他加工工业。铁路陈旧不堪。工商企业工人的月工资收入仅 20-30 美元。人民的基本生活费用不足，很多家庭依靠美国的亲属每月寄钱维持生活。目前古巴政府像中国六十年代一样，靠发票证为普通民众提供少量的粮油等生活必须品，维持民众生活。

古巴革命带来这个曾经富裕的岛屿人民六十五年以上的贫困生活。古巴社会的变革随时都可能发生。

和平的社会经济发展时期证明了社会主义公有制计划经济不能促进社会工农业经济的快速发展。也显示出社会主义公有制计划经济生产方式终究会退出世界经济的历史舞台。因此以公有制经济为

主体的社会主义国家终究都会消亡。

其三是，以马克思主义暴力革命学术为依据夺取政权成立社会主义国家的时代也早已成为历史。

以马克思主义暴力革命学术夺取政权的最后一个国家是古巴。古巴革命发生在 1959 年，从那以后，65 年以来，世界上再也没有国家通过暴力革命建立社会主义国家。

五十年代和六十年代，中共的毛泽东曾经支持过亚洲和南美洲的毛主义游击队对抗当地政府，结果也都失败了。毛主义游击队目前在全世界销声匿迹了。

二战后社会主义国家衰败的历史也让世界上所有发展中国家都认清了马克思主义的暴力革命和社会主义不会给本国带来社会进步。只有发展本国的工业经济和法治的民主政治才能获得社会进步，才能改变本国民众的贫困状况。

以上三方面的历史事实说明世界上越来越多的国家已经从历史教训中得到启发，认识到只有和平地发展经济才符合本国人民的利益。

而西方工业化国家的经济发展史也让世界各国看到，以私有经济为主体的，以法治的民主政治体制为社会政权形态的现代民主社会是各国经济发展和社会进步的唯一发展方向。

目前世界上大部分国家都意识到效仿西方现代民主国家发展工农业经济，是本国社会进步的第一步。意识到社会经济发展是实现社会进步的基础。

但是如今现实世界中整个世界的经济状况却不容乐观。

从各国社会经济发展水平的角度看，在世界纳入统计范围的 167 个国家或地区中，经济发达国家只有三十多个国家。这些国家都是初步实现现代民主社会的国家。这些国家总共有人口约 12 亿左右，占全球 80 亿人口的 15%。

世界大部分国家属于经济中等发达国家或者贫困国家。目前世界上有近 10% 的人口处于饥饿之中，有三分之一的人口处于亚饥饿状态。这些人口分布在经济中等发达国家和贫困的第三世界国家。

如何区分各国社会经济发达与否，国际社会对于经济发达国家有一个取得共识的评判标准。评判标准根据世界每年经济发展状况有所调整。

如 2022 年，以国家为单位，人均 GDP 在 2 万美元以上的国家被认为是经济发达国家。这个指标略高于 2022 年全球各国 GDP 人均中位数 12,500 美元。

按人均 GDP2 万美元评判共识，2022 年世界上达到该评判标准的经济发达国家有三十多个国家和地区。在这三十多个国家中，GDP 总量约 58 万亿美元，人口约 12 亿。其中 GDP 总量最高，以及人口最多的前三位国家是：美国 GDP 总量 26.01 万亿美元，人口 3.33 亿，日本 GDP4.26 万亿美元，人口 1.25 亿，德国 GDP 总量 4.16 万亿美元，人口 8300 万。这三个国家都是现代民主社会国家中经济发展最全面的国家。

我们看到美国的 GDP 总量占经济发达国家 GDP 总量约 45%。也就是美国的 GDP 总量占现代民主社会国家 GDP 总量的 45%。

2022 年全球 GDP 总量约 100 万亿，人口 80 亿。经济发达国家的 GDP 总量占到了全球经济总规模的 58%左右。而人口仅占世界总人口的 15%。剩下的 42 万亿美元 GDP 由经济发展中国家 68 亿人口所产出。

我将经济中等发达国家和贫困国家统称为经济发展中国家。这些国家的社会进步迫切依赖本国的经济发展。

其中中国属于经济中等发达国家，2022 年人均 GDP 是 12,660 美元，而同年中国人口 14.1 亿，中国 GDP 总量 17.88 万亿美元，占经济发展中国家 GDP 总量 42 万亿美元的 43%。

美国与中国的经济总量分别占世界经济发达国家与经济发展中国家的 40%以上。可见两个国家对世界经济的影响力都很大。

在经济发展中国家的 GDP 总量 42 万亿美元中，大部分由中国、俄罗斯、巴西、墨西哥、土耳其、智利、阿根廷…等经济中等发达国家贡献。这些国家在发展中国家中属于少部分。而世界大部分国家属于贫困国家，贫困国家的工业经济处于落后状态。有些贫困国家如今同样在努力发展本国的工业化经济，也可能有国家在短期内超越某些经济中等发达国家。如印度如今的工业化经济发展速度很快，原因是印度的经济由私有经济主导，工业化经济已经有一定规模，法治的民主政治体制也在不断的改善和进步之中。

那么整个世界如何发展下去呢？世界可见的未来是怎样的呢？我分别对经济发达国家、经济中等发达国家、第三世界贫困国家等三种不同类型国家探讨其社会发展前景。我也注意到少数石油资源型国家社会发展的特别现象。

1. 初步形成现代民主社会的经济发达型国家

对于美洲、欧洲、亚洲和大洋洲中经济发达的国家，那些初步形成现代民主社会的国家来说，我认为保持私有经济为主体的工农业生产方式，保持工业化科技化的进一步发展，完善法治的民主政治体制，使社会更加富裕是经济发达国家发展的方向。

有足够多的社会财富，社会经济保持稳定增长，经济发达国家才能有足够的政府财政收入来完善社会为全体民众服务的各项功能。

在法治的民主政治体制下，在思维意识形态领域，这些国家人民思想有相对自由的空间，民众思维较少被不同意识所束缚，民众可以全方位进行科技创新，创造发明，思考人类社会进步的课题。人民智力发展有无限提升的空间。这是现代民主社会最大的社会优势。也会带来不断的社会进步。

同时我也注意到，各国持续经济发达是一个动态概念，社会的工农业生产和社会经济各方面是否繁荣，是随着时间推移而起伏变化的。有的国家经济会持续发展，也有国家会发生经济衰退。我也看到近几年世界上大部分经济发达国家保持着经济发展的趋势，也有个别国家跌落出经济发达国家的行列。

因此在私有经济的市场竞争中，完善国家对私有经济的调控和制定相应规法，防止各类形式的经济危机发生，是所有经济发达国家需要不断关注的社会经济事务。

在如今工业经济全球化的发展趋势中，发展中国家的低劳动成本工业对经济发达国家产生着巨大冲击。部分劳动密集型产业不断从经济发达国家转移到发展中国家。经济发达国家如何适应工业经济全球化的冲击，继续保持本国经济持续发展，是经济发达国家工业化经济面临的主要挑战。

各个经济发达国家同样面临着各自的社会问题和各自的社会经济挑战。

就如美国这样属于目前世界上经济最发达的国家也面临着本国诸多的社会问题和经济发展的挑战。

例如2025年新上任的川普总统立即着手解决美国的非法移民问题、联邦政府巨额财政债务问题、政府机构臃肿问题，以及重振美国制造业问题，等等。提出各种新措施新政策。

当然美国政府的各项新措施和政策是否奏效，是否符合美国社会进步和经济发展，需要时间的检验。好在美国的民主政治体制每两年会有一次中期选举，每四年一次选民大选。这两次选举是对执政者的政策是否得当的两次检验。

欧洲各经济发达国家目前同样面临着非法移民过多涌入，造成社会治安状况不良的现象。也同样存在经济发展中诸多问题。我认为欧洲各国需要把控好国门，建立有效措施防止非法移民大量涌入本国社会。才能维护本国经济稳步发展。才能保证欧洲特色的社会福利。才能改善社会治安，保持社会民众和睦和平的生活。

现代民主国家保持本国的工业化经济持续良好发展才能给全人类社会进步带来希望。如果现代民主国家都搞不好工业化经济，人类社会会失去前进方向。

人类社会正在踏入人工智能化时代，现代民主国家会先尝试在各个经济领域和社会服务领域运用人工智能代替传统的人力劳动。全球化经济会推动世界各国都尝试人工智能化运用。

　　人工智能时代可能会改变很多商品大规模由某国生产和出口的国际贸易的方式。很多产品的生产技术会随手可得。各国可能会注重在本国生产各类商品。经济发达国家也会有新的标准。可能中等经济发达国家在人工智能时代会快速转变为经济发达国家。整个世界各国社会会有一个很大的进步。

2. 经济中等发达国家

　　对于目前的经济中等发达国家来说，突破经济发展的瓶颈，早日进入经济发达国家行列，成为现代民主国家是经济中等发达国家当下的发展目标。

　　经济中等发达国家绝大多数都已经步入民主政治体制，除了中国还在实行一党专制的独裁政权。

　　中国人民网有这样的统计：在世界 167 个国家中，"完全民主"和"部分民主"的国家数量为 76 个，如果再加上 39 个带有民主成份的"混合政体"国家，全球"民主国家"的数量已经达到 115 个，占总体国家数量的 68.9%以及总人口比重的 62.4%。

　　因此绝大部分经济中等发达国家已经初步进入民主政治体制。也许还要进一步完善本国的民主政治体系。完善民主政治体系需要在发展工农经济的基础上达成。其中，使经济达到经济发达国家的水平，解决本国贫困人口群脱贫，对最低收入者建立社会保障体系，是经济中等发达国家面临的主要挑战。

　　这些国家在民主政治体制方面可以参考学习美国等西方国家，以宪法治国，选民主导国家政治体制，不能让个人有机会成为政权的长期独裁者。

　　各国的情况各异，各国有本国的发展目标。如有的国家注重社会治安治理，有的国家应该注重工业基础设施的建设。尤其是电力供应的建设。电力供应关乎到工业发展和农业现代化发展的需要。

　　工业经济全球化带给经济中等发达国家发展经济的大好时机。没有国家可以改变经济全球化这个趋势，美国也不可能改变世界全球化经济发展的趋势。只能适应这个趋势。中等经济发达国家劳动力成本低，并有一定的工业基础，因此中等经济发达国家在工业经济全球化趋势中有很多发展本国经济的机会。任何国家要根据本国的经济特色发展有利于本国的经济。

创造良好的社会智力提升的环境是经济中等发达国家普遍面临的挑战。对大部分国家来说，普及全民教育，扫除贫困人口中的文盲，提升全民的文化素质，是这些国家注重解决的问题。以适应工农业经济发展的需要。

当前的俄乌战争让世界关注俄国。俄国已经是临界于经济发达国家。有相当的工业基础。如果不是俄国总统普京发动俄乌战争，俄国应该已经成为经济发达国家。是普京发动俄乌战争拖累了俄国经济发展。俄国人民应该意识到普京没有带给俄国人民安全稳定的生活。俄乌战争对俄国来说是损人不利己的错误战争。

俄国的政治精英们应该意识到普京能成为独裁者，长期霸占俄国统治者地位，按其个人意志发动战争，是因为俄国的民主政治体制不完善。

俄国从苏联脱胎后，建立民主国家，但是民主体制不完善，总统普京依然存在苏联时期的霸权意识和俄国沙皇的帝国主义意识。不完善的民主体制使普京可以玩弄手法，长期霸占政权，按其个人意志发动俄乌战争，而损害俄国人民的利益。俄国需要完善法治的民主政治体制。才能避免独裁者产生。避免某个独裁者将国家带入歧途。

对我来说，最关注的是中国。中国近三十年工业经济高速发展使中国从贫困国家进入经济中等发达国家。接近成为经济发达国家。但是近几年经济发展速度开始下降，遇上了经济发展瓶颈。2022 年后，中国 GDP 总量和人均 GDP 一直处于徘徊状态。2025 年由于中美贸易战，出口贸易下滑，国内经济发展遇到诸多问题。

我一直在思考中国如何在全球化经济发展中突破目前经济发展的瓶颈？中国的经济发展瓶颈有其特殊性，究其原因，中国经济进入衰退与中共统治者习近平强调公有制经济为主体的"中国特色社会主义"经济政策有关。也与习近平以共产党的思想意识控制中国社会有关。还与习近平将美国等西方民主国家视为战略敌人有关。导致中共的独裁政府过于干预经济，不断制造不利于中国私有经济发展的政策。对中国经济发展产生了多重阻碍。

我认识到，中国只有转变中共的一党统治，转变政权被个人所控制，形成法治的民主政治体制，中国才会有符合社会"人性"的私有经济政策。形成有利于中国私有经济全面发展的政治环境和社会环境。中国经济才能突破瓶颈，中国才能成为经济发达国家。

如果中国和俄国都进入经济发达国家行列，转变成现代民主社会的国家，国际现代民主社会阵营的 GDP 生产总值预计将达到世界 GDP 总量的 80%。现代民主社会国家的人口将占世界总人口数的 30% 以上。这将推动整个世界实现现代民主社会。是人类社会的巨大进步。

3. 第三世界贫困国家

对于那些占世界人口大多数的贫困国家来说，当前需要注重发展社会教育事业，消除文盲，想方设法发展本国经济，尽快摆脱贫困。

第三世界贫困国家只有普及了教育，提高社会的文化水平，人民才会知道如何追求人生，知道个人如何合法追求发家致富，社会精英们才会知道如何寻求本国发展社会经济的机遇。

第三世界贫困国家要改变本国的贫困状况唯有发展本国的经济。

好在目前世界上大部分国家和地区都处于和平环境中。和平环境给那些贫困国家带来发展社会经济的机会。

避免战争，避免本国的内乱，防止因为贫困带来的政府公职人员的腐败，是第三世界贫困国家的政治精英们需要思考的问题。

和平稳定的社会环境会吸引世界发达国家和中等经济发达国家的国际资本对第三世界国家的投资。毕竟第三世界国家有大量廉价劳动力，能够吸引国际资本进入本国发展各行各业。全球化经济也会给第三世界国家带来经济发展的机遇。

我们也看到当今世界的现实很残酷，我们看到亚洲的贫困国家中，存在几十万，甚至上百万人口的贫民窟。非洲不少国家还处于极端贫困之中。那些地方的人民还挣扎在争取生存的环境中。那里有相当部分的人民几乎没有接受教育的机会。老百姓毫无顾忌地大量出生小孩，那里有相当部分的民众处于愚昧无知的状态。

对以上这些地区和国家的人民来说，发展工业经济，开展现代化农业是另外一个星球上发生的事情。

对于这些地区和国家来说，现代民主社会如天方夜谭。他们也不会理解什么是现代民主社会。

因此这些极端贫困的国家需要得到国际社会的帮助。

在现实世界中，仍然有国家处于社会极其不稳定，武装派别割据，社会治安极差的状况。局部的战争和内乱会在无可预知的情况下突然发生。这就需要国际社会对这些国家进行干预。消除那里的战争隐患，以国际的维和力量帮助那里的人民回归正常的社会。

目前世界已经处于 AI 人工智能时代的前夕，人工智能时代会带来社会生产方式改变，带来新的获取财富的机会。这对于世界上的贫困国家来说也许会提供新的摆脱贫困的机会。

4. 少数石油资源型国家的社会现状给予我的启示

石油资源形成国家经济收入主要来源的国家，我称其为石油资源型国家。这些国家在当今世界上是少数国家，世界大多数国家没有享受到大自然的特别馈赠。石油资源型国家大部分是富有的国家。如沙特、阿联酋、文莱等国家。因为富有，没有发生社会动荡，以至于沙特、阿联酋、文莱等国仍然保留着封建王国政权。

当然这些封建王国与历史上的封建王朝不同，现代的王国享受着工业化带来的社会物质财富，和现代化带来的社会文明。

在石油资源型国家中有一个特殊国家委内瑞拉，该国却从经济尚可的民主国家转变成经济极其贫困的社会主义独裁国家。一边是富裕的封建王国，一边是极其贫困的社会主义独裁国家，这引起我的思考，是什么原因导致出如此不同的社会状况？这种状况与人类社会进步又有什么关联？

世人都知道石油资源型国家的富裕来源于世界工业化进程。是世界工业经济发展带来对石油的大量需求，从而给石油资源型国家带来大量财富。

而另一方面，二战后，现代民主社会国家的和平发展理念，和民主独立建国的理念，使得帝国主义侵略战争成为历史。企图用战争方式掠夺他国财富一定会受到全世界反对。当年伊拉克企图用战争侵占科威特就受到国际社会的制裁和打击。国际社会的进步给予了石油资源型国家独立建国积累财富的机会。避免了他国对石油资源型国家的侵占掠夺。富裕的石油资源型国家是国际社会进步的产物。

而我所关注的另一个社会现象是，石油资源型的委内瑞拉为什么变成一个贫困国家？

我曾经访问过委内瑞拉。委内瑞拉也是石油资源型国家。石油资源和石化工业是委内瑞拉国家的主要经济收入。在查韦斯当选总统前，该国是一个中等经济发达国家。但是如今委内瑞拉人民却过着极其贫穷的生活，该国的经济目前处于破产的状态。

当二十七年前，1998 年查韦斯通过民选当选该国总统后，却学习古巴推行"21 世纪社会主义"政策，将该国石油勘探和石化工业企业收归国有。查韦斯推行激进的"共同富裕"的社会福利政策败光了社会积累。查韦斯通过修宪成为了独裁政府。他连续执政直到他因病去世。他所推行的社会主义经济政策将委内瑞拉的经济摧毁。他的继任人马杜罗，继续执行他的政策，导致如今委内瑞拉经济破产而找不到可以挽救的办法。

中共政权给予委内瑞拉政权巨大的支持。给予该国超过 500 亿美元以上巨额贷款和赠予。在该国投资超过 600 多个工业项目。但是仍然杯水车薪，无法挽救委内瑞拉所推行的社会主义政策的失败。

委内瑞拉的社会演变是教科书式的社会主义经济衰败的历史佐证。

好在，在本文还没有发表之前，委内瑞拉总统马杜罗被美国抓捕，接受法律审判。委内瑞拉立即结束了独裁者的统治，在美国帮助下将会重回民主社会的国家，这给委内瑞拉人民重新过上自由幸福的生活带来希望！

美国川普总统抓捕委内瑞拉独裁者马杜罗这一举动，立即结束了委内瑞拉的独裁统治。这一事件也给世界上还在处于独裁者统治的国家一个启示：只要消除了独裁者，那些被独裁者统治的国家就可能迅速转变为民主政治的国家。

以上我简要阐述了我对世界发展演变的认识。我相信所有世界各国都会先后向现代民主社会转变。在先后转变的过程中，国与国之间是一种什么样的关系？对现实世界来说，各国之间如何相处是各国政府和人民共同关注的问题。

我认为国与国之间是一种平行的向现代民主社会发展的关系。

各国先后成为现代民主社会主要依靠各国内部经济的发展程度，和人民思想意识觉醒程度。

在这个转变过程中，每个国家从本国利益出发，在经济上与他国争夺利益，属于正常的国与国之间的关系。因为各国之间共同处于经济全球化的大环境中。

各国政治人物和人民都为本国利益与他国相争，这是由社会的"人性""自我"思维决定的。在全球化经济中也不会例外。就如在一个国家内部，单位之间为本单位利益相争。人们之间为个人利益相争，都是社会"人性"的自然表现。

争取本国利益是社会"人性"的"自私性"在国家之间的体现。社会承认存在"人性"的"自私性"是现代民主社会的特点。

在全球化经济中各个国家都是奔向现代民主社会的同行者，而不是敌人。因此各国在争取自身的利益时，与他国关系是经济竞争，各国之间在政治上和军事上没有冲突。各国之间应该和平相处在同一个世界中。

在全球化经济发展中，经济发达国家和中等经济发达国家都是在工业化科技化的发展进程中。经济发达国家是工业化科技化进程的领跑者。各国之间是一种经济竞争的关系，领跑者可能会被其他竞争者超越也是一种正常的现象。

当然眼下的世界还没有发展到国与国和平相处的理想状态，我们看到目前世界上还有一些地区长期处于战争动乱之中，一些地区发生着不可调和的战争。我们看到中国、俄国等国家在政治和军事上与民主政治体制的国家对立。在世界上有 9 个国家拥有核武器，分别由美国和欧洲等国家，以及与美国对立的俄国、中国等国家拥有。也就是说，世界存在发生核战争的危险。

我们也看到，美国为首的西方民主社会国家为消除世界局部地区的战争在作出努力，采用各种不同的方法和手段制止战争或者调停战争。努力防止核战争发生。但是目前与西方民主国家对立的俄国和中国对世界局部地区的战争则有与西方民主国家不同的立场。

现实世界让我们看到，当下的国际社会处于一种复杂多变的状态中。

如果我们站在人类社会发展的历史大局的高度看世界，可以预见世界局部地区的战争会随着国际社会共同努力干预而逐步消失。俄国与中国也一定会通过本国社会的内部演变而转向现代民主政治体制的国家。

从人类社会发展的角度，我认为西方民主国家在对待俄国和中国的相互关系中，最好的选择是静观其变。保持和平的交往。在和平发展经济的环境中，俄国会很快成为西方民主社会的一员。而中国在未来也将加入国际民主社会的大家庭-现代民主社会。

当然对待中国的现状，国际社会还面临中共可能会发动武统台湾的战争。我认为国际社会应该共同制止中共武统台湾，促进中共政权和平与台湾民主政权相处。

台湾已经建成民主政治体制，是世界民主国家阵营的一员。以美国为首的民主政治体制国家应该毫无保留地支持台湾民主政权。使得中共不敢轻易发动武统台湾的战争。一旦有一天中国大陆成为民主政治体制的国家。中国人民会感谢国际社会今天对台湾民主政权的支持。

我认为中国演变成现代民主社会是不远的未来会发生的事情。而在和平环境中，中共的一党专政，个人独裁都会产生阻碍中国经济发展的政策。中共武统台湾的战争，也会会阻碍中国的经济发展。一旦中国经济发生严重衰退，会触发中国人民觉醒，从而颠覆中共的独裁统治。

因此当前西方民主世界与中共统治下的中国和平相处是最有利于中国和平演变的方式。和平时期的经济发展最能暴露出一党统治政权的弊病。最有利于中国向现代民主社会的转变。

每个国家社会的进步由本国社会内部的社会精英和人民决定。由本国经济发展和社会人文意识提高所决定。外力对本国的强制改变，往往会遭到本国社会精英和人民的抵制。这也是"人性"不服与他人压迫的一种特性。因此一个国家社会的进步只能取决于本国人民的思想意识的觉醒，

世界各国社会进步是一个漫长过程。随着工业化科技化的社会进步，社会文明认识的提高，任何国家都会进入现代民主社会。各国人民之间通过友好交往，相互影响，可以加速世界现代民主社会形成的过程。

而破坏世界各国进入现代民主社会进程的，从目前的世界大环境看，唯有可能发生的世界性战争，尤其是核战争。

第39章

整个世界实现现代民主社会必须让战争成为历史

本文上一章分析了人类社会正在向现代民主社会演变。这是人类社会进步的历史潮流。由于各种原因各国社会的进步有先有后，但是各国社会进步总会发生的，世界总会向经济发达的现代民主社会全面演变。

当然我们也看到，今天世界各国之间经济发展差距是巨大的。主要的工业化国家经济发达，人民生活在物质充足的社会中。另一方面世界还有很大一部分经济落后国家，大量民众生活在贫困之中。各国有不同的历史背景和社会问题。而无论是怎样的社会，要成为现代民主社会，发展经济是唯一的出路。而战争是对经济发展的最大破坏因素。经济发展的最基本条件是世界和平。

战争是社会人性的"自私"本性所表现出的最自私最残忍的行为！是以暴力行为巩固自我的利益，消灭他人的利益。

欧洲工业革命后，欧洲的工业化进程带来了人类社会巨大的进步。也带来了两次世界大战。

二战后所有西方工业化国家都认识到，战争对人类社会的破坏作用。西方主要工业化国家产生了共识：就是要阻止世界大战再次发生。

二战末期美国在日本投放的两颗原子弹的爆炸威力震撼了世界，使所有国家的人民都意识到，世界绝不能再发生核战争。原子弹的破坏威力太大，能把几十平方公里，甚至几百平方公里的城市瞬间夷为平地炸成一片废墟，几十万人民的生命瞬间消失。原子弹爆炸后的核辐射会持续带来长久的危害。人们意识到核战争会毁灭人类社会。因此阻止核战争的发生成为全人类的共识。

　　而另一方面，世界上的社会主义国家，即东方阵营，在二战中和二战后相续取得了诸多胜利。一度形成强大的东方阵营，与西方工业化国家形成武力对峙，长期对立。并在马克思主义学术的影响下，企图向一些贫困国家输出革命。

　　在东西方阵营长期对立的时期，世界两大阵营国家之间的军备竞赛白热化。以美国为首的西方阵营和以苏联为首的东方阵营，都研发和生产出大量的先进武器，先进的战斗机轰炸机、先进的军舰航空母舰，并一代代更新。东西方若干国家都研制出更大当量的原子弹、氢弹，和运载发射工具。早在 1961 年苏联就制造出了 5000 万吨 TNT 当量的沙皇氢弹，其威力比美国在日本广岛投放的原子弹大出 3333 倍。氢弹的杀伤力更大，能更轻易地毁灭一个城市、一个地区。

　　东西方两大阵营的对立，使世界一度处于第三次世界大战的边缘。苏联几次用核战争威胁美国等西方国家。美国等西方国家也以其强大的核武器力量威胁苏联。

　　二十世纪五十年代前后，世界战争的趋势表现为东西方阵营之间可能爆发的战争。

　　六十年代末，当社会主义阵营中的苏联与中国形成分裂状态时，苏中之间一度发生边境战争，苏联也曾经向中国发出核战争威胁。

苏联与美国之间、苏中之间，苏联一度是核战争的挑衅者。

　　二战后由于西方阵营各国始终保持对战争的警惕，世界大战没有发生，世界主要国家处于长期和平相处时代。

　　长期的和平时代，使西方阵营国家的工业发展到了一个新水平。西方国家进入工农业整体工业化科技化发展年代，美国等先进国家生产出大量社会财富，社会文化教育得到全面发展，社会发生了长足进步。美国和欧洲亚洲中的工业化国家步入现代民主社会。

　　而另一方面，社会主义阵营的国家在长期的和平环境中，却暴露出社会主义公有制生产方式的弊病，所有的社会主义国家的经济状况都不好。苏联由于国民经济长期发展低迷，于九十年代初解体了。东欧的其他社会主义国家有的解体了，有的直接转变为资本主义国家。

苏联解体后。俄国不再是社会主义国家，处于向资本主义国家转变的过程中。人口大国中国也不是原来意义上的社会主义国家，中国通过改革开放，采用资本主义生产方式，得以取得经济发展，得以发展成一个影响世界的大量工业品出口国家。

自从七十年代末中美建交后，到了九十年代初苏联解体，东西方阵营的敌对形势消失了，因为曾经的社会主义阵营不存在了。世界在和平发展的过程中发生了根本性的变化。

这段时间世界主要国家之间曾经达成削减军队的共识，各国一度削减了各自的军队数量。美国与俄国之间签订了削减核武器协议。

这段时间，世界范围内的战争形势也发生了根本的变化。地区性的少数国家之间和民族之间的冲突成为战争的主要形式。局部战争发生在曾经的东欧社会主义国家解体后，因民族矛盾爆发的战争。以及中东地区二战后一直存在的巴以冲突。

这段时间，以美国为首的西方工业化国家，为了维护世界和平，阻止战争的蔓延，几乎干预了世界上发生的所有战争。在一些东欧国家的民族战争中，在中东发生战争的冲突地带，都有美国等西方国家为了维和的军事干预。

美国对中东一些国家的军事干预，触动了国际恐怖组织的利益，2001 年发生了来自于中东的基地恐怖组织对美国的"9.11"恐怖袭击。随后美国对恐怖组织和支持恐怖组织的国家发起了报复战争。

"9.11"事件后，美国以报复阿富汗塔利班政权包庇基地恐怖组织为由，军事占领了阿富汗，推翻了塔利班政权长达近二十年。

2003 年美国又以发现伊拉克萨达姆. 侯赛因独裁政权拥有大规模杀伤性武器为由，发动了伊拉克战争，消灭了萨达姆. 侯赛因政权。

尽管美军很强大，最终美军还是撤离了伊拉克、阿富汗，留给当地老百姓一个满目疮痍的世界。因而当地人民并不感谢美国。美军撤离阿富汗后，当地的塔利班武装组织重新夺取阿富汗政权，该政权仍然视美国为敌人。

多年来，美国的决策者花费了美国纳税人数万亿美元用于军事干预维护世界和平，有一定效果，但是不能根除战争，世界一些地区仍然战事不断。因此如何维护世界和平，是大规模持续不断的在世界各地军事干预？还是在局外静观其变？很值得商榷。

到了 2013 年，习近平在中国执政后，大力发展中国的军事装备。新型飞机、新型导弹、新型军舰、航空母舰的研发和生产，武装了中国军队。习近平已经产生军事帝国主义的思维，企图以军事力量武统台湾，并已经到了实施阶段。台海战争成为潜在的一触即发的战争。习近平的军事帝国主义行为引起美国等西方国家的高度警惕。

世界上伊朗和朝鲜不顾全世界反对发展核武器，成为发起核战争的潜在威胁。

2022 年 2 月俄国普京发动的俄乌战争，一开始属于地区性的国家之间的冲突。俄国和乌克兰都是前苏联的加盟国，苏联解体后，俄乌两国民族矛盾加深。2014 年普京出兵支持乌克兰境内克里米亚的俄罗斯民族独立，加入俄罗斯联邦。从那以后，普京一直支持乌克兰境内的俄罗斯民族发起的分裂主义战争。直到 2022 年普京以俄罗斯民族利益为借口，发动俄乌战争，企图把乌克兰境内俄罗斯民族地区划归俄罗斯领土。

俄乌战争本质上是民族主义矛盾引发的战争，不是帝国主义的战争。我在上一章文章中分析过，二战后帝国主义已经成为历史。俄国总统普京头脑中残留沙皇帝国的思维，用大国欺压小国的方式，解决俄罗斯民族与乌克兰民族之间的矛盾。

俄乌战争迄今已经超过三年时间。俄乌战争的持续已经发展到影响世界的战争。全世界有正义感的国家都谴责俄罗斯普京发动的侵略乌克兰的战争。美国和欧洲北约国家援助乌克兰抗击俄罗斯。然而中国的习近平却无视国际正义共识，站队俄罗斯，经济上支持俄罗斯。国际上其他支持俄罗斯发动俄乌战争的还有伊朗、朝鲜等国家。朝鲜更是出兵加入俄罗斯的军队参加与乌克兰军队的作战。

中国习近平的国际政策，纵容了普京持续坚持对乌克兰的战争。也形成新的世界两大阵营的对立，即形成正义一方与非正义一方的对立。俄国普京在战争不能取胜的情况下，一度发出核战争威胁。普京在 2023 年 2 月宣布"暂停履行核武器控制条约"，之后又几次试射远程导弹。普京的核战争威胁又一次警醒世界人民核战争依然可能发生。

2023 年 10 月 7 日，中东巴勒斯坦的哈马斯恐怖组织发动了对以色列的恐怖袭击。遭到了以色列军队的猛烈反击。以色列军队几乎夷平了巴勒斯坦所属的加沙地带，消灭了大部分哈马斯恐怖组织成员，消灭了大部分哈马斯组织的前头目。哈以战争后期以色列进而消灭了支持哈马斯的黎巴嫩真主党的大部分武装成员。到 2025 年，以色列在取得压倒性胜利的基础上与哈马斯组织达成暂时停火协议。

但是哈马斯组织并没有被彻底消灭，巴以两国民族之间的仇恨没有消失，潜在的恐怖袭击依然存在。

纵观当今世界的战争形势，所发生的战争都是局部地区，以民族矛盾为主的局部战争。即使是俄乌战争，也属于民族矛盾引发的局部战争。世界各国都在阻止其发展成为世界战争。

那么世界大战有没有再次发生的可能？核战争有没有发生的可能？

有敌对的大国存在，有敌对大国拥有核武器的存在，就有发生世界大战的可能，就有发生核战争的可能。如果全世界各大国都真正以实际行动反对战争，也会消除发生世界大战的可能。

如今中国的崛起，中国在习近平独裁统治下的强军扩军政策，和军事上与美国等西方民主国家对抗的政策，引发新的国际紧张局势。

如果习近平发起了武统台湾的战争，中国与美国等西方国家就可能发生军事冲突。也可能发展成世界性质的战争。如果习近平下台，中共武统台湾的阴影逐步消退，中国与美国等西方国家的军事冲突就几乎不可能发生。

从长远看，中国社会有发生向民主政治体制转变的可能。如果在中国转变成民主政治体制之前没有发生台海战争，世界也不会发生因台海战争引发的国际战争。

因此当今世界各国需要形成阻止任何战争发生的共识。形成消灭恐怖主义组织的共识。以及坚决杜绝核战争发生的共识。并能形成有效的战争防范机制，世界才能真正实现持续的和平。才能加速现代民主社会在各国形成。

我认为世界各国如果能够达到如下维护和平的共识，才能使战争成为历史：

1. 世界各国需要认清世界变化的大形势

我在上一章提到，如今世界大多数国家都在向现代民主社会转变，这是世界变化的潮流。维持世界和平，促进世界各国发展经济，是各国进入现代民主社会的最基本条件。

我们从二战后的世界历史清晰看到，二战后战争的危险一段时间主要来自于东西方两大阵营的对立。

二战以后，五十年代，东西方阵营在亚洲都参与了韩战和越南战争。历史让我们看到的是，东方阵营的中国和苏联帮助北朝鲜和北越取得胜利。而作为西方阵营为首的美国，尽管有强大的军事力量，最终没有取得军事上的胜利。

共产党国家的军队在贫穷的状态下，在使用常规武器的情况下，有超乎西方富裕国家军队的战斗能力。

而如今这一形势变化了。社会主义国家在和平发展经济的过程中瓦解。因为社会主义制度不适于工业化经济的发展。

许多东欧的社会主义国家已经转变成资本主义国家，正在向现代民主社会过渡。

　　社会主义阵营的瓦解和削弱带来西方民主国家的敌人大部分自行消失了。

　　俄国也在向资本主义社会转变的过程中。由于苏联解体后，俄国还没有建立健全的民主政治体制。普京上台后利用其手中权力，钻了不健全民主体系的空子，玩弄手法，来回担任总统和总理职位，使俄国政权长期处于他个人的控制之下。形成带有独裁色彩的普京政权。

　　普京借口俄罗斯民族利益发动的俄乌战争，实际上损害了俄罗斯民族的利益，更是侵害了乌克兰人民的利益，造成乌克兰和俄罗斯两国都面临严重的经济困境。带来乌克兰很多城市毁灭和乌克兰军民大量伤亡。

　　我认为，一旦普京下台后，俄罗斯人民会反思俄乌战争给俄罗斯带来的困境，也会加快俄国向健全民主政治的方向转变。

　　在亚洲，中国大陆虽然仍然在中共统治下，但是中国的改革开放已经部分采用了资本主义生产方式，中国经济上的成功，已经改变国民对战争与和平的认知，中国在国际上声称要维护世界和平。中国邻国越南同样采用了资本主义生产方式，经济得到了发展。中国和越南都不可能重新回到原来意义上的社会主义国家。都在潜移默化的向资本主义现代民主社会过渡。

　　整个世界战争与和平的大形势已经发生了与过去不同的变化。这个变化体现在一个国家或者地区的社会进步依靠的是本国社会内部的演变。依靠的是社会内部民主意识的觉醒。

　　鉴于曾经的和现存的社会主义国家都在向资本主义社会转变，美国等西方国家需要换个思路，需要有这样的认知：即静观其变地等待中国越南等国家内部的社会进步。对中国静观其变要好于对抗。加强经济交往，保持和平共处是当今世界各国的相处之道。

　　当然对于俄罗斯侵犯乌克兰的战争，世界各国必须加以反对。反对的目标是迫使俄罗斯尽早结束战争，而不是扩大延伸战争。

　　对于中共独裁者习近平企图发动的武统台湾的战争，世界各国同样需要加以反对。迫使习近平放弃武统台湾的企图。世界各国需要明辨中共武统台湾的战争不属于中国大陆的内部事务。而是中共在大陆的独裁政权对台湾民主政权的侵略。世界各国应该全力支持台湾民主政权抵抗可能发生的武统战争。

习近平武统台湾的战争一旦成功，习近平的军事帝国主义思想就会进一步扩大，从而把中国带入向世界扩张的危险境地。

在世界如今的大形势下，我们可以看到，世界局部地区少数国家之间的常规战争已经不可能影响到世界大多数国家向现代民主社会的转变。唯有核战争的爆发会影响整个世界的社会进步。

2. 世界必须绝对禁止核战争的发生

世界上战争与和平的大形势发生了变化，有一个事实没有变，就是俄国拥有大量核武器的状况没有发生变化。同样美国拥有大量核武器的状况没有变化。中共目前也在不断扩充中国的核武器力量。也就是说，核战争依然可能发生。

在当今世界面对俄乌战争的问题上，这是一个值得关注的现实情况。这个现实提醒西方民主国家在支持乌克兰抵抗俄罗斯侵略战争时，不能逼得俄国普京在走投无路的情况下发动核战争。

因此，在绝对防止核战争发生的重大问题上，应该引导俄乌双方早日结束战争，引导双方作出妥协。这是一种理智的选择。也是避免双方更多人员死伤的选择。

绝对禁止核战争的发生是全世界人民需要建立的共识。全世界人民应该清醒的看到，俄国、美国、中国等拥有核武器国家的任何一方拥有的核武器都可以摧毁对方的国家。

俄国人民应该觉醒，如果普京使用核武器，俄国同样有遭受核武器轰炸的灭顶之灾。因此俄国人民也需要想方设法制止本国普京政权可能发动的核战争。

今天世界上，谁发动核战争谁就是全世界人民的敌人。

3. 整个世界向现民主社会转变，同样需要防止民族和国家之间的冲突和战争

世界各国应该共同反对以战争的手段解决国与国之间，民族之间，地区之间的各类矛盾。

国与国之间，地区之间，民族之间的历史问题和民族仇恨问题是极其复杂的。战争只能加深矛盾增加仇恨。

战争中没有真正的胜利者。例如普京发动俄乌战争的借口之一是为了俄罗斯的安全。但是在战争三年后，当俄乌两国分别死伤了几十万军人和无辜的平民，当乌克兰的很多城市被俄军炸成焦土后，俄罗斯的安全更加没有保障了。因为乌克兰的反击重创了俄罗斯的军队，乌克兰的军队打入俄罗斯本土，乌克兰的无人机轰炸了俄国的军火库、炼油厂等实施。乌克兰在北约和美国的支持下，反击战持续进行。美国和欧洲国家对俄国进行了全面经济制裁，造成俄罗斯国内经济的严重困境。

俄乌战争，俄罗斯没有得到普京想要的利益，得到的是被全世界谴责，得到的是俄国经济受到重创。普京本人也将作为人类历史罪人被载入史册。

又如哈马斯对以色列的恐怖袭击带来了哈以战争，结果是在以色列的反击下哈马斯武装组织遭到灭顶之灾。

当今世界，发动战争的一方都没有好下场。问题是世界如何防范再次发生类似的战争？

唯有全世界各国达成共识，一致反对发动战争者，一致反对潜在的战争，才能防范战争再次发生。

4. 独裁统治者是发动战争的罪魁祸首，世界要防范战争再次发生，必须严厉谴责和制裁发动战争的关键人物

在人类历史上，封建社会国家之间的战争是封建君王发动的。近代人类社会的二次世界大战是帝国主义者发动的战争。

以军事力量发动战争，对他国进行侵占掠夺，是帝国主义行为。帝国主义国家由独裁者统治，帝国主义战争由独裁统治者发动。

二战后，帝国主义国家消失了，但是独裁统治者在一些国家还存在。独裁统治者依然会以军事力量发动战争，以达到侵占掠夺他国的意图，达到扩大统治版图的目的。因此如今的世界，一些国家独裁统治者存在，帝国主义思维依然存在。

俄乌战争让我们看到，俄国总统普京是发动俄乌战争的决定性人物。是普京带有帝国主义思维，企图占领乌克兰的土地。因此执意发动了俄乌战争。俄乌战争打了三年，也是在普京的一味坚持下迫使俄罗斯军队不放弃战争。普京个人是俄乌战争发生和延续的关键人物。

在中共统治下的中国，执意要用军队攻占台湾的是独裁统治者习近平。独裁者的地位让习近平产生军事帝国主义思维。武统台湾战争是否发生将在习近平的一念之间。如果习近平下台，武统台湾的战争可能永远不会发生。

俄乌战争和可能发生的武统台湾的战争体现了独裁统治者是发动战争的罪魁祸首。

独裁统治者发动战争是人性的自私贪婪和残暴在独裁者身上的独特表现！独裁者只考虑他们的统治利益，无视他国人民的利益，无视他人的生命。独裁统治者都是极端个人主义者。

普京的帝国主义思维来源于苏联霸权意识和俄国沙皇封建帝国意识，普京曾经说过"给我20年，还你一个强大的俄罗斯"。普京的话体现出他的帝国主义思维，也体现他要突出其个人在俄罗斯历史上的作用。体现出普京是个极端个人主义者。普京为了其个人目的，无视俄乌两国人民的生命而发动战争，

习近平坚持武统台湾，其思想意识与普京一样，带有帝国主义思维。习近平为了突出其个人在中国历史的作用而坚持武统台湾。

恐怖主义的哈马斯头目也都是为了个人利益而发起对以色列的恐怖袭击。有记载揭露了这些头目躲在其他国家，私藏了大量金钱。

为了敛财是这些恐怖组织头目的真实意图。

分析以上政权独裁者和恐怖组织头目发动战争的目的，明显都是为了他们的个人目的。这些人以其个人目的发动战争，伤害交战双方的人民。实在应该受到严厉惩罚。

因此，在世界范围内防范战争，必须对发动战争的政权独裁者和恐怖组织头目进行惩罚和制裁。

国际社会如何形成一套制裁战争发动者的有效机制是当今世界的议题。

5. 世界需要建立一个反对战争的权威机构

当今世界如何防止战争的发生？如何绝对禁止核战争发生？一旦战争发生后，如何动员世界各国的力量迫使战争停止？世界如何预防潜在战争的发生？对战争发动者如何处罚？如今世界需要建立一个有权威的防止战争的世界性体制和组织机构。

我在美国生活多年，美国是多民族国家，几乎世界上所有民族在美国都有后裔。为什么在美国社会上的不同民族之间没有发生公开的战斗？为什么世界上交战双方的国民到了美国后却能够和睦相处？民族之间无法化解的仇恨在美国为什么能够不存在？

这让我想到的是美国社会有一个权威的法律体制。法律不允许民族之间的仇恨行为存在。美国社会有权威的法制机构执行法律。从而规范人们的言行。人们不得违法行事！

那么当今世界上能不能建立一个防止战争的世界法制体制？建立一个有权威的防止战争的执行机构来阻止战争？

这是摆在世界人民面前的新课题。

如果世界建立起由大多数国家参与的防止战争的有权威的法制体系，对有效制止战争将会产生重大意义。

当今世界处于全球化年代，世界各国人民的利益越来越趋于一致。世界有必要成立一个公认的防止战争的权威体系，并建立一套各国共同遵守的防止战争的世界法律。从而来保证世界的和平。

世界防止战争体系的有效性在于其权威性和有效的执行措施

如今世界各国公认的联合国按理说应该成为防止战争的国际组织。但是联合国在防止战争的事务上没有权威性，没有国家听从联合国的反对战争的决议。各国各行其是，连战争发动者也可以在联合国夸夸其谈。即使联合国作出对某战争的调停决议，参战国也会置之不理。因为联合国只是一个空谈的机构，没有处事能力。

目前现存的国际战争法庭也是如此，没有权威性。

我认为只要世界上主要工业国家都一致同意建立一个有效的防止战争体系，这个战争防止体系就能够真正发挥作用。所有参加的国家严格遵守战争防止体系制定的执行法律条例，这个战争防止体系就会有权威性。

世界不仅需要有一个权威的制止战争的机构，而且需要有一套行之有效的法律条款，以及有效的实施机制。

防止战争的法律需要禁止任何战争的发生，需要预防潜在战争的发生。需要成立有权威的制止战争的国际法庭，国际法庭需要有权力对发动战争的独裁者和恐怖组织头目进行有效的审判和审判结果的执行。

一旦防止战争国际法庭对战争发动者发出逮捕令，全体成员国家都必须严格执行国际法庭的司法裁定，使得战争发动者无处可逃。

当今世界所有的国家都声称要维护世界和平。那么真正希望世界和平的国家就应该加入到防止战争的国际组织中来。并坚决执行防止战争体系所制定的国际法律。这样世界和平才有希望。

可以设想，一旦国际防止战争的机制形成，反对战争将形成所有体系成员的国际共识，世界上就会形成反战的国际压力，像普京这样的战争发动者和像习近平这样的战争潜在发动者就不会再出现。没有人敢于轻易发动战争。世界和平的保证就会大大增加。

6. 削减战争型武器，全面销毁核武器是当前防止战争的首要任务

一旦防止战争的国际体系形成，削减战争型武器装备和销毁核武器是防止战争的首要任务。

近代历史上，世界上各个主要国家曾经同意各自削减军队，以适应世界和平发展的潮流。

美国和俄国也曾经达成削减核武器的条约。

但是以上协议执行的并不理想。没有国家停止研发先进武器。各主要国家的核武器也是有增无减。中国这十几年来加大先进战争型武器研发，尤其是先进的导弹的研发，和不断增加核武器数量，大大提升了中国核武器的打击力量。朝鲜和伊朗不顾全世界反对坚持研发核武器。

以上这些说明，世界战争的危险没有消除，核战争的危险依然存在。

防止世界战争的爆发，最实际的行动是在世界范围内达成削减战争型武器，销毁核武器的协议。而且世界需要世界上所有有武器生产的国家，和拥有核武器的国家都必须参与。

一旦世界防止战争机制形成，其首要任务就是颁布削减战争型武器和销毁核武器的法令。并严格要求各参与国执行。

各国的战争型武器减少，直至不再有发动国际战争的能力，世界战争才能有避免的可能。各国的核武器必须彻底销毁，才能保证核战争不会发生。

销毁战争型武器，彻底销毁核武器需要成为世界各国的共识。

因此如今的世界需要尽快建立防止战争的国际体系。建立削减各国战争型武器的措施，尤其是削减核武器的措施。直至世界各国都彻底销毁核武器。

那些不愿参加防止战争国际体系的国家，国际体系有权强行要求这些国家销毁武器装备和销毁核武器。拒不执行的国家，国际防止

战争体系应给予国际经济制裁的惩罚。强制其销毁战争型武器和核武器。

7. 全世界各主要工业国家都进入现代民主社会，世界才能保持永久和平

本人在中国美国两地的生活经历使我深深体会到中美两国人民都是爱好和平的人民。人民中的绝大多数都是善良的，乐于与他人相处的民众。中美两国人民中的大多数人都没有侵犯他人的意愿。

我在前文提到人民是不要战争的，要的是和平的生活。战争是由统治者发动的，尤其是独裁统治者，出自于个人的统治目的而发动战争。

二战后的世界历史也让我们看到，现代民主政治体制国家的政府领导人一般不会主动发动战争，除了有特殊的原因。因为现代民主政治体制国家的官员是民选官员，人民不要战争，民选官员需要迎合选民的意愿。独裁统治者就不一样，为了统治目的，为了扩充统治版图，就会贸然发动战争。

现代民主国家之间政治上相处都很融洽，经济上的竞争除外。尤其是西欧欧盟国家之间，去过欧洲旅行的人都知道，有些国家之间连边境岗哨都撤销了，多国之间旅行畅通无阻。

我想到这样一个问题，如果整个世界所有工业化国家都能够像欧洲现代民主国家之间一样相处，世界还会有战争吗？

因此如果全世界各工业国家都进入现代民主社会，世界还会有战争吗？

世界能够阻止人类战争的方法是人类社会各国都过渡到现代民主社会。人民普选的政府官员是不会主动发动对他国的战争的，因为不符合民主选民的愿望。民众希望的是人民之间和平交往。

第 40 章

中国社会将在不远的未来转变成现代民主社会的国家

我在本文中多次预言中国将转变成现代民主社会的国家，未来的中国政权将不再是共产党一党独裁的政权。我的依据是什么呢？

我的依据来自于中国社会三十多年的历史演变，来自于中国工业经济的发展，也来自于中共政权面临自身无法解决的社会矛盾。

中国社会将要转变为现代民主社会，实行民主政治，是因为过去三十多年中国发生了以下的历史变化：

1. 中国三十多年的私有工业经济的发展已经使中国社会基础发生了本质性的变化

三十多年来，中国工业经济持续增长，使中国发展成为世界上第二大经济体，成为向全世界输出商品的世界工厂。这是有目共睹的历史事实。

中国工业经济能够持续增长是因为中国在九十年代初开放了私有经济，开放了市场自由竞争。其实质是采用了资本主义生产方式。从而促进了中国社会生产力大幅提高。使得中国在过去三十多年时间里，将落后的已经不能维持下去的社会主义工业经济，通过私有制经济的转型而振兴。使中国工业经济得以迅速发展。

中国私有经济目前已经在大部分行业中成为了主体成份。除了中共政权控制的军工行业、大部分石化工业行业，和铁路航空等企业。中国私有经济占据了中国工业经济的大半壁江山。中国社会中大部分劳动人口在私有企业中工作。

中国的私有经济推动了中国各行各业全面发展。中国经济人均GDP 在过去三十多年持续翻翻。如 1990 年，还处于公有制经济体系的中国人均 GDP 是 318 美元，而 2022 年达到 12,663 美元。中国通过私有制工业经济的发展，32 年时间人均 GDP 增长了 40 倍。

1990 年世界人均 GDP4,338 美元，而 2022 年世界人均 GDP12,737 美元。1990 年中国人均 GDP 只有世界人均 GDP 的百分之七，2022 年中国人均 GDP 与世界人均 GDP 几乎相等了。中国在过去三十多年时间里，经济增长速度是世界同期经济增长速度的 10 倍以上。

中国过去三十多年私有经济高速增长改变了中国社会的经济基础。中国已经成为依靠私有经济来主导中国经济发展的国家。

我所关注的我的家乡江苏省，该省百分之九十以上的税收是由江苏的私营企业贡献的。江苏省的经济发展是中国经济发展的缩影。因为江苏省是中国工业经济最发达的省份之一。是中国上交税收最多的省份。

从以上中国的经济发展历史证明了：中国依靠私有经济的发展促进了中国的工业化经济。或者说中国通过资本主义生产方式发展了中国工业经济。

中国私有经济带来中国经济高速发展，也促使中国社会基础发生了本质性的变化。这种本质性变化体现在中国社会从一无所有的整体无资产的贫困的公有制社会转变成人人拥有私有财产的经济中等发达的社会。

中国社会基础本质性变化还体现在，曾经被毛泽东一生坚持要消灭的"资产阶级"大量出现在中国社会。中国社会出现了一批大大小小的私营业主，中国社会中绝大部分人拥有私有房产，大部分人拥有了汽车，人人拥有私有财产。

在中国农村，农业土地承包后的农民拥有了半私有的土地。因为虽然土地名义上属于国有，个人不得买卖。但是承包人有权耕种或者转包所承包的土地，他人不得无故侵占。

中国社会成为了半私有制的社会。中国社会意识形态由此发生了潜移默化式的变化。私营业主们有了保护私营权力的要求，社会个人有了保护私有财产的动机。社会产生了保护个人"人权"的要求，社会的民主意识在滋长。

这些变化与中共提倡的社会主义公有制意识，消灭私有制的意识，人民大众必须服从少数中共领导的服从意识是不相容的。

中国社会已经从毛泽东时代的社会主义社会演变成如今人民拥有私有资产的半私有制社会。中国人民的社会意识开始接受现代民主社会的观念。

2. 中共政权体制已经不适应中国经济的进一步发展，已经造成中国式的经济危机，已经到了必须变革的时候

上一节阐述了中国经过二三十年私有制市场经济的迅速发展，使得中国经济得到逐年的高速增长，中国私有经济已经占据了中国经济的大半壁江山。随着中国经济的增长，中国人民普遍开始拥有了私有财产，中国社会已经形成了一种半私有制形式的社会。中国社会的基础变了，社会产生了民主的意识和要求。

但是习近平执政后，中共政权不断颁布的不利于私有经济发展的国内外政策，导致了中国经济逐步陷入困境，近几年中国经济明显进入一种"中国式的经济危机"。我在前面的文章中叙述了中国经济近几年出现的困难局面，这里不再赘述。

中共政权重新回到以马克思主义的社会主义理念控制全体国民的思想意识，用中共政权的强制手段干预中国私有经济的发展，形成了一种国家控制的资本主义。其导致的结果是曾经引起世界瞩目的中国经济高速增长的局面消失了。

国内外有识之士已经意识到，中国经济的增长与衰败与中共领导人的变换有关，与不同的中共领导人所采取的不同的政治经济政策有关。而不同的中共领导人的出现是与中共的政权体制有关。习近平这样的领导人出现，是中共政权体制和中共理念必然产生的结果。

邓小平的改革开放是背弃了中共理念，开放了私有经济，才促使中国经济高速增长。习近平重新坚持中共的执政理念，这就导致了中

国经济必然会出现中国式的经济危机。

中国式经济危机会随着时间的推移反复出现，越来越严重。当中国经济衰败到无法维持时，将导致中共政权的垮台。中国向民主政权变革，这是中国社会必然会发生的事情。因为中共政权将无法摆脱中共政权带来的中国式经济危机。

"中国式经济危机"与西方民主国家的资本主义的经济危机是不同的，资本主义经济危机是市场无序竞争造成的，民主国家通过法制体制，对所发生的经济危机制定新的法规，从而避免同类危机再次发生。而中国式的经济危机是中共当权统治者的治国理念和政策错误造成的，中共统治者不会放弃其治国理念，不会承认其政策会有错误。为了维稳中共政权，中共统治者会坚持其治国理念和政策错误。比如习近平敌视美国等西方民主国家的政治理念和政策严重影响中国的经济发展，习近平会改变这一立场吗？习近平会放弃马克思主义敌视资本主义的理念吗？为了巩固他的权力，他不会的！

因此在中共政权体制下，在习近平这样的统治者强力维护其独裁权力之下，中共政权不可能建立公平的民主法治体制来治理国家和发展经济。没有民主法治的经济治理模式，"中国式的经济危机"将无药可解！中国经济终将会陷入到无法挽救的困境。

当中国经济像当年苏联一样陷入到崩溃状态时，中共政权就会像苏共政权一样垮台。因为今天的中国人民已经经历了经济增长带来的幸福生活，人民普遍有了私有财产，当人民的私有财产被剥夺到所剩无几时，当人民又要变得一穷二白时，人民会起来造反，推翻中共政权。

3. 中共控制的国家资本主义已经形成了自由资本主义恶性竞争模式，中国式的经济恶性竞争必然会导致中国经济崩溃

中国经济发展的致命缺陷是没有建立公平的法治体制来规范经

济的运营规则，中国经济在"人治"的中共政权的控制下营运。

我的上一节文章中提到"资本主义经济危机是市场无序竞争造成的，民主国家通过法制体制，对所发生的经济危机制定新的法规，从而避免同类危机再次发生"。例如西方工业化国家不断完善的"知识产权保护法"是保护各行业企业家的科技技术成果不受侵犯的法律，也是保护整个工业产业稳步发展的法律之一。

在欧洲工业革命的早期，自由资本主义在竞争中尚未建立有效的法治体制，带来工业化早期的无序竞争，导致工业化早期产生恶性竞争的经济危机。这也是马克思为什么预言"资本主义必然灭亡"的原由。的确，没有民主法治体制，自由资本主义会因经济危机而维持不下去。

中国自从开放私有制市场经济以来，到如今的"中国特色社会主义"，或者称为"中国式国家资本主义"，其中最显著的特色是，开放了私有制市场经济，却没有建立经济发展的有效法治体系。中国的市场经济处于国家政权放任下的"自由资本主义"竞争的模式。没有民主法治体制的约束和规范，在中共的"人治"体制下，中共政权下的"自由资本主义"已经发生了严重的中国式的市场恶性竞争，长久下去，也会无法维持经济的稳步发展。

中共"人治"政权对中国经济发展采用实用主义的态度，只要有发展就给予支持，有意无意地放任中国的"自由资本主义"竞争，中国经济目前处于一种无序竞争之中。

这种经济的无序竞争，在中国经济的发展初期，在融入全球化经济的过程中，无序竞争的缺陷一段时间没有暴露出来。因为早期中国私有经济面对的国内外市场巨大，再加上世界也处于全球化经济的发展过程中，世界全球化经济也没有建立起来有效的防止国际恶性竞争的机制。因此中国无法律约束的工业产品，在国际竞争中，面对有法律规范的西方工业化国家的工业产品时，占据了竞争优势，对工业化国家规范生产的工业产品产生了肆无忌惮的冲击。例如中国产品不遵守工业化国家的"知识产权保护法"，肆意仿制和窃取工业化国家的工业生产技术，也没有国际同行业生产产品的任何约束，中国大量的仿制产品，以低廉的价格占据其他国家的市场，占据了原工业化国家的同类产品的市场。

再以"知识产权保护法"为例，作进一步探讨。

美国等西方国家的工业产品重视知识产权保护，没有企业敢于仿制受产权保护的其他企业的产品。而在中国，中共政府一直在鼓励中国工业企业打破西方工业化国家的"技术垄断"，其实质是无视工业化国家的"知识产权保护法"，允许和鼓励工业企业抄袭和仿制西方工业产品的技术成果。带来中国产品在全球化市场竞争中占尽优势。

世界全球化经济仍然处于发展过程中，1995 年，世界上成立了"世界贸易组织 WTO"，开始制定世界贸易规则。中国也努力争取加入了该组织。对于 WTO 的各种贸易规则，中国口头上都承诺执行。但是"人治"的中国政府采用实用主义策略，敷衍 WTO，并没有实际按规则办事。

例如 WTO 要求中国政府实施"知识产权保护"，中国政府的确也颁布了中国自己的"知识产权保护法"。但是在中共"人治"的政权下，中国的"知识产权保护法"仅仅是一纸空文。比如如今中共领导人提倡发展"新质生产力"，也就是发展最新科技产品。在中国已经习以为常的技术仿制风气下，大量的技术人员在破解仿制美国等国家的各种高新技术产品，中国政府给予高额的补助资金。这种破解和仿制行为，在中国被认为是"突破西方国家的技术封锁"。西方工业国家的"知识产权保护"，被中国工业界认为是一种"技术封锁"。

在中国工业的各行各业中，大量仿制工业化国家的工业技术和产品成为潮流。这也是为什么有大量中国制造的仿制产品涌入世界各地的市场。在有技术含量的产品中，同样有一批产品占领西方工业化国家的市场，比如港口起吊设备，海上的石油钻探平台，地下掘进的"盾构"，各种电子产品的"芯片"，…等等。而这些产品中的关键技术都是来源于抄袭和仿制西方国家的产品。

这种抄袭和仿制行为还在延续着，特别是目前的高端芯片制造，中国有关企业正在破解西方国家的关键制造设备。中国政府也给予大量的"创新"资金支持。一旦关键设备破解仿制成功，美国、台湾等国家芯片制造业将面临中国制造的低价芯片的冲击！

中国企业通过廉价劳动力和低廉的抄袭成本而得到的产品，不断击垮了西方国家同类产品的竞争。这实际上是造成全球化经济回到资本主义自由竞争时代。这也是西方工业化国家企业家们最为感到恐惧的地方，因为有相当一部分工业化国家的企业在这种全球化经济的无序竞争中破产了。例如大量美国的传统工业企业竞争不过中国企业的廉价产品。

在中国低廉产品的巨大冲击下，美国和欧洲工业化国家的许多产业破产了，消失了。目前这个过程还在继续，并开始向高端技术产品发展。比如中国电动汽车的发展迅猛，核心技术抄袭马斯克的特斯拉，但是价格大幅下降，已经猛烈冲击国际市场各大汽车生产商。

今天的全球化工业出现这样一种现象，不知读者有没有注意到：美国欧洲日本等工业化国家的科技行业和大型企业都在投入巨资搞研发，全民在搞科技创新。而中国的大部分从事技术的人员在搞仿制，在千方百计破解西方工业国家的高技术产品，在搞"打破西方的技术壁垒"。这是一种极其不公平的竞争。任其发展，最终毁灭西方工业国家的工业化经济。

现实中，西方工业化国家在这种不公平的竞争中正在觉醒，我们看到美国川普总统对中国的高关税政策主要原因是对付中国的不公平竞争。欧洲国家也都在觉醒之中，也在想各种办法抵制中国廉价产品对本国工业生产的冲击。只是国际 WTO 还没有形成统一的真正有效的遏制恶性竞争机制，来规范全球化经济中的自由资本主义的无序竞争。

一旦世界工业化国家形成有效的防范国际恶性竞争的机制，建立国际法规，中国无视法规的产品输出将受到重创。

　　而在中国国内，自由资本主义的恶性竞争已经成为中国各行业工业生产的常态。各工厂也在仿制国内其他工厂的产品，各行业产品处于激烈的同行业低价竞争中。曾经击垮国外同行业的产品，现在是面临中国国内同行业的竞争。中国也有不少私有企业在恶劣的竞争环境中破产。即使是在竞争中的幸存者，企业的利润也低的可怜。这种没有法律保护的无序市场竞争，最终也会使中国经济陷入困境。

　　人治的中共政权，在经济领域，已经暴露出其不适应私有化市场经济的发展，终将退出历史舞台。

4. 中国教育事业的发展带来中国整体社会文化水平的提高和社会智力的解放，具备了进入民主政治社会的基础

　　中国社会近几十年来私有工业经济的高速发展，还带来中国社会智力解放。尽管中共坚持不断的马克思主义教育带偏了社会民众的认知。但是不能否认中国社会人民的知识和认知水平比毛泽东时代有了本质性的提高。

　　其中最重要的事实是，近几十年，中国社会的整体文化教育知识水平在不断提高。

　　中国的文化教育事业在邓小平改革开放政策下得到了飞速发展。全民教育普及，大学教育全面发展。中国教育体系培养出大批大学生，和大批出国留学生。这是中国历史上从未有过的现象。中国人民的知识水平有了大幅提高。而在这之前，五十年代中国社会有一大半以上人口是文盲，六十年代中期毛泽东的文革运动曾经使中国文教事业遭受重创。

　　中国人民对于社会进步的认识程度，已经从懵懂无知、容易被中共宣传所蒙蔽，到能够真实地观察社会。中国民众对社会的认知在觉醒。

　　中国的社会智力在工业化经济的发展中得到不断的提升。这是无声无息的社会变革。是一种潜移默化的社会进步

经过三十年来中国私有工业化经济的发展，和由此带来的社会变化，中国目前已经有开明的官员和社会有识人士在思考中国经济发展的深层次问题。已经有人在思考中国的政权体制对中国经济发展的影响。

我一直关注中国政府官员的言论，和专家学者的民间讲演，以及中国朋友们的私下议论。我注意到，在中国，除了中共中央官方发言持续坚持社会主义宣传外，部分官员和专家学者的民间讲演已经在讨论中国经济下滑和社会缺乏民主法治的问题，当然官员和专家们的公开讲演不敢涉及政权的敏感话题。而国内朋友们私下里却毫无顾忌地批评中共的政权腐败和习近平无能的执政。

如今中国国门开放，部分民众已经访问过世界其他国家。很多民众对外部世界也有了了解。中国人民对中国社会与外部世界有了对比。现今的中国社会与毛泽东时代的封闭社会已经完全不同了。中国人民对毛泽东时代的历史错误也有一定的认识。中国人民中已经有相当一部分人希望中国能够成为像西方民主国家那样的民主社会。

中国进入经济发达国家行列是全中国人民的愿望。中国人民已经在期盼过上富裕的持续和平的美好生活。越来越多的中国民众向往自由民主的社会生活。

三十多年来中国工业经济的高速增长已经使得中国有相当部分的政府官员和政治精英认识到，是私有经济带来了中国工业化经济的发展。中国的社会精英们认识到，中国如果想进入世界发达国家行列，有赖于中国私有经济的进一步发展，中国绝对不能回到社会主义公有制计划经济。

近几年来，中国经济遇到了发展瓶颈。中国出现全面的经济下滑。大量的私营企业经营状况不佳，有部分私营企业主把公司迁往海外。一批房地产开发公司破产，全国各地房地产市场低迷，房价大幅下滑。股市长期低迷不振，部分金融公司爆雷。经济形势的恶化在惊醒中国民众对中共政权的不满和怀疑！

我注意到中国社会已经有一批有识之士在呼吁法治治国，用法律体系保证市场经济的公平竞争。呼吁政府要给予民营经济公平待遇。呼吁用法治治理政府官员层出不穷的贪腐案件。

中国还存在一个最大的经济隐患，就是中国的农业现代化始终发展不起来。中国农业的落后被社会忽视，但是中国农村的现状却相关着六亿以上的低收入人群。中国上一届总理李克强去世前的一次公开讲演中提到，中国有六亿以上的劳动人口，每月收入不足一千元人民币。约不足 150 美元。李克强不久前的这番讲话多次被中国精英们广为引用。说明中国有相当一部分有识之士已经在思考中共政权的深层次问题。

中国有识人士们已经在质疑中共国有制土地政策对中国农业经济的影响。中国农业始终发展不起来，是中共坚持土地国有制造成的，使得农民只能承包不能实际拥有，不能自由买卖而限制了大规模土地耕种方式。中共的国有制土地制度阻碍了中国现代化农业耕种方式的发展。

中国已经有有识人士认识到，中共政权已经不适应中国的经济发展。中国已经到了社会变革的时代。

中国只有建立公平公正的法治体制，以法治保护私营经济的正常经营和市场竞争，中国才能全面发展私营经济。中国的经济才能突破瓶颈，进入经济发达国家行列。中国的经济瓶颈就是来源于中共的政权体制。也就是说中国必须进行政权变革，改变共产党一党专政，抛弃马克思主义，实行民主政治，中国才能有进一步的经济发展，中国才能进入现代民主社会。

5. 中共政权无法消除的贪污腐败最终也会导致中共政权的崩溃

本文前面分析过，中共官员的腐败是中共政权本身的缺陷导致的。

中共自上而下的人事任免体制是"权力腐败"的体制，产生出等级森严的封建官僚体系。等级森严的极权独裁者可以滥用职权，随心所欲地提拔忠于他的人，打压不服从他的人。把反对他的人关进监狱。权力腐败的政权产生腐败的政治氛围，统治者被一群阿谀奉承吹牛拍马的官员们围绕。

中共政权的人事任免制度使得官员们为了向上爬，采用各种手段获取上级领导的好感。其中包含向上级领导行贿。久而久之，上级官员收取贿赂，下级官员行贿买官形成了中共官场中独特的风气。

中共政权自上而下的人事任免制是中共官员腐败产生的原因。

中共党魁习近平执政后的一系列反腐败运动充分体现了其用"权力腐败"进行清洗官员的贪污腐败。十几年以来，习近平的反腐败运动抓了大批贪官。但是贪官依然层出不穷。尤其是近几年，中共的高级干部，地方的省部级高官和军队的最高层的将领，不断有人被关进监狱。习近平除了巩固了他个人的权力，并没有实质性解决中共官员的腐败问题。

我所知道的那些贪官依然没有被触及。尤其是在中共的中央层面，曾经的和现任的中央领导人家庭成员中存在一大批中国的巨富。他们的钱财从何而来，没有人知道。这些人安然无恙地生活着。在人治的中国社会，他们是法外之人。受到如今习近平政权的保护。这些人早已经把巨额财产转移至海外，拿着双重身份在海外长期生活。据说澳洲是这些人最愿意去的地方。因为澳洲对个人隐私保护最好。

据说中共中央一级官员家庭成员在美国、澳洲和欧洲等地隐藏着不计其数的财产，包含习近平的家族成员。他们都是中国的真正的隐形富豪。这是中国普通老百姓最痛恨中共政权的地方。

中共政权的高层人物们无人敢于公布自己的个人财产。习近平高举反腐大旗也从来不敢公布其个人和其家族的资产！这充分体现了其反腐的虚伪性！

中共政权官员们的腐败问题在不断引起中国民众对中共政权的不满！也是中共政权必然被老百姓推翻的原因之一。

在中国持续不断的腐败案件中，有一个明显的特点，就是谁的权力越大，地位越高，谁贪污的钱就越多。已经揭露出的中央政府高官的贪官都是巨贪，动辄几亿几十亿人民币的贪污款，也有贪污几百亿人民币的案件。但是真正仍然有权力的中共中央领导层成员以及他们的家庭成员并没有人被立案。

中共官场的腐败是立体的，全面的腐败。大官大贪小官小贪。就连农村的村官也在利用权力中饱私囊。

中共政府官员的全面腐败早已经引起中国社会各阶层人民的不满，包含那些体制内的各级官员。有些官员反对腐败，又无奈的参与腐败。因为不参与腐败，就会遭到排挤，就无法在中国官场中生存。

在中国等级森严的极权体制内，中共政权的任何官员不能对如今的最高独裁者习近平的错误行为和政策有任何不同意见，如果有官员对习近平的错误提出意见，这位官员就犯了"政治错误"，就会被以贪污的罪名送进监狱！

在中国被以"贪官"罪名抓进监狱的高级官员中，常常有"违反政治纪律"，"妄议中央"的罪名。有这种罪名的官员实际上是"政治犯"，是对习近平的政策在背后发表过不同意见的人。习近平用权力将他们关进监狱。反贪成为习近平巩固权力的手段。习近平是真正的权力腐败者。

中共政权的权力腐败和持续不断的官员贪污腐败实际上没有任何可以解决的办法。持续下去最终导致中共政权崩溃。

习近平的反贪手段也同时惊醒了大量被抓的和还没有被抓的中共官员，让他们认识到中共极权政治体制的缺陷。那些由于政治原因关进监狱的官员会意识到，如果中国实行法治的民主政治，他们不会受到政治迫害。即使是因为行贿贪污而被关押的官员也会反思，如果中国是民主选举的政治体制，有公开透明的反腐败标准，他们不会用行贿的方式获取政治前途。

如今还没有被关进监狱的官员们也不愿意生活在随时被抓的阴影中。他们会觉醒地意识到，他们的恐惧来源于极权统治的权力腐败。这种极权高压的政治体制一天不改变，他们随时可能成为他人的政治牺牲品。因此已经有对中共极权体制改革的呼声。

中共极权政权自身存在的权力腐败和官员腐败正在动摇中共政权的执政根基。

6. 中国私有经济无论是发生大幅衰退或者是长足发展，中共政权都面临无法维持的危机

中国如今面临经济发展停滞的局面。其主要原因是习近平的执政行为形成了不利于中国私有经济发展的环境。

如果习近平政权进一步施加对中国私有经济的控制，或者突发不利于中国经济发展的事件，例如习近平发动武统台湾的战争，中国经济将快速进入大萧条的状态。

一旦中国经济大萧条发生，中共政权将面临垮台的危机。就像苏联九十年代初因经济衰退而导致苏共政权瓦解一样，中共政权也将因社会动乱无法维持。

因为如今的中国社会已经经不起中国经济发生大萧条。人民已经不愿意重回毛泽东时代的苦难的生活。14 亿人口的中国一旦进入饥荒年代，整个世界都无人可以帮助中国。中国会因经济崩溃产生社会动乱。中国有了私有资产的民众已经不愿意失去他们的财产。

那么中国经济如果在接下来的时间里保持持续增长，对中共政权又意味着什么呢？

中国经济持续增长只有在私有经济进一步发展的环境中才能现实。只有与美国日本等所有西方民主国家保持和平友好的状态中获得。

中国过去三十多年工业化经济的快速增长是因为放开了资本主义生产方式所取得的。是在与西方工业化国家的经济交流中取得的。这是中国头脑清楚的有识人士人都认识到的。

而进一步发展中国经济需要依靠全面发展中国的私有经济，需

要保持与美国等西方民主国家的友好密切交往，加大中国民众的国际交流。

随着中国私有经济的进一步发展，中国人民的生活会越来越好，民众的私有财产会越来越多。社会民众对保护私有财产的意识会增加。社会人民会变得更有智慧。社会民众对社会的民主和人权的要求会越来越高。因此中国社会对中共政权的独裁统治会越来越不满意。

民主政治的呼声会随着社会的进步成为一种社会意识觉醒潮流。最终会引起中国社会向民主社会转型。导致中共政权体制走向灭亡。

因此中国经济无论是发生大萧条，还是发生大增长，都会给中共政权带来灭顶的危机。

7. 民主台湾和六千万海外华人对中国走向民主政治起到推波助澜的作用，中国发生民主政治变革是迟早的事情

在过去三十多年中，随着私有经济在中国各行各业普遍发展，中国社会经济基础正在发生本质的变化，中国人民的思想也处于觉醒的过程中。

如今的世界大环境处于知识爆炸，信息爆炸的年代，如今中国人民对外交流处于中共掌握政权后的最鼎盛时期。目前习近平的中共政权企图限制中国官员们和社会民众的对外交流显得苍白无力。中国已经有约 7%的人出国旅行。中共政权用封锁海外媒体在中国传播的方法控制中国国内的舆论，也只是起到暂时的作用。中国人民思想意识形态的觉醒在持续的发展过程中。

如今世界上，现代民主社会带来了人类思想领域自由思维的空间。社会处在人类思维高度进化的时代。人类社会人的思维会更深入地思考自身，思考人类社会的进步。独立的个人思维能够通过逻辑思维，深入分析，更清楚地理解人类社会所发生的一切事情，看清社会发展的本质。

开放的世界，国际社会思维认识的进步，也会无孔不入地影响到像中国那样的封闭社会。

我注意到这样的现象，中国的有识之士对台湾已经形成民主政权抱有巨大的好感。那些到台湾访问过的人，绝大部分都对台湾的民主政治给予称赞。毕竟人们认识到台湾早已经进入了现代民主国家的行列。中国大陆的有识之士从台湾的现状看到了中国的明天！

我还注意到，世界上绝大部分海外华人都是民主政治的拥护者。海外华人有六千多万人以上，分布在世界各地，他们中很大一部分人是近几十年从中国移居海外的。中国人来到海外后，都成为坚定的民主政治的拥护者。因为他们接触到了工业化民主国家的真实社会状况。海外华人也不断地将海外的真实情况传输给中国的亲友。中国国内有不少人通过"翻墙"网络技术聆听海外民主的声音。

我也看到，近年来大批的海外中国留学生，无论是归国的还是留在海外的，他们中大部分人认为民主政治优越于中共的独裁政治。能够理解中国一旦实行民主政治就会给中国社会带来进步。

8. 中国人民处于社会觉醒的过程中

中国私有经济的巨大发展和成功，已经改变了中国社会的基础，中国形成了半私有制的社会。当人民拥有了个人的资产的情况下，当社会通过各种渠道与外部世界相联系的情况下，中共政权已经无法阻挡人民的觉醒！

随着人民的觉醒，中国社会中的愚昧会被智慧逐步取代，中国会有越来越多的人能够独立思考社会的政治经济的各种事务，而不是盲目地相信中共的宣传。

当中国越来越多的人们理解了社会"人性"中的独立自我思维而产生的"自我"观念是无法根除的社会现象时，就会理解中共少数领导人坚持的共产主义理想只是控制人民思想的谎言。就会认识到社会主义公有制是阻碍社会经济发展的错误生产方式。就会理解只有私有经济才能产生最大的社会劳动生产率。就会理解中国经济的发展只能依靠发展私有制市场经济，社会才能产生最多的社会财富。人民才能真正过上富裕生活。

中国社会民众会更深层次理解"人性"，意识到当社会大众的生活物质需求处于满足的情况下，社会"人性"中对他人的"善性"和"同情心"才会普遍出现，社会才会处于和睦友好的状态，带有自我意识的人民会更舒适的生活在同一社会环境中。

人们会理解，对于私有制市场竞争生产方式产生的贫富差距和诸多社会问题，会通过建立法治的民主政治体制来解决。就会理解法治的民主社会才是中国社会的未来。

当中国的政治理论家们意识到社会"人性"中的"自我""自私性"是无法消除的社会现象时，就会发现马克思主义的共产主义是一种错误的理论。既然共产主义社会是一种错误理解社会发展的产物，那么共产主义还有什么追求的必要呢？共产党还有什么存在的意义呢？

头脑清醒的中国有识人士会认为坚持马克思主义是愚蠢的行为。

当中国的政治精英有了深度思维的智慧时，中共独裁政权还能维持下去吗？因此中共独裁政权的垮台不会太远。

9. 中共党魁习近平的独裁统治加快了中共政权崩溃的步伐

习近平在国内国际的政策在本文中有专门章节阐述，这里不再重复。但是需要重复的是，习近平各项政策加快了中国进入中国式经济危机的速度，使得中国经济前景暗淡，似乎找不到出路。

习近平执政的另一个显著特点需要重复的是，他把中国严密控制在他的手中，形成他的极权独裁统治。他利用反腐败运动把所有反对他言行的人关进监狱。因而形成了没有任何官员敢于提出与他不同的意见。他插手所有的中国事务，中国的每一个领域都必须按他的指令行事，中共机构以及中国政府的各个部门都成了他的附庸。使得中国的政治空气沉闷，政府官员没有人愿意主动承担任何工作责任，政府官员们生存在巨大的政治压力之下。

习近平的极权独裁作风使得中国政府官员们不作为，宁愿"躺平"。也使习近平本人的错误执政得不到纠正。

在本文准备发表之际，2026 年 1 月 24 日，中共中央宣布中央军委副主席张又侠、中央军委委员、军队总参谋长刘正立被立案审查。而在此前两个月，习近平刚刚抓捕了苗华等九位上将，他们是中国军队最高层军委和各

总部和军种的负责人。到目前为止，中央军委连习近平本人共 7 名委员被他清洗了 5 名，军队各总部负责人几乎全部落马。已经实际造成了中国军队最高领导机构瘫痪。被他清洗的最高层军官中有多少是真正贪腐的人无人可知。中共内部普遍认为被清洗的对象是对他个人不忠的人。

习近平在清洗这批高级军官的过程中，通过了什么中共的法律依据和法律程序无人可知，中共中央政治局，和中央军委均没有任何对此事的会议决议。表现出是突然的由他习近平个人主导的清洗行动。犹如毛泽东当年在文革运动中清洗林彪一样！习近平违反了中共党内的集体议事的政治纪律，是政变式的权力腐败案件。而他却大言不惭地说："要把权力关进笼子里"！

本文有章节分析了习近平是个极端个人主义者，他的所作所为都是为了他个人的权力，他像毛泽东一样将他个人置于全党和全国人民之上，他利用毛泽东建立的中共政权平台实现他的个人目标。

有头脑的人都会看清楚，他如今实施的中共内部大清洗，是在恐吓所有对他的行为有不同意见的人，是在为一年后他连任国家领导人第四任期扫清障碍，是为实现他武统台湾铺平道路！而中共的上层官员们，那些中央委员们，已经在习近平的淫威下吓得瑟瑟发抖！已经没有人敢在中共的会议上，发表任何违背习近平意愿的意见。

习近平的所作所为也表现出，他不相信他身边的任何人，他怀疑

所有人对他不忠，谁对他的权力有威胁他就要除掉他。他的作为也让所有中共官员们都在提防被他迫害！这也带来一个后果，恐惧的官员们一旦有机会也会孤注一掷将他拉下台！

习近平和中共官员们的行为都表现出社会人性不可改变的利己主义的"自我"思维。都表现出中共政权只是个人的表演舞台，没有人在考虑中国老百姓的利益。

习近平极权独裁统治，早已唤醒中国政府官员中有识之士们的自我反思，使他们看清中共极权统治的本质。中国有越来越多的人意识到中国经济要继续发展，社会要继续进步，就必须改变中共极权独裁统治体制，必须结束中共的一党专政，必须在中国实现民主政治改革。

当前中国国内政治暗潮涌动，随时有推翻习近平独裁政权的可能发生。

当然习近平不可能轻易放弃他的权力，他表现出他要像毛泽东一样长期霸占中共的权力不放，直到他去世或者被推翻。

习近平如果像毛泽东一样执政到死，必然会因为他年老固执而产生诸多政策上的失误。造成中国社会更多的灾难。

他的失误，中国经济的倒退，会唤醒中国上层的政治精英们认识到个人独裁的危害。也许会有人挺身而出推翻习近平的独裁统治。

习近平的独裁统治带给中国社会的危害越大，越是能让他以后的中国政治精英们选择民主政治体制。

通过以上 9 个方面的分析，中共的共产主义思想意识形态和极权的封建等级制的社会统治方式已经不适应中国的经济发展和社会进步。中共极权统治体制对中国经济发展的阻碍会越来越明显地体现出来。中国转变成为现代民主社会的未来不会遥远！

中国政权转变为民主政治体制是必然会发生的事情。最理想的转变方式是像蒋经国先生晚年在台湾实行的"宁静"革命模式。那种由上而下的政治变革方式：即由国家最高领导层宣布开放党禁，允许中国其他政党参与国家治理，和平地转变成民主政治体制。"宁静”革命对于中国社会的负面影响最小。中国毕竟是十四亿人口的大国，经受不了剧烈的社会动荡。

中国民主政治体制的产生，最理想的过程是像当年美国开国总统华盛顿那样，在政权民主选举前，先制定法治的，民主政治的，对所有人平等公平的治国宪法。再按照宪法产生出民主政治体制。由宪法规定出民主政权是分权的，行政、立法、执法相互制衡的民主政治的政权。

由于中国是个大国，理想的中国的民主政治政权是国家、省、市县分层次民选的政权。

宪法保护每个人的人权。保护每个人合法的言论自由，保护每个人的合法私有财产，其中包含个人拥有土地的权利，拥有农田的权力。个人资产可以合法自由买卖的权力。宪法保护私有制市场经济的社会生产方式。

宪法规定中国农田的总规模和个人拥有耕地的最大面积。以及继承和买卖土地的规定。保证中国农用土地维持稳定的规模。保证后代人有获取土地资源的平等权利。从而用较短的时间实现中国农业现代化，推动中国进入经济发达国家行列。

宪法涵盖中国社会法治治理的方方面面。在法治体系下，形成中国的现代民主政治体制。

在中国今天的现实社会中，谁将成为民主中国的开创者谁将是中国历史上最伟大的政治家，将成为中国历史上最伟大的人物！

我相信在中国的政治精英中，一定会有一位或者多位伟大的民主政治家出现，来实现中国的民主政治！来改变中国社会的命运！在不远的将来，中国一定会出现伟大的民主政治家！

中共极权政权什么时候会垮台？什么情况下会垮台？这是热爱民主的中国人都在思考的问题。

也许中国的民主政治变革发生在中国经济大幅衰退时，那时候民怨沸腾，社会动乱，使得中共独裁政治维持不下去。

当然谁也无法预料未来的政治变革会如何发生。也许会发生军事政变。但是我相信，即使军事政变也不会发生清朝灭亡后军阀割据的局面。因为如今有知识有文化的中国人民已经不是当年愚昧无知的百姓了。中国有知识的军人也不是当年的北洋军阀。中国的民主政权也许会由军事政变中产生。或者由人民中的觉醒力量将中共的独裁统治推翻！总之中国的民主变革必然会发生！

不管怎么说，中共极权政权倒台是迟早会发生的事情。这一幕的发生时间目前无法确定。也许很快就会到来，也许还有一段时间，最有可能发生在中国经济崩溃时，因为人民在困境中才会更容易醒悟过来！

中国经济发展突破瓶颈会在民主政治体制下发生。当民主中国实行了法治下的民主政治体制时，当私有经济成为中国主体经济时，当中国取消了农用土地国有制，农用土地可以自由买卖时，可以预言中国经济仅一步之遥就可以跨入经济发达国家的行列。

民主政治的中国政府将成为民选的政治体制。民主政治体制的中国各级政府将是各层次的"小政府"。政府不再插手管理经济实体。各级民主政府用政策和税收资金扶持城市和农村的社会基础设施的建设，和社会服务行业的完善。

民主政府的主要作用是维护社会工农商业经济实体之间的公平竞争环境，维护社会人人平等，维护社会治安。让老百姓在自由、宽松、和平的环境中生活。

中国会成为世界民主政治体制国家的一员，与美国、欧洲民主国家，与日本、澳洲等世界上所有民主国家一同生活在我们这个星球上。同为民主政治体制的国家，国家之间将会没有战争，只有和平的经济竞争。当人工智能的生产方式在全世界普及的时候，也许世界各国会以经济合作代替经济竞争。

民主中国与民主台湾之间未来是怎样一种关系将由那时的内地民主政府和人民决定。即使仍然分成两个民主政权，海峡两岸的人民生活在和平共处中，两地人民自由通行就像如今欧盟国家之间那样。

世界没有了封建统治者，没有了国与国之间的战争，各个国家只是一个各自的管理单位，人民被允许自由移民，人民不会在乎哪个国家的国土面积大小，只会选择哪儿生活最方便最有趣！

就近期而言，一旦中国成为民主政治国家，中国将迅速突破经济发展瓶颈而进入经济发达国家行列。预计世界经济发达的民主国家的 GDP 将占世界 GDP 总额的 80%以上。世界会形成一个经济发展大趋势，经济落后的各国会纷纷效仿工业发达国家一样发展经济。人类社会进步将迈出一大步！

中国向民主政治体制的转变会给未来的世界带来美好的前景！

我希望我的这篇文章能为中国向民主国家转变发挥一些作用！能启发那些为中国经济发展和社会进步寻找出路的人。

www.ingramcontent.com/pod-product-compliance
Lightning Source LLC
Chambersburg PA
CBHW031110160726
47991CB00004B/1310